DIGITAL
GATEKEEPERS

数字守门人

欧盟《数字市场法》评析

主编 丁道勤 夏 杰

Analysis of Digital Markets Act

法律出版社 LAW PRESS·CHINA
北京

图书在版编目(CIP)数据

数字守门人:欧盟《数字市场法》评析/丁道勤,夏杰主编. --北京:法律出版社,2023
ISBN 978-7-5197-7489-9

Ⅰ.①数… Ⅱ.①丁… ②夏… Ⅲ.①欧洲联盟-信息经济-资本市场-金融法-研究 Ⅳ.①D950.228

中国国家版本馆CIP数据核字(2023)第005633号

数字守门人
——欧盟《数字市场法》评析
SHUZI SHOUMENREN
—OUMENG《SHUZI SHICHANGFA》PINGXI

丁道勤 夏 杰 主编

责任编辑 赵明霞 魏艳丽
装帧设计 马 帅 臧晓飞

出版发行 法律出版社
编辑统筹 法商出版分社
责任校对 王 丰 李景美
责任印制 胡晓雅
经 销 新华书店

开本 710毫米×1000毫米 1/16
印张 17.5 **字数** 300千
版本 2023年5月第1版
印次 2023年5月第1次印刷
印刷 三河市兴达印务有限公司

地址:北京市丰台区莲花池西里7号(100073)
网址:www.lawpress.com.cn
投稿邮箱:info@lawpress.com.cn
举报盗版邮箱:jbwq@lawpress.com.cn
销售电话:010-83938349
客服电话:010-83938350
咨询电话:010-63939796

书号:ISBN 978-7-5197-7489-9
定价:78.00元

凡购买本社图书,如有印装错误,我社负责退换。电话:010-83938349

序　一

PREFACE

转眼到了二十一世纪第三个十年,数字经济在全球蔚然成风,数字经济监管、数字竞争治理也势不可挡地成为当下全球性话题,更是个热点的话题。今天数字经济的源流,是过去三十余年基础科学、应用研究特别是互联网经济的发展演进:通信技术、电子计算机的发展,催生了互联网平台经济;PC互联网到移动互联网的变化,使得平台经济形成了生态系统;随着大数据、云计算、人工智能、元宇宙、ChatGPT等技术和商业概念的兴起,数字经济的产业脉络才开始逐渐清晰。随着数字经济在全球范围内迅猛崛起,各经济体争相采取各式监管措施、完善治理体系,力争在新发展浪潮中抢占先机、拔得头筹。学术界从未也不曾错过社会发展中的任何前瞻性研究,对当下炙手可热的数字竞争监管问题更是当然不会放过。眼下数字经济竞争监管方面的著述日渐增多、内容颇丰,各有千秋,同时不免让人感觉意犹未尽,留白太多。

当我们迈向"数字经济"时代,对数字经济竞争监管这一课题进行创新探索和深刻研究时,不可回避的问题是,数字经济是什么、将会产生什么影响?数字经济是近些年随着现代计算机和通信技术迅猛发展而逐渐形成的概念和现象,也是数字技术逐渐向社会经济系统逐渐渗透的过程,其内在逻辑是种广泛连接的社会经济生态系统,以创造出能更好发挥数字生产力的新生产关系:数字化对传统工业经济的渗透孕育着数字经济,推动着人类社会由工业经济向数字经济转型;与此同时,经济发展的数字化不仅体现新的生产力,也推动了生产线的变革和新的生产关系出现。近年来,数字经济和社会生活的巨大变革逐步证实了数字时代的到来并不是工业革命的简单延续,它带来了前所未有的"创造性破坏的力量",将人类社会带入了一个崭新的时代。

一方面,数字经济产生的"创造性破坏的力量"改变了社会结构。数字经济是数字技术与人类社会全面融合的产物，是人类经济社会系统发展的新阶段，对未来社会建设具有举足轻重的作用。数字技术创造了一个全新的网络社会，不但将传统人类社会生活映射到网络上，而且创造了更多的生活、交互方式。在这样一个庞大、无边界的网络世界中，社会权利无法再按照传统的土地、厂房、机器、资金所有权而划分和认定，更不能简单地将数据作为其中一个生产要素去确权，而需要站在数字经济的立场去定义和划分权利并分配相应的利益。

另一方面，数字经济产生的“创造性破坏的力量”对社会中的人也产生了诸多影响。数字技术带来的高效率在解放大量劳动力的同时也创造了新的就业形态和岗位，但平台高集中度、高效率与劳动人口整体素质水平的结构性不平衡，可能引发社会矛盾，需要制度回应。同样，高科技给个人生活带来极大便利的同时，也侵蚀着个人的隐私空间，所有人在技术面前都是透明的，便利与个人空间的平衡也需要制度回应。社会经济发展重心从农业、工业转向数字为核心的第三产业，必然要对工业时代以来的市场结构、施政策略、法律技术等进行相应的调整，以回应数字经济时代的挑战和诉求。

任何一种经济形态都需要有科学的监管框架，社会的治理和政府的职能需要与数字经济发展相适应，有效的市场需要有为的政府来规范。互联网平台经济是数字经济的基础，也是当下及未来进一步发展的载体。为此，应正视数字经济和平台经济之间的关系，树立“发展平台经济就是发展数字经济”理念。如果抛开互联网平台经济谈数字经济的建设和发展，就不利于完善数字经济的社会和制度环境。放眼全球，欧美等经济体已从不同层面构建数字经济治理体系，建立健全能够契合数字经济发展规律的制度体系和实施机制，以促进数字经济的健康发展。但鉴于数字经济的特殊性，各经济体往往都会根据自身数字经济发展水平来制定和实施相应的治理方案。具体来说，欧盟积极推进的数字监管制度和执法实践，并不完全是出于传统竞争法理论去考虑和探讨，美国新布兰代斯学派也是如此。这是因为，数字经济时代，平台成为最重要的组织形式，而单单依靠传统的民商事法律制度难以解决平台和各权利主体之间的矛盾，是否需要类似“守门人”的制度进行回应，值得深入研究和慎重思考。

本书详细梳理并评价了欧盟最新的数字监管探索，特别强调要寻求“监管创新”与“重度监管”之间的平衡点。我认为，这个平衡点就是尽量明确法律保护的具体对象。尽管我国2022年修订的《反垄断法》对数字经济、平台领域的监管回应最为直接，但应当清楚地看到，多数情况下平台任性的权力来源不总是

《反垄断法》讲的市场支配地位,除了依靠《反垄断法》保护竞争之外,还应当依靠《反不正当竞争法》保护竞争对手和消费者的合法利益,依靠《电子商务法》保护平台内经营者的利益,更应该依靠《消费者权益保护法》去切实保护每一个消费者的具体的合法权益。只有通过系统性的法律保护不同层次的法益,才能避免失衡、失当、失序、失责、失灵的监管。欧盟的"Competition Law"不等于中国的反垄断法,如果只是简单地将欧盟数字监管制度生搬硬套到我们的反垄断法之中,将会是反垄断法的不能承受之重,更是我国数字经济高质量发展的不能承受之重。

2022年12月召开的中央经济工作会议再次强调,"要大力发展数字经济,提升常态化监管水平,支持平台企业在引领发展、创造就业、国际竞争中大显身手。"我国数字经济发展虽取得不凡的成绩,但其治理仍处于探索阶段,根据以往经济治理的经验看,将不可避免地呈现出"多法共治、多部门共管"的体制特点,反垄断、反不正当竞争、价格、电商、消费者保护、广告、信息、安全等规则,都具有适用于数字经济的空间,并且监管执法的边界还不够清晰。促进发展的政策需要通过建立并落实法治保障,更好打通各个关节的堵点,避免短期性的政策频繁调整影响市场的长期信心,进而反过来制约投资。在发展数字经济的过程中,要更好地厘清政府和市场的关系。数字经济可以分为基础设施和市场应用两个层面,政府和国有企业应将重点放在信息高速公路等投资需求大、回报周期长、市场投资意愿不足等基础设施方面,将开发、应用、推广的空间更多地留给市场主体。关于落实优化营商环境、打造宜商环境的法治要求,应尊重平台企业在平台、数据等方面的私有财产权,更多推动政府公共数据的公开和共享;与此同时,应当做好数字经济领域不同监管部门之间的监管执法协调,厘清不同监管部门的监管权限,避免反复"拉抽屉"式的多头监管执法影响市场的发展预期。

"它山之石,可以攻玉。"希望本书的出版,不仅能够更好地丰富我国数字经济治理中的域外经验、获得更多更好的治理启示,而且能够在学术界和实务界引起更多高质量的数字经济治理相关的研讨和成果。

黄　勇*

2022年11月10日

* 黄勇,对外经济贸易大学涉外法治研究院常务副院长、法学院教授。

序　二

PREFACE

现在已经很难描述数字平台给世界经济、政治和社会带来的深远影响。以经济为例，这些平台通过其提供的数字产品和服务改变了传统的生产生活方式，不仅催生出数字经济这一独立的经济形态，成为后疫情时代带动经济发展的关键动能，还转化为推动实体产业变革的驱动力，对传统工业和农业经济进行数字化改造。在此背景下，数据、信息和技术等要素加快向数字平台聚拢，全球范围内出现了一些大型数字平台。由于大型数字平台商业模式的复杂程度高，影响范围广，如何规范化、科学化、精细化地规制这些平台成为全球性的前沿课题。

为了应对大型数字平台带来的挑战，各国纷纷出台数字经济相关立法，从网络安全、数据安全、隐私保护、竞争等维度规制平台。如何平衡发展和安全之间的关系，明确大型数字平台的权利、义务和责任，保护使用平台的经营者和用户的利益，成为立法亟待解决的现实问题。

欧盟《数字市场法》(Digital Markets Act，DMA)即为从竞争视角规制大型数字平台的专项立法，在传统反垄断制度的基础上作出了重大创新，具有一定的标志性作用。在理念上，DMA 突破了传统反垄断事后规制的范式，采取了事前规制思路，而且转变了传统反垄断法“反垄断行为，不反‘大’公司”观念，创设“守门人”指定制度，专门规制大型数字平台这类特殊主体。在结构上，DMA 构建了“守门人”的指定、违法行为、执法程序、法律责任四层架构，实体和程序性条款相互融合，具体制度间衔接紧密，为后续制定细化规则、通过实施法案预留了接口。在具体内容上，DMA 从数字市场的可竞争性和公平性这两个新的维度切入，结合大型数字平台的特征和竞争优势，以及执法和司法实践经验，面向不同场景，规定了平台应履行的义务，涉及数据、互操作、自我优待、访问接口、广告价格透明度等多个方面，同时为平台提出抗辩保留了空间。在法律责任方面，

DMA 设置了有梯度且极具震慑力的责任条款，对于单次违规等情形，“守门人”面临高达上一财政年度全球总营业额10%的罚款，而对于更为严重的系统性违规，“守门人”面临高达上一个财年全球总营业额20%的罚款。

我本人很早就参与网络领域相关法律法规的研究和立法工作，对数据、个人信息保护等议题尤为关注。我主张将数据财产化，构建数据新型财产权，尝试从数据底层权利配置的角度，在个人和企业之间分配好数据权利，以回应更高层面的市场竞争、公共秩序和消费者利益保护等问题。DMA 作为欧盟的数字竞争立法，在没有触及数据权利配置问题的情况下，通过划清平台行为的边界，也是一种促进竞争、平衡个人和企业数据权益、维护其他经营者和用户权益的新探索。预计 DMA 将成为域内外立法者、监管部门、学者以及行业研究人员研究探讨数字竞争规则的鲜活素材。

本书作者们来自学界和行业，具有多元背景和国际视野，能够从学术和产业视角分享对前沿规则的观察和认知，丰富现有研究成果。本书作者们围绕 DMA 提出的新理念义务、新制度，不仅从立法背景和目的、制度设计、理论基础、相关执法和司法实践以及对产业的影响等角度，对 DMA 重点条款进行了评述，还从比较法的视角，将 DMA 条款与其他国家类似制度进行了对比，最后结合我国立法、执法、司法实践，立足于国内产业状况，分析总结了 DMA 对国内的启示。我衷心期待国内有更多的研究人员能投入到全球数字规则前沿研究中，为国内数字经济立法和监管贡献智慧和力量，也非常期待我国数字经济领域加快形成公平合理的规则制度体系，以规则制度创新，促进数字市场公平竞争和创新高质量发展，使利益相关方都受益。

是为序。

龙卫球*

2022 年 12 月

* 龙卫球，北京航空航天大学高研院院长、教授，教育部长江学者特聘教授，工信部法治与战略管理重点实验室主任，网信办网络空间国际治理研究基地主任。

目　录

CONTENTS

第一章　监管创新与重度监管之间的平衡
——欧盟《数字市场法》述评

002　一、问题导向
002　（一）“守门人’不公平竞争行为缺乏规范
004　（二）数字经济极大地冲击了传统反垄断法框架
004　（三）数字单一市场“碎片化”问题
005　（四）欧盟数字经济竞争力不强，意图争夺全球数字规则主导权
006　（五）帮助欧洲公司在数字经济竞争中蓬勃发展
007　二、首创“守门人”监管制度
014　三、过度监管的忧虑
018　四、结语

第二章　“守门人”的范围与平台类型化

021　一、“守门人”范围的概述
021　（一）界定“守门人”的标准
023　（二）指定“守门人”的程序
025　（三）“守门人”地位的动态审查
025　二、“守门人”标准的理论基础
025　（一）核心平台服务是认定“守门人”平台的起点
026　（二）定量标准是认定“守门人”的主要路径

029 （三）指定“守门人”的事前规制是恢复内部市场有效运作的路径
030 三、美国、中国针对平台的分级分类举措
030 （一）《美国创新与选择在线法案（草案）》
032 （二）中国《互联网平台分类分级指南（征求意见稿）》
036 四、对国内的启示

第三章 “守门人”平台最惠待遇条款立法评析

038 一、条文介绍
039 二、条文解读
039 （一）最惠待遇条款的发展沿革
039 （二）草案到正式文本的内容变化及规定要点分析
041 （三）欧盟规制立场审视
042 三、美国、日本相关规定
042 （一）美国
043 （二）日本
044 四、条文规定后的潜在影响
044 （一）企业涉 MFN 行为将更易被认定和查处
045 （二）在一定程度上阻止了优势企业共谋和排他行为
046 （三）可能产生一定的“负外部性”
048 五、对国内的启示
048 （一）存在对 MFN 行为进行规制的现实必要
049 （二）条款引入的可行性分析

第四章 “守门人”内平台限制数据融合义务评析

052 一、条文介绍
054 二、本条款的来源和立法理由
054 （一）制度来源
057 （二）立法理由
060 三、潜在影响
060 （一）禁止平台内数据融合，可能对产业造成较大障碍

061 （二）数据融合和账号登录等条款的规定，可能会影响到消费者福利
062 （三）数据融合的用户明示同意要求，可能导致竞争法和数据保护法之间的利益冲突
062 四、中国、美国相关规定
062 （一）中国
064 （二）美国
064 五、对国内的启示
064 （一）从反竞争角度出发对平台的限制数据融合义务，在全球范围内并未形成共识，后续如何发展需要继续观察
065 （二）平台的限制数据融合义务以满足告知同意为主，并没有完全禁止“守门人”平台对数据融合的使用
065 （三）中国法对于平台限制数据融合制度的借鉴，应该考虑到本国的产业结构和数字经济发展现状

第五章 “守门人”平台功能互联互通义务评析

067 一、《数字市场法》第5(5)条、第5(6)条条文的理解
067 （一）第5(5)条
072 （二）第5(6)条
074 二、《数字市场法》第5(5)条、第5(6)条的理论基础与影响
074 （一）理论基础
075 （二）对数字产业合规的影响
077 （三）条款的不足与缺陷
078 三、《数字市场法》第5(5)条、第5(6)条的比较法分析
078 （一）与第5(5)条相关的比较
083 （二）与第5(6)条相关的比较
086 四、对国内的启示
086 （一）结构主义的规制路径的回归
086 （二）数字平台作为反垄断法主体认定标准的变化
087 （三）事后监管到事前监管的转变

第六章 “守门人”平台的数据兼容和开放义务

088 一、“守门人”平台义务体系中的数据义务
090 二、数据兼容和互操作义务
092 三、数据提供义务
094 四、不得通过数据进行自我优待
094 (一)效果类型化:积极型自我优待和消极型自我优待
094 (二)手段类型化:流量、数据、规则自我优待
098 五、对国内的启示
098 (一)数字基础设施的主体范围限定
099 (二)行为与效果的双重规制
099 (三)平台规则的透明度规制
100 (四)多元规制路径的体系化

第七章 “守门人”平台数据可携带条款评析

102 一、DMA 数据可携带制度介绍
102 (一)DMA 数据可携带条款
104 (二)相关法案对比
107 二、数据可携带制度对竞争的影响
107 (一)数据可携带的理论和实践
109 (二)数据可携带对产业的影响
111 (三)数据可携带制度的局限
112 三、中国、美国相关规定
114 四、对国内的启示

第八章 “守门人”平台 FRAND 接入义务评析

120 一、条文介绍
120 (一)立法渊源
122 (二)立法原意
124 (三)重要创新
125 二、潜在影响

125 （一）DMA 第6（11）条
126 （二）DMA 第6（12）条
127 三、潜在问题
128 四、数据相关的风险与挑战
129 五、对国内的启示
129 （一）DMA 第6（11）条
129 （二）DMA 第6（12）条

第九章 “守门人”平台互操作性义务评析

133 一、《数字市场法》第7条的立法渊源与功能定位
135 二、《数字市场法》第7条的立法理由与条款解读
135 （一）立法理由
136 （二）条款解读
142 三、关于拒绝互操作性外部治理路径的域外经验
145 四、对国内的启示

第十章 市场调查工具的狭义适用与监管启示

148 一、“守门人”的认定与系统性违规
148 （一）认定“守门人”的要件与争议
151 （二）系统性违规与补充措施的批判
153 二、市场调查在 DMA 中的狭义适用与制度竞合
153 （一）DMA 选择适用狭义的市场调查
154 （二）DMA 与欧盟竞争法的竞合
156 三、对国内的启示
156 （一）“守门人”的认定标准需要依据具体的市场发展阶段
157 （二）通过市场调查工具确立新的事前监管程序需遵守审慎原则
157 （三）应及时调试市场结构性风险的监管手段

第十一章 数字市场法的实施机制评析

160 一、《数字市场法》执法机制概览

160 (一)确立四类行政罚款
161 (二)赋予欧盟委员会唯一执法权
161 (三)要求“守门人”自建合规职能部门
162 (四)“守门人”可提供不违法承诺
162 (五)允许提起消费者代表诉讼
163 (六)提供吹哨人保护
163 (七)要求企业提供算法等资料
164 二、《数字市场法》面临执法有效性质疑
164 (一)欧盟竞争执法体系不再坚持欧盟集中执法
165 (二)《数字市场法》与欧盟现有竞争法体系有承继
167 (三)《数字市场法》单一执法权与竞争法改革方向不一致
168 三、授权欧盟委员会独家执法的具体考量
168 (一)《数字市场法》制裁手段严苛,执法质量大于案件数量
169 (二)按全球营业额收缴罚款,裁决权不宜分散
171 (三)“守门人”业务必然跨境,欧盟委员会可直接执法
172 四、结论

附件一 《数字市场法》全文翻译

附件二 《数字市场法》解释性备忘录

249 一、提案背景
253 二、法律依据、辅助性及合比例性
255 三、利益相关方咨询及影响评估的结果
259 四、预算影响
260 五、其他事项

附件三 《数字市场法》影响评估报告摘要

后 记

第一章

监管创新与重度监管之间的平衡
——欧盟《数字市场法》述评

丁道勤*

近年来,随着信息技术的飞速发展,数字经济正日益辐射和影响着经济社会发展各领域全过程,各国竞相制定数字经济发展战略、出台鼓励政策,纷纷探索数字竞争规则的国家和地区方案,欧盟就是其中的典型代表。2022 年 7 月 18 日,欧盟 27 个成员国一致批准《数字市场法》(Digital Market Act,DMA)①,

* 丁道勤,北京航空航天大学工业和信息化法治战略与管理重点实验室(工信部重点实验室)研究员、人文与社会科学高等研究院科技治理中心研究员,法学博士后。本文仅为个人观点,不代表任何机构立场。

① 该法大致的立法进程:最初由欧盟委员会于 2020 年 12 月 15 日提出,2021 年 6 月 1 日开始,欧洲议会下属内部市场及消费者保护委员会针对欧盟委员会的草案提出修正案,2021 年 7 月 1 日开始,欧洲议会下属其他委员会针对内部市场及消费者保护委员会的修正案提出意见。2021 年 12 月 15 日,欧洲议会通过欧洲议会和理事会关于数字领域可竞争和公平市场的监管提案的修正案。2022 年 3 月,欧洲理事会与欧洲议会就这部法律达成协议。2022 年 7 月 5 日,欧洲议会投票以压倒性多数通过《数字市场法》和《数字服务法》;7 月 18 日,欧盟 27 个成员国一致批准《数字市场法》;9 月 14 日,欧洲议会主席和欧盟理事会事务部长正式签署了该法案。11 月 1 日,《数字市场法》正式生效,并预计将于 6 个月的过渡期后,即 2023 年 5 月 2 日予以适用,所有自认为应被归为“守门人”的大型互联网企业要主动向欧盟委员会申报。

这是欧盟继《通用数据保护条例》(General Data Protection Regulation, GDPR)①后的一项重大的数字经济法案,对欧盟乃至世界产生重大而深远的影响。

对于 DMA,最大辨识度特征,就是对大型数字平台规制的"守门人"制度,即欧盟是全球首个正式对作为"守门人"的大型平台开展规制立法的法域,进而有学者认为,具有特别化、前置化、动态化特征的欧盟 DMA,是平台经济规制领域"划时代"的法案。② 长期"反垄断布道者"、现任白宫竞争政策顾问的 Tim Wu 曾认为,"应对创新破坏力的最佳解药是过度监管"。有学者套用 Tim Wu 的话说,DMA 将成为创新破坏性力量的最佳解毒剂,DMA 无疑是过度监管的例证。DMA 的两项条款以及其他许多条款说明了其过度监管的范围,从而对欧洲技术公司严重缺乏的数字技术所必需的创新产生了不利影响。③那么,DMA 究竟是"划时代"的创新监管法案,还是过度监管的例证,抑或二者兼有? DMA 的立法背景和目的何在,意图解决哪些数字竞争问题? DMA 主要有哪些创新制度,又有哪些不足,对我国数字经济竞争规则又有哪些启示借鉴? 下文拟展开论述之。

一、问题导向

近年来,面对数字经济领域竞争力下降的现实,怀有意图争夺全球数字规则主动权的雄心,肩负发展完善欧盟数字市场体系的使命,欧盟继发布《通用数据保护条例》《非个人数据自由流动条例》等多项法律政策文件后,又力推出台《数字市场法》和《数字服务法》,着眼于解决欧盟当前数字经济存在的深层次问题,具有深刻的全球背景和欧盟现实考量。

(一)"守门人"不公平竞争行为缺乏规范

正如 DMA"鉴于条款"所述,数字服务尤其是在线平台,在经济中特别是在欧盟内部市场中扮演着越来越重要的角色。它们使企业能够触达整个欧盟内的

---

① Regulation (EU) 2016/679 of the European Parliament and of the Council of 27 April 2016 on the protection of natural persons with regard to the processing of personal data and on the free movement of such data, and repealing Directive 95/46/EC (General Data Protection Regulation).

② 参见李世刚、包丁裕睿:《大型数字平台规制的新方向:特别化、前置化、动态化——欧盟〈数字市场法(草案)〉解析》,载《法学杂志》2021 年第 9 期。

③ See Aurelien Portuese, *The Digital Markets Act – The Path to Overregulation*, https://www.competitionpolicyinternational.com/wp-content/uploads/2022/06/EU-Column-June-2022-2-Full.pdf.

用户,促进跨境贸易,为欧盟内大量公司开辟全新的商业机会,维护欧盟内消费者的利益。提供核心平台服务的企业能够利用核心平台服务所具有的极强的规模经济、非常强的网络效应(一种能通过平台服务的多边性将大量企业用户与大量终端用户联系起来的能力)、对企业用户和终端用户的显著依赖、锁定效应、终端用户出于同一目的而缺乏多归属选择、垂直整合和数据驱动优势。所有这些特征,结合提供核心平台服务的企业实施的不公平做法,可能会实质性损害核心平台服务的可竞争性,影响提供此类服务的企业与企业用户和终端用户之间的公平商业关系。上述特征的组合很可能导致议价能力严重失衡,从而给使用"守门人"核心平台服务的企业用户和终端用户施加不公平的做法和条件,损害数字领域的价格、质量、公平竞争、选择和创新。因此,可赋予这些服务提供者"守门人"的地位。① 平台经济领域竞争的缺乏和"守门人"的不公平行为,导致数字市场的产品价格更高、质量更差、选择更少、创新能力更低。

十年前,所谓"大到不能倒"的银行翻开了一页。今天,新的一页正在翻开,那就是"大到不能管"的平台。中小企业所经历的困难,特别是对"守门人"的滥用,破坏了公平和自由的消费者和商业选择。② 因为超大型平台企业一家独大会使数字经济领域的竞争趋向于不合理的结构,行业巨头具有一定的资本、技术、数据资源等优势,倘若实施商业闭环管理会使中小企业难以获取技术革新所需的资源,从而抑制了整个社会的创新活力,限制消费者的选择空间,损害欧洲消费者的利益。③ 多年来,少数大型数字平台充当"守门人",因为它们是企业用户与其潜在客户之间的必要网关。这使这些平台能够通过施加不公平的交易条款来利用这些企业用户对其服务的依赖。这个问题没有在竞争法中得到充分解决,是促使欧盟委员会提出 DMA 的最重要的原因之一。④但是,近年来,在反互联网巨头的法律行动中,欧盟委员会经常遭受一系列的败诉和挫折。例如,未能通过具有里程碑意义的反垄断案件控制谷歌的市场主导地位,在追回苹果公司欠爱尔兰的 130 亿欧元未缴税款的案件中,欧盟竞争事务负责人玛格丽特·维

① 参见《数字市场法》"鉴于条款"第 1 ~4 段。

② See Thierry Breton, *Sneak Peek: How the Commission Will Enforce the DSA & DMA*, https://ec.europa.eu/commission/presscorner/detail/en/STATEMENT_22_4327, last visit August 17, 2022.

③ 参见余冉:《数字经济时代欧盟〈数字市场法〉的成果及对我国的启示》,载《中国欧洲学会欧洲法律研究会第十五届年会论文集》2021 年 11 月 26 日。

④ See Damien Geradin, *What Is a Digital Gatekeeper? Which Platforms Should Be Captured by the EC Proposal for a Digital Market Act?*, SSRN (February 18, 2021). https://ssrn.com/abstract=3788152 or http://dx.doi.org/10.2139/ssrn.3788152.

斯塔格败诉。因此,欧盟委员会现在优先考虑通过 DMA 建立公平竞争的监管轨道。①

(二)数字经济极大地冲击了传统反垄断法框架

数字经济对传统反垄断法提出的挑战并不意味着反垄断法在面对新的困难与挑战的时候束手无策,②反垄断法应当因应数字经济发展特点进行制度创新。因为传统反垄断法规制生根并发展于工业经济时代,其规则体系和分析框架已经不能适应依托数字经济形成的新的社会关系,且竞争法的调查、执法程序过于冗长,数字市场需要更有针对性、更灵活的平台规制体系。③ DMA 无疑是监管机关针对传统反垄断法规制数字经济心有余而力不足现象的应对之策。欧盟此举意在就大型平台的规制舍弃传统反垄断法的分析框架,拟直接以"守门人"制度的引入来代替传统反垄断法的执行。而"守门人"制度注重恢复自由市场竞争和打击垄断行为。因此,可以将"守门人"制度视为欧盟对其反垄断法进行的重构之举。④ 从法律经济学的"规则与标准"方法来看,欧盟委员会制定严格的规则制度的 DMA,要求所有"守门人"必须遵守与所有核心平台服务相关的相同义务,试图尽量减少委员会的调查和评估,以避免传统竞争法的问题。⑤

(三)数字单一市场"碎片化"问题

数字单一市场是欧盟建立单一市场的重要内容,单一市场的最终目标是实现欧盟内部人员、货物、资金自由流动,2015 年欧盟委员会出台《数字单一市场战略》,力图打造统一的数字商品、服务和资本市场,加强数字领域互联互通,以推动技术能力发展来保障网络安全,反映了欧盟试图发展网络产业、维护网络安全的考虑。⑥ "碎片化"一直是欧盟发展面临的一大棘手问题,这一"先天性"难

---

① See Samuel Stolton, *EU Braces for Big Tech's Legal Backlash Against New Digital Rulebook*, August 10, 2022, https://www.politico.eu/article/eu - brace - legal - assault - against - digital - clampdown/, last visit August 19, 2022.

② 参见王先林:《我国反垄断法修订完善的三个维度》,载《华东政法大学学报》2020 年第 2 期;王晓晔:《我国〈反垄断法〉修订的几点思考》,载《法学评论》2020 年第 2 期。

③ 参见孙晋:《数字平台的反垄断监管》,载《中国社会科学》2021 年第 5 期;杨东:《论反垄断法的重构:应对数字经济的挑战》,载《中国法学》2020 年第 3 期。

④ 参见杨东、周鑫:《设立"看门人"制度 规制数字流量垄断 欧盟〈数字市场法(草案)〉对我国反垄断法修订的启示》,载《中国市场监管研究》2021 年第 2 期。

⑤ See Wolfgang Kerber, *Taming Tech Giants with a Per - Se Rules Approach? The Digital Markets Act from the "Rules vs. Standard" Perspective* (June 7, 2021). Concurrences No. 3, 2021, 28 - 34, https://ssrn.com/abstract = 3861706 or http://dx.doi.org/10.2139/ssrn.3861706.

⑥ 参见董一凡、李超:《欧盟〈数字单一市场战略〉解读》,载《国际研究参考》2016 年第 3 期。

题给欧盟许多政策的实施带来巨大挑战,“单一数字市场”战略的实施也不例外。欧盟面临的第一大挑战,就是成员国之间数字经济发展的不平衡。在数字经济发展方面,丹麦、芬兰、瑞典等北欧国家已跻身世界前列,是欧盟数字经济发展无可争议的领导者,而罗马尼亚、保加利亚和希腊等国家,仍需突破一些内在因素的阻碍,迎头赶上。[①] 特别是面对数字平台监管规则一致性问题,DMA 意图通过成员国之间数字规则的非碎片化来完成数字单一市场。

(四)欧盟数字经济竞争力不强,意图争夺全球数字规则主导权

从全球主要国家的数字经济规模来看,美国和中国领先优势明显:2020 年,美国数字经济总量排名全球第一,规模达到 13.6 万亿美元;中国紧随其后,规模为 5.4 万亿美元;德国和法国则位列第三和第六,规模分别为 2.54 万亿美元和 1.19 万亿美元。[②] 此外,欧盟还缺乏能与中美数字平台相抗衡的“独角兽”企业。在 2019 年福布斯公布的全球数字百强企业名单中,美国有 39 家,中国有 11 家,日本与欧盟并列各有 13 家。其中,排名靠前的数字企业主要来自美洲和亚洲,欧洲企业大多排在 50 名以后。在欧盟看来,欧盟数字竞争力不足不仅有损于欧洲长期的经济发展,还会导致欧洲社会的传统价值观念受到威胁。因此,欧盟积极致力于在数字领域打造“欧洲标准”,提升在规则制定方面的影响力。欧盟认为,要想成为新一代数字技术的全球领导者,欧盟需要在数字规则制定方面取得领先优势,创造出符合欧盟价值观的数字治理模式,维护欧洲的数字主权进而实现战略自主。[③]

以欧盟《数字市场法》为代表,数字“守门人”制度呼之欲出,成为大国间制度竞争的最前沿。[④] 作为“欧洲数据战略”的一部分,DMA 旨在解决数字经济中“最突出的不公平做法和弱竞争事件”,回应对在欧洲运营的美国科技公司数据衍生主导地位的担忧。[⑤] 有分析指出,《数字服务法》和《数字市场法》是欧盟近

① 参见吴丹妮:《欧盟“单一数字市场”带来什么》,载《财经国家周刊》2016 年第 13 期。

② 参见中国信息通信研究院:《全球数字经济白皮书——疫情冲击下的复苏新曙光》(2021 年 8 月),载中国信通院,http://www.caict.ac.cn/kxyj/qwfb/bps/202108/P020210913403798893557.pdf,最后访问日期:2022 年 7 月 22 日。

③ 参见薛岩、赵柯:《欧盟数字治理:理念、实践与影响》,载《和平与发展》2022 年第 1 期。

④ 参见周汉华:《〈个人信息保护法〉“守门人条款”解析》,载《法律科学(西北政法大学学报)》2022 年第 5 期。

⑤ See Baschenhof, Philipp, *The Digital Markets Act (DMA): A Procompetitive Recalibration of Data Relations?* (August 11, 2021), Journal of Law, Technology and Policy, Volume 2022, Issue 1, SSRN, https://ssrn.com/abstract=3970101 or http://dx.doi.org/10.2139/ssrn.3970101.

20年来在数字领域的首次重大立法，提供了一套统一的欧盟数字规则。有法国专家甚至将两部法案称为“防止外部渗透、侵蚀的最强‘守门人’”。[①] 欧盟意图掌握数据主权和数字执法主导权，近年来一直强调“数字主权”概念，也意识到数据本身是重要的生产要素。《数字服务法》和《数字市场法》要求审查大型在线平台收集用户信息的情况，要求平台向监管机构和研究团体提供更多访问其内部数据的机会，同时反对平台企业利用由某项服务搜集的数据改进或开发新的服务，某种程度上保护了欧盟内部数据不为外部企业所用，削弱了对手的竞争力。在新法案下建立的执法体系类似GDPR监管机制，如果成员国未能及时采取行动，欧盟委员会有权自行采取执法行动，将有力避免以爱尔兰为代表的低税率国家对美国科技巨头的偏袒。[②]

（五）帮助欧洲公司在数字经济竞争中蓬勃发展

在数字经济监管方面，欧盟一直走在前列。虽然欧盟的科技企业占全球科技企业总市值不到4%，但其拥有近5亿具有充足消费能力的消费者，是潜力巨大的数字市场。[③] 不过，近20多年来，欧盟在数字经济领域竞争力有所下降，欧盟国家数字市场基本上被美国科技巨头所垄断。本土数字企业实力弱、对美国技术过度依赖，成为欧盟的切肤之痛。因此，欧盟希望通过出台《数字服务法》和《数字市场法》这两部法案，对美国科技巨头的无序扩张起到有效的遏制作用，为本土企业发展创造空间。欧盟及德国、法国等成员国多次对谷歌、亚马逊等美国科技企业展开反垄断、避税、用户隐私等调查，法国、西班牙、意大利等国还宣布了对互联网巨头征收数字服务税的计划。针对美国科技企业，如今欧盟不再只是针对个案采取巨额罚款，而是通过制定一套规则，建章立制，以此遏制美国科技巨头在欧盟数字市场的“野蛮生长”。[④] 例如，过去10年，欧盟委员会对美国科技巨头展开大量的反垄断调查，开出多笔罚单，累计罚款金额超过300亿美元。谷歌2015年被处以41.4亿欧元罚款，2017～2019年又被合计罚款93亿欧元。苹果（Apple）、高通（Qualcomm）、亚马逊（Amazon）、脸书（Facebook）和

---

① 参见严瑜：《欧盟给“谷歌们”再上“紧箍咒”》，载《人民日报（海外版）》2022年4月28日，第6版。

② 参见房毓菲：《欧盟数字服务监管的借鉴与启示》，载《中国物价》2021年第4期。

③ 参见康恺：《〈数字服务法〉或于年底落地，欧盟寻求立法加强数字经济监管》，载《第一财经》2020年9月21日。

④ 参见严瑜：《欧盟给“谷歌们”再上“紧箍咒”》，载《人民日报（海外版）》2022年4月28日，第6版。

英特尔(Intel)等也都被欧盟调查并处罚。①

二、首创“守门人”监管制度

据法国新闻社称,DMA 首次规定大型线上平台在欧盟市场的竞争规则。DMA 是一项重大政策举措,旨在以比竞争法更系统的方式监管平台“守门人”。② 通过统一的规则和责任约束、更好的监管、更快的执法和威慑性制裁,意图约束谷歌、脸书、亚马逊等已成为单一市场“守门人”的在线平台,对其施加更多限制,遏制其不正当竞争行为,并迫使其为平台上的非法内容承担更多责任。③

1.“守门人”义务

“守门人”是数字竞争监管的关键抓手。平台经济领域的不公平行为和反竞争行为主要由少数提供“核心平台服务”的大型平台导致,对这些平台进行特别的规制至关重要。④ 因为占据数字市场主要份额的大型平台如“守门人”一般,控制着一般消费者和商业用户的接触渠道。若对其行为不加以规制,很可能导致市场无法产生有效竞争,使消费者、商业用户的利益受到减损。因此,欧洲学者和研究机构提出了“守门人”的概念。“守门人”就是凭借数据优势和网络效应在商业用户和终端用户接触中起到了不可替代地位的中介性平台。规制这些平台便成为立法的起点,DMA 将这一概念纳入正式立法,进而要求“守门人”应当遵守一系列旨在保障用户权益和市场可竞争性的特别规则,而其他平台不受此类规则的约束。由于平台是否被认定为“守门人”直接决定了其应否受法案规制,因此“守门人”的认定极为关键。⑤ 数字商业模式,如大型在线科技公司、社交媒体网络、电子商务购物网站和视频平台,使世界各地的个人和企业能够以创新和更有效的方式相互交流和交易。在欧盟委员会看来,这些科技公司

---

① 参见周武英:《欧盟步步紧逼 欧美数字竞争日趋激烈》,载《经济参考报》2020 年 10 月 21 日,A08 版。

② See Giorgio Monti, *The Digital Markets Act – Institutional Design and Suggestions for Improvement* (February 22, 2021), TILEC Discussion Paper No. 2021 – 04, SSRN, https://ssrn.com/abstract=3797730 or http://dx.doi.org/10.2139/ssrn.3797730.

③ 参见房毓菲:《欧盟数字服务监管的借鉴与启示》,载《中国物价》2021 年第 4 期。

④ See Steven C. Salop, *Dominant Digital Platforms: Is Antitrust up to the Task?*, 130 Yale Law Journal Forum, p. 563, 563 – 587(2021).

⑤ 参见李世刚、包丁裕睿:《大型数字平台规制的新方向:特别化、前置化、动态化——欧盟〈数字市场法(草案)〉解析》,载《法学杂志》2021 年第 9 期。

已经成为赢家通吃的企业。监管层面批评：迅速发展的网络效应优势，吸引了越来越多的用户使用这些平台，进而形成新的垄断和不公正。立法亮点首先在于引入了“守门人”制度，即选择一定范围的巨头平台，承担相应的类似“守门人”责任。① “守门人”范围涵盖在线中介服务、在线搜索引擎、操作系统、在线社交网络、视频分享平台服务、不占用号码资源的人际通信服务、云计算服务、虚拟助手、网络浏览器和在线广告服务（包括广告中介服务）等。

DMA 明确了“守门人”的认定标准，并规定了动态调整规则。根据 DMA 第 3 条和“鉴于条款”第 15 段的规定，同时满足下列条件，企业应被指定为“守门人”：一是对内部市场具有重大影响，即企业在过去三个财年中每一财年的欧盟营业额等于或超过 75 亿欧元，或者上一财年平均市值或同等公允市场价值达到至少 750 亿欧元，并在至少三个成员国提供相同的核心平台服务；二是其提供的核心平台服务是企业用户触及终端用户的重要通道，即企业提供的核心平台服务在上一个财年至少拥有 4500 万个在欧盟设立或位于欧盟的月活跃终端用户，并且至少拥有 1 万个在欧盟设立的年活跃企业用户，相关识别与计算需依据附件中规定的方法和指标；三是在其运营中享有稳固和持久的地位，或者可以预见在不久的未来将享有这样的地位，即在过去三个财年中的每一财年都达到了上述两条标准。这套有针对性的统一规则应仅适用于基于上述三个客观标准而指定的企业，并且仅适用于那些核心平台服务单独构成企业用户触达终端用户重要通道的企业。如果上述三个条件均得到满足，则推定该企业为“守门人”，除非企业提出确凿论据来证明相反的情况。无论“守门人”的设立地和所在地的其他法律如何规定，只要符合 DMA 规定的统一、明确的数字规则框架，则都是该项法案约束的对象。此外，欧盟委员会还可以通过市场调查来评估特定企业的具体情况，并在定性评估的基础上作出认定为“守门人”的决定。欧盟委员会可在为确定“守门人”而进行的市场调查中，对某一公司的具体情况进行评估，并以定性标准为准绳决定其是否为“守门人”企业。②

DMA 旨在通过对在核心平台服务中充当“守门人”的大型在线平台实施事前不对称监管，“确保公平和开放的数字市场”，包括 18 项禁令和义务清单，以

---

① 参见梁晓轩：《欧盟〈数字市场法〉将明确“守门人”义务》，载《检察风云》2022 年第 3 期。

② 参见余冉：《数字经济时代欧盟〈数字市场法〉的成果及对我国的启示》，载《中国欧洲学会欧洲法律研究会第十五届年会论文集》2021 年 11 月 26 日。也可参见本书后文详述内容。

及在不合规的情况下的高额罚款和潜在的资产剥离。[1] 根据 DMA 第 5 条、第 6 条的规定,“守门人”义务包括积极义务和禁止义务两大方面。积极义务主要包括提供特定种类数据的访问权限,强制互操作,以及面向终端用户、企业用户、广告主和发布者提供技术路径、选项或信息等。例如,对于软件应用商店、在线搜索引擎和网络社交服务,“守门人”应基于 FRAND(公平、合理、无歧视)原则为企业用户提供“守门人”软件应用商店、在线搜索引擎和在线网络社交服务的接口;不论场景,“守门人”应为终端用户和企业用户及其授权第三方提供可携带的数据。在强制互操作方面,“守门人”应与服务提供商和硬件提供商实现互操作,针对不占用号码资源的人际通信服务类“守门人”,应与提供或有意提供此类服务的其他人际通信服务提供商实现互操作。面向终端用户、企业用户、广告主和发布者,“守门人”应积极履行以下义务:允许终端用户通过核心平台服务访问和使用企业用户 App 提供的功能和项目;为广告主和发布者及其授权第三方提供价格和费用信息及计算指标;允许终端用户卸载预装软件、更改默认设置,并在终端用户首次使用时提供服务提供商清单以供选择;确保操作系统或软件应用商店能通过核心平台服务之外的渠道访问;确保终止核心平台服务条款不违反比例原则,行使不存在不合理困难。禁止义务主要包括禁止未经用户同意的数据融合、交叉使用,禁止阻碍交易以及禁止自我优待义务。在数据方面,“守门人”不得为了广告业务,处理第三方掌握的终端用户个人数据;不得将“守门人”核心平台服务的个人数据,与“守门人”其他服务或第三方服务的个人数据融合;不得在“守门人”其他服务中,交叉使用来自核心平台服务的个人数据。在促进交易方面,“守门人”应允许企业用户传递和促进与终端用户之间的交易,不得阻止企业用户绕过“守门人”以不同价格或条件提供产品或服务,不得强迫终端用户或企业用户使用“守门人”的认证、浏览器或支付服务,不得限制终端用户切换、订阅其他服务的能力。在禁止自我优待方面,“守门人”不得在排序、索引和抓取方面优待自家业务,在与企业用户进行竞争时,不得使用企业用户的非公开数据。此外,“守门人”不得将订阅注册作为企业用户或终端用户使用、访问核心平台服务的前提条件,也不得限制企业用户或终端用户举报“守门人”的违规行为。

---

① See Christophe Carugati, *The Role of National Authorities in the Digital Markets Act*, SSRN (October 21, 2021), https://ssrn.com/abstract=3947037 or http://dx.doi.org/10.2139/ssrn.3947037.

2. 数据隐私保护与反垄断规制日渐交织

德国联邦卡特尔局(Federal Cartel Office,FCO)局长 Bruno Lasserre 和法国竞争管理总局主席 Andreas Mundt 联名撰文指出,大数据有可能引起反垄断法问题,与此相关的反垄断法分析是复杂的,除了遵循一般分析框架,还需充分考虑网络效应、多归属和动态竞争等数字市场的独特属性。① Nathan Newman 以谷歌的搜索引擎为例认为,以往反垄断法分析忽略谷歌对用户数据的控制可能形成强大的市场进入障碍,使新进入者在缺乏相关数据的情况下无法创造出与谷歌搜索具有可替代性的服务,谷歌的"坏行为"包括通过向用户捆绑数据进行市场扩张、通过侵犯用户隐私来获取用户数据、以较低的价格获取最终用户数据。②

数据隐私利益保护构成反垄断法的内在需求。在数字市场,消费者数据成为其使用商品或服务而支付的"货币",具有逐渐取代价格成为消费者利益主要内容的趋势。随着消费者越来越重视数据隐私保护,反垄断执法应该随着数据驱动型商业模式的发展转换执法重点,将保护消费者数据隐私利益视为其内在需求。③ 其实个人信息保护与垄断行为规制分属两个领域只是形式问题,它无法构成反垄断法的适用障碍,因为这两个领域在实践中总会存在交叉,很多时候个人信息构成垄断行为的实施工具。④ Miller 和 Akiva 认为,随着美欧竞争当局对大数据的态度从消极对待转向积极作为,有必要密切关注和高度重视该领域适用反垄断法所面临的新问题。例如,网络用户的隐私遭受侵害或消费者选择受到抑制是否为反垄断法所调整? 与平台企业通过采集和使用数据来改善产品或服务质量相比,反垄断法对数字市场公平竞争的维护能否给消费者带来更大利益?⑤

欧盟法院(Court of Justice of the European Union,CJEU)或将 GDPR 纳入反垄断法考量范围。2022 年 9 月 20 日,CJEU 一位有影响力的顾问发表了一份不

---

① See Bruno Lasserre, Andreas Mundt, *Competition Law and Big Data: The Enforcers' View*, Italian Antitrust Review, No. 1(2017).

② See Nathan Newman, Search, *Antitrust and the Economics of the Control of User Data*, Yale Journal on Regulation, Vol. 30, No. 3(2014).

③ 参见于颖超、孙晋:《消费者数据隐私保护的反垄断监管理据与路径》,载《电子知识产权》2021 年第 7 期。

④ 参见焦海涛:《个人信息的反垄断法保护:从附属保护到独立保护》,载《法学》2021 年第 4 期。

⑤ See Akiva Miller, *The Dawn of the Big Data Monopolists*, July 2016, available at https://ssrn.com/abstract=2813004, last visit August 20, 2022.

具约束力的意见，其可能预示着数据保护和竞争监管交叉领域的重大发展。这份意见与一件提交至 CJEU 的上诉案有关，该上诉旨在挑战德国竞争监管机构 FCO 2019 年针对 Facebook 所谓的“超级用户画像”行为的命令。FCO 在该案中认为，这家科技巨头将用户数据整合到多个服务和网站上——因此，Facebook 完全无视了用户的隐私，这本身就是与其市场力量相关的“剥削性滥用”，因此也是对竞争法的滥用。FCO 从而有权对此进行监管。该顾问认为，尽管竞争主管机构无权裁定违反 GDPR 的行为，但它可以在行使自己的权力时考虑商业惯例与 GDPR 的兼容性。在综合考虑案件相关情况的基础上，涉案行为是否符合 GDPR 的规定，可能是该行为是否构成违反竞争规则的重要考量标准。[①] 作为对个人数据的横向和对称综合监管，GDPR 的适用范围比仅适用于“守门人”的非对称 DMA 更广。GDPR 在其核心目标和“数据”的概念上也不同于 DMA，GDPR 似乎侧重于保护《欧盟运行条约》（Treaty on the Functioning of the European Union，TFEU）和《欧盟基本权利宪章》（Charter of Fundamental Rights of the European Union，CFR）中承认的保护个人数据的基本权利。相反，DMA 的核心目标是将数据作为一种具有经济价值的资源进行框架化。该法案旨在通过消除构成“提供和接收服务的自由障碍”和“跨境业务”的成员国法律之间的分歧，以及建立商业用户和最终用户免受不公平行为影响的共同保护水平，帮助创建一个数据可自由移动的数字单一市场把关人，以便在整个欧盟“确保可竞争和公平的数字市场”。[②] GDPR 及受其影响的一些国家的立法例所规定的数据可携带权，就产生了竞争法效果，例如，美国加利福尼亚州《消费者隐私保护法案》（2020 年版）第 3. A. 3 条赋予消费者将其个人信息从一个企业带到另一个企业的权利，第 12（3）（B）（iii）条规定数据可携带应“以一般消费者容易理解的格式，并在技术可行的情况下，以结构化的、常用的、机器可读的格式，提供从该消费者处获得的特定个人信息，并可应消费者请求将该特定个人信息不受阻碍地传送给另一个实体”。再如，新加坡《个人数据保护法》（2020 年修订版）第 26H（1）条规定，个人可以向移转组织提出请求（“数据移转请求”），请求移转组织将

---

① 参见《欧盟最高法院或将 GDPR 纳入反垄断法考量范围》，载微信公众号“反垄断实务译论”2022 年 9 月 22 日，https://mp. weixin. qq. com/s/hb3eeaG1eYT_cMTAngoEUQ。

② See Philipp Baschenhof, *The Digital Markets Act (DMA): A Procompetitive Recalibration of Data Relations?* (August 11, 2021). Journal of Law, Technology and Policy, Volume 2022, Issue 1, SSRN, https://ssrn. com/abstract = 3970101 or http://dx. doi. org/10. 2139/ssrn. 3970101.

数据移转请求中指定的任何适用数据按要求传送给接受组织。[①] 从德国 Facebook 滥用市场支配地位案和欧盟委员会调查亚马逊案等可以看出，“守门人”对海量集中数据的收集和处理，能够形成市场优势，从而提高进入门槛，强化平台掌控力。基于对“守门人”积累的数据优势带来规模效应损害市场竞争的担忧，为确保“守门人”不会不公平地破坏核心平台服务的可竞争性，“守门人”应通过提供不那么个性化但等效的替代方案，让终端用户能够自由选择进入（opt - in）此类数据处理和登录做法，并且不让终端用户的同意成为使用核心平台服务或其某些功能的条件。[②] 如前文所述，“守门人”的积极义务和消极义务中都有很多数据方面的义务。例如，在广告场景下，“守门人”应经请求向广告主和发布者及其授权第三方提供独立广告目录认证所需访问权限和数据，用以辅助后者评估核心平台的效果；在在线搜索场景下，“守门人”应基于 FRAND 原则为第三方提供特定数据的访问接口；对于软件应用商店、在线搜索引擎和在线社交服务，“守门人”应基于 FRAND 原则为企业用户提供“守门人”软件应用商店、在线搜索引擎和在线网络社交服务的接口；不论场景，“守门人”应为终端用户和企业用户及其授权第三方提供可携带的数据。DMA 第 5 条明确规定了限制“守门人”平台的数据融合义务，即除非“守门人”平台给用户提供选择进入的权利，并且被融合的个人数据直接与“守门人”平台的特定服务相关，否则不得将“守门人”核心平台服务的个人数据，与“守门人”其他服务或第三方服务的个人数据融合；不得在“守门人”其他服务中，交叉使用来自核心平台服务的个人数据；不得为了广告业务，处理第三方掌握的终端用户个人数据；“守门人”不得在排序、索引和抓取方面优待自家业务，在与企业用户进行竞争时，不得使用企业用户的非公开数据。

3. 事先介入的预防式反垄断规制

最近欧洲审计法院报告表明，欧盟现行反垄断法的“事后规制”存在明显的缺陷，欧盟委员会对反垄断案件处以罚款的威慑作用是有限的，需要引入“事前

---

① 参见丁道勤、姜文等编译：《国外数据保护法律选编》，中国法制出版社 2021 年版，第 3、10、614 页。

② 因为与其他企业相比，“守门人”处理来自大量第三方的个人数据。类似的优势来自以下行为：(1)将从核心平台服务收集的终端用户个人数据与从其他服务收集的数据相结合；(2)在“守门人”单独提供的其他服务（指不与相关核心平台服务一同提供或不支持相关核心平台服务的服务）中，交叉使用来自核心平台服务的个人数据，反之亦然；(3)将终端用户登录到“守门人”的不同服务中以合并个人数据。参见《数字市场法》“鉴于条款”第 36 段。

规制”。[①] 传统竞争法的“事后规制”模式不能有效地应对数字平台无所不在、花样繁多的垄断行为，如自我优待、数据封锁、数据割据等，出现“炒鸡蛋困境”（crumbled egg）。欧盟委员会认为，TFEU 第 102 条无法有效地解决守门平台的垄断问题，因为一些平台尚未达到“市场支配地位”或者其行为未对相关市场产生明显的损害，或者救济太慢、太迟。尽管 TFEU 第 101 条和第 102 条也适用于“守门人”的行为，但这些条款的适用范围仅限于“守门人”在特定市场上具有支配地位、实施反竞争行为的情况，而且执法通常发生在事后（ex post），需要在个案中对复杂事实展开广泛调查。由于“守门人”并不必然具有支配地位，现行欧盟法律未解决或未有效解决“守门人”行为给内部市场有效运转带来的挑战。[②] 因此，欧盟试图通过“事前规制”促使具有显著市场力量的经营者允许新进入者（包括中小企业、企业家和初创企业）进入市场，从而促进竞争和推动创新。欧盟的 DMA 跳出传统竞争法“市场支配地位”认定框架，是一种重大的突破和制度创新。DMA 实施“事前规制”的路径是祭出一份“黑名单”和“灰名单”。“黑名单”直接规定守门平台的 7 项义务，明令禁止一系列“剥削性和排他性”行为。“灰名单”是规定 11 项需进一步认定的守门平台的义务。[③]

作为平台规制创新的一个方向，事前规制既可以在价值上为相关案例提供指引，又可以在规则上简化法官的论证难度，同时还能更好地向消费者宣传其应享有的权益、鼓励数字市场的参与者更多地投入到竞争和创新中。[④] DMA 代表了一种范式转变，规制对象是所谓的“数字守门人”（包括 Google, Apple, Facebook, Amazon, and Microsoft），遵循本身禁止原则，以“黑名单”和“白名单”形式进行事前干预，展现出一种由法庭事后分析反垄断责任到行政部门事前监管的模式转变，体现了“预防原则”。[⑤] DMA 标志着反垄断开始从事后监管变成事前监管，以事实为依据的反垄断法开始逐渐被监管法规的各条例所取代。DMA 预防性反垄断的特点包括在不确定的情况下进行监管，用“消费者选择多”代替

---

① See Tambiama Madiega, *Regulating Digital Gatekeepers: Background on the Future Digital Markets Act*, European Parliament (December 2020), p. 2.

② 参见《数字市场法》“鉴于条款”第 5 段。

③ 参见林秀芹：《论数字经济反垄断的范式转变——以欧盟〈数字市场法〉为镜鉴》，载《知识产权》2022 年第 7 期。

④ 参见李世刚、包丁裕睿：《大型数字平台规制的新方向：特别化、前置化、动态化——欧盟〈数字市场法（草案）〉解析》，载《法学杂志》2021 年第 9 期。

⑤ See Aurelien Portuese, *The Digital Markets Act: European Precautionary Antitrust*, https://itif.org/publications/2021/05/24/digital-markets-act-european-precautionary-antitrust/.

传统垄断干预理论,采用有罪推定和自证清白的颠倒的举证义务,采用临时性措施与不可逆损失假设。① 不过,DMA 实施的事前干预应仅限于施加必要且适当义务的情形,以达到确保相关服务保持可竞争性、避免产生不公平条件和做法,并能进一步防止提供相关核心平台服务的企业在其运营中形成稳固和持久的地位,施加阻止杠杆、促进转换和多归属的"守门人"义务。为确保符合比例原则,在这些细分义务范围内,欧盟委员会应仅适用那些为实现 DMA 目标所必需和合比例的义务,并应定期审查是否应维持、阻止或调整这些义务。②

4. 结构性救济:拆分

作为布兰代斯运动思潮的代表人物,现任美国联邦贸易委员会(Federal Trade Commission,FTC)主席 Lina. Khan 在其发表于《耶鲁法律评论》的成名作《亚马逊的反垄断悖论》一文中认为,现有反垄断法分析框架已无法捕获特定的反竞争损害,难以保护和促进真正的竞争,这在平台经济和数据驱动型市场中体现得越发明显。这一缺陷主要源于反垄断法从经济结构主义向价格理论的转向,为了应对数字经济领域反垄断法适用面临的挑战,有必要重拾过去的反垄断法,再次重视市场结构在竞争分析中的作用。③ 在平台经济中需要结构性救济的情形主要是自我优待和跨市场竞争两种情形,利用生态力量进行交叉补贴。这种情况下可能需要结构性救济,但即使是在这种情况下,也有两种选择,选择彻底分离,即所有权分离,还有一种是运营的分离,进行业务交叉优待的阻隔措施。因此,即使是结构性救济也存在许多具体的分离措施可以探讨。④

三、过度监管的忧虑

DMA 在收获好评如潮的监管创新美誉的同时,国际舆论颇有争议,批评声音也不少。例如,美国信息技术与创新基金会(Information Technology and Innovation Foundation,ITIF)的 Schumpeter 竞争政策项目的负责人 Aurelien Portuese 博士认为,DMA 存在三大缺陷:增加而不是减少监管碎片化、阻碍经济增长并损

---

① 参见赛迪智库:《〈数字市场法〉:欧洲的预防性反垄断法》,载《中国计算机报》2021 年 12 月 20 日,第 8 版。

② 参见《数字市场法》"鉴于条款"第 27 段。

③ See Lina M. Khan, *Amazon's antitrust paradox*, The Yale Law Journal, Vol. 126, No. 2(2017).

④ 参见焦海涛:《平台垄断行为的结构性救济》,载上海交通大学凯原法学院,https://law.sjtu.edu.cn/tpxw/20220806/6852.html。

害消费者福利、造成监管混乱。[①] DMA不仅有可能影响世界各地的司法管辖区监管数字市场,而且有可能改变地球上最富有的公司的商业模式,以及它们如何向客户提供产品和服务。[②] 欧洲数字权利(European Digital Rights,EDRi)高级政策顾问简·彭弗拉特(Jan Penfrat)表示,DMA这种针对未成年人的具体措施有一个巨大的缺点,即要实施这些措施,在线平台首先需要收集有关每个人的可验证年龄信息。在限制过程中,处理政治观点、宗教信仰和性取向等敏感信息方面也同样将受到限制。此外,美国进步中心副总裁兼首席经济学家迈克尔·曼德尔(Michael Mandel)表示,DMA对就业也会造成影响。他说,美国的电子商务和科技行业在过去四年中创造了140万个工作岗位,而DMA则是对该创造就业行业的限制性贸易措施。[③] 布鲁塞尔智库欧洲国际政治经济中心(The European Centre for International Political Economy,ECIPE)曾在2020年10月发布警告称,对在线服务业的监管从事后惩罚向事前监管的转变可能导致欧盟27个成员国GDP损失约850亿欧元,消费者福利损失1010亿欧元,劳动力将减少0.9%。[④]

1. 破坏创新,阻碍产业发展,损害消费者

DMA意想不到的后果包括来自数字生态系统的服务减少、网络安全风险增加、由于数据组合要求而导致的数据隐私质量下降,以及因禁止提供可能使消费者受益的服务而对消费者造成的伤害。[⑤] DMA规定了严苛的"守门人"义务,可能对未来平台经济的发展和创新产生"寒蝉效应"。例如,DMA的数据共享/许可的要求,不仅会削弱其将在其他地方开发的服务部署给欧洲企业用户或消费

① 参见Aurelien Portuese:《欧盟〈数字市场法〉:是否意味着监管战胜了创新?(上)》,张颖译,载微信公众号"Internation Law Review"2022年8月30日,https://mp.weixin.qq.com/s/P8O5GCx32lCmhU7gtgXOEw。

② See Akman, Pinar, *Regulating Competition in Digital Platform Markets: A Critical Assessment of the Framework and Approach of the EU Digital Markets Act* (December 1, 2021). (2022) 47 European Law Review 85, SSRN, https://ssrn.com/abstract=3978625 or http://dx.doi.org/10.2139/ssrn.3978625.

③ 参见许睿尧:《欧盟通过〈数字市场法〉剑指美国科技巨头,业界专家对此颇多异议》,载界面时评2021年11月25日,http://m.jiemian.com/article/6848742.html。

④ 参见黄婉仪、师清扬:《保护隐私与反垄断并举,解读欧盟〈数字服务法〉〈数字市场法〉草案》,载21世纪财经,https://m.21jingji.com/article/20210219/herald/9e4e83a9252139654f0b9c30f14680e6.html。

⑤ See Aurelien Portuese, *The Digital Markets Act – The Path to Overregulation*, https://www.competitionpolicyinternational.com/wp-content/uploads/2022/06/EU-Column-June-2022-2-Full.pdf, last visit August 23, 2022.

者的动力，而且可能会削弱欧洲基于创新的动态竞争。[①] 有学者认为，"守门人"规则可能会降低平台积累数据的积极性，对提供给消费者的服务质量和创新产生有害影响。[②] DMA 要求拥有庞大数据量的"守门人"与其商业用户共享数据义务，其数据范围、可申请开放数据的用户范围、不同数据在不同场景下开放的程度等，均难以得到有效确定。[③]

2. 阻止非主导公司竞争、事先介入的预防式反垄断规制及结构性补救措施方法等都颠覆反垄断原则

各种例子展示了 DMA 将阻止非主导公司竞争——颠覆了竞争法的原则。例如，在音乐流媒体行业，DMA 将监管 Apple Music（拥有 15% 的市场份额），同时豁免 Spotify（31% 的市场份额）；在旅游行业，DMA 将对谷歌航班施加限制，同时豁免 Expedia 等现有企业；在社交媒体行业，DMA 将监管 Facebook，同时豁免 Twitter。这种从事后反垄断执法到事前监管规则的转变，无异于在反垄断事务中引入预防原则：早期监管干预旨在防止破坏性行为并维持现状。监管机构不再担心第一类错误成本，即由于过度执法而导致的误报成本；相反，他们担心第二类错误成本，即由于执行不足而导致的误报成本。[④] 此外，DMA 结构性补救措施方法彻底颠覆了反垄断，因为结构性补救措施历来被认为是最后的解决方案。行为补救措施比极具争议的结构性补救措施更为适当：强迫公司承诺某些行为仍然比打破它们更具侵入性。[⑤]

3. "反垄断主体而不是反垄断行为"的本身违法规则或有违反垄断法宗旨

反垄断法是规制垄断行为，维护市场竞争秩序的基础性法律规范，常被称为

---

① See D. J. Teece and H. J. Kahwaty, *Is the Proposed Digital Markets Act the Cure for Europe's Platform Ills*?, Evidence from the European Commission's Impact Assessment, 2021, https://lisboncouncil.net/wp-content/uploads/2021/04/TEECE-AND-KAHWATY-Dynamic-Digital-Markets1.pdf, last visit August 25, 2022.

② See Frederic Jenny, *Changing the Way We Think: Competition, Platforms and Ecosystems*, 9(1) Journal of Antitrust Enforcement 1, 1-18(2021).

③ See Stanley M. Besen, Philip L. Verveer, *Competition And Data: Potential Remedies*, 21 Wake Forest Journal of Business & Intellectual Property Law 102, 142(2021).

④ 参见 Aurelien Portuese:《欧盟〈数字市场法〉：是否意味着监管战胜了创新？（上）》，张颖译，载微信公众号"Internet Law Review"2022 年 8 月 30 日，https://mp.weixin.qq.com/s/P8O5GCx32lCmhU7gtgXOEw。

⑤ See Aurelien Portuese, *The Digital Markets Act – The Path to Overregulation*, https://www.competitionpolicyinternational.com/wp-content/uploads/2022/06/EU-Column-June-2022-2-Full.pdf, last visit August 28, 2022.

“经济宪法”，在现代市场经济国家具有举足轻重的地位。目前，全球已有 130 多个国家和地区实施反垄断法，尽管不同法域的立法背景和模式有差异，但在立法目的、制度框架等方面逐渐形成共识：反垄断法的目的在于，通过预防和制止垄断行为，维护公平竞争的市场环境，充分发挥市场在资源配置中的决定性作用，保证经济健康发展。① DMA 规定了“守门人”制度，预设指定或推定“守门人”这一主体“本身违法”，除非证明自己合规。欧盟 DMA 模式虽然远不同于老式的二十世纪七八十年代的《集体豁免条例》（规定了一长串的本身违法规则，而不试图评估规制对象的市场力量），但似乎更有可能导致过度执法和执法不力。其严格的禁止和义务清单是针对任何“守门人”的，无论其商业模式、提供的服务或市场的特殊性如何。② 应当说，即使在数字经济条件下，也不宜完全突破反垄断法框架，DMA 重点反垄断主体，事先将市场主体分个“三六九等”，而不是关注垄断主体的行为，是否产生限制排除市场竞争的效果，与反垄断法的宗旨相背离。

4. “一刀切”的限制定向广告并不能为小企业带来有效的帮助

代表 Facebook 和亚马逊等平台的行业协会 CCIA 的竞争监管事务律师凯伊·杰贝利（Kay Jebelli）撰文表示：第一，定向广告是小企业进入市场和扩大规模的主要有效方式，而禁止定向广告的投放将无形中提高市场的准入壁垒；第二，欧洲新闻媒体与内容创作网站的主要资金来源正是定向广告，这项规定也使其难以获益；第三，部分免费版本的服务平台（如 Spotify、Youtube）的收入来源也都源于定向广告，这会增加欧洲人访问互联网的成本；第四，定向广告的限制也使在线用户体验的个性化随着大数据推送的限制降低。③

5. 法律依据不足

从法律角度来看，DMA 缺乏其实施所必需的法律依据。换言之，它没有达到证明其提议和通过的目的。DMA 将 TFEU 第 114 条作为法律依据，使欧盟能够采取“措施，以接近成员国的法律、法规或行政行为所规定的条款反对内部市

---

① 参见黄勇：《十三届全国人大常委会专题讲座第二十三讲　完善反垄断法律制度　强化竞争政策基础地位》，载中国人大网 2021 年 4 月 30 日，http://www.npc.gov.cn/npc/c30834/202104/2c6651232feb47b0824d72c81d9ac578.shtml。

② 参见维特：《欧洲的平台监管——本身违法规则来拯救?》，载《竞争法与经济学杂志》第 18 卷第 3 期。

③ 参见许睿尧：《欧盟通过〈数字市场法〉剑指美国科技巨头，业界专家对此颇多异议》，载界面时评 2021 年 11 月 25 日，http://m.jiemian.com/article/6848742.html。

场的建立和运作"。也就是说,欧盟可以根据 TFEU 第 114 条仅出于协调目的进行立法。拟议规则必须减少欧盟内部的监管碎片化。①

四、结语

总体上,从全球主要国家和地区的反垄断执法态势来看,它们均加快了因应数字经济的竞争法律政策的调整完善之步伐,特别是关注数字经济领域的平台、数据隐私、算法、互操作等对市场竞争带来的影响。近 10 年来,欧美主要国家社会上对一些科技巨头试图收购或消灭潜在竞争对手、妨碍新企业进入的质疑日益增多,认为大型平台企业主导的数字市场"自我矫正"越来越难,一些"数字寡头"企业的社会操纵或"作恶"行为带来一些重大社会风险,新兴数字平台垄断可能冲击西方传统民主制度的问题。因此,欧美国家之所以强化数字经济反垄断立法和执法,国内层面主要是为了回应日益加剧的经济社会风险和复杂的政治博弈,国际层面主要是为了争夺全球数字经济治理体系中的规则话语权。②

一国的反垄断法律政策,都是与其产业发展现状密切相关,脱离产业发展阶段的反垄断法律政策,注定是失败的,数字经济领域也不例外。面对欧盟数字经济发展的"空心化"现状,本土数字企业实力弱、对美国技术过度依赖,欧盟为了抢占全球数字经济竞争规则话语权,扶持本土数字企业发展,采取了较为激进的数字经济立法。DMA 像一把"双刃剑",其首创"守门人"监管制度体系,改变竞争规制逻辑,采取扩张传统反垄断法以事前、更快速规制数字经济,具有众多创新监管之处。但与此同时,也存在对未来平台经济创新发展产生"寒蝉效应"、增加监管碎片化、阻碍经济增长并损害消费者福利、造成监管混乱、反垄断主体而不是反垄断行为的过度监管之嫌。近年来,我国立法机关和反垄断执法部门也在积极探索数字经济的反垄断规制规则,2022 年修正的《反垄断法》尊重数字经济的竞争规律,围绕平台经济领域竞争的核心要素进行立法。反垄断执法需要准确解构平台经济这些法律关系,并且高度关注平台经济及其竞争行为的特

① See Aurelien Portuese, *The Digital Markets Act – The Path to Overregulation*, https://www.competitionpolicyinternational.com/wp-content/uploads/2022/06/EU-Column-June-2022-2-Full.pdf, last visit September 7, 2022.

② 参见熊鸿儒、韩伟:《全球数字经济反垄断的新动向及启示》,载《改革》2022 年第 7 期。

殊性。[1] 如何有效借鉴而不是简单地照搬照抄式移植国际创新制度，建立起与国内数字市场发展阶段相适应的平台竞争规制体系，在监管创新的同时避免过度监管，值得深入思考。

① 是否每个案件都必须界定相关市场，界定一个还是多个相关市场；数据、流量、算法、算力等因素在市场支配地位以及滥用行为的评估中具有何种相关性；是否需要改造市场支配地位的概念或者降低市场支配地位的认定标准，以缓解反垄断法实施"过笨、过慢、过弱"的问题；是否需要拓展反垄断法的损害理论以回应数据隐私保护以及其他更宽泛的社会关切；应秉持何种补救理念，如何制定和实施有效的补救措施；禁止滥用市场支配地位制度与事前监管制度特别是"守门人"等类似制度存在何种差异，如何协调二者的关系。这些问题有待理论和实践深入探索。参见时建中：《新〈反垄断法〉全面解读》，载《中国法律评论》2022 年第 4 期。

第二章

“守门人”的范围与平台类型化

夏　杰*

2020年12月15日，欧盟委员会工作组针对《数字市场法》提案发布评估影响报告①，认为当前少数“守门人”在线平台的出现，使数字经济领域出现三大问题：平台市场内和平台市场本身的弱竞争性、针对企业用户的不公平商业做法、针对数字市场相关主体的碎片化法律监督和疏忽。上述问题很难通过市场机制进行自我纠偏，并最终导致欧盟消费者不得不面对更高的价格、更低的质量、更少的选择和创新的无效甚至低效的数字市场结果。

在提出《数字市场法》提案解决上述问题时，欧盟委员会工作组从适用范围、义务设定、规制框架的及时性和灵活性以及实施制度等四个核心要素出发，提出了三个方案：方案一是静态规制思路，即对事前特定的核心平台服务“守门人”施加自动执行的义务，以解决其事前明确规定的不公平做法。对于“守

* 夏杰，中国社会科学院大学互联网法治研究中心特聘研究员。

① 参见 European Commission, *Executive Summary of the Impact Assessment Report*, 2020年12月15日，https://ec.europa.eu/info/sites/default/files/impact-assessment-dma_en.pdf。

门人”的界定采取完全定量的标准。方案二是部分动态规制思路，即事前规定自动化执行的义务和与监管对话的义务，更新平台不公平实践的机制和更新新出现“守门人”的机制。对于“守门人”的界定采取定量加定性相结合的标准。方案三是完全自动化规制思路，即监管机关通过市场调查机制，对于“守门人”增加的核心平台服务和增加的相应义务随时进行动态调整的机制。对于“守门人”的界定采取完全定性的标准。

欧盟委员会工作组在评估上述思路介入的及时性、渐进性和灵活性方面，选择了方案二的部分动态规制思路来对《数字市场法》进行整体制度设计。因此，对于“守门人”范围的确定，《数字市场法》正式文本也采取了定性加定量相结合的方法。

一、“守门人”范围的概述

（一）界定“守门人”的标准

欧盟《数字市场法》对于“守门人”范围的确定，采取了定性和定量相结合的方法。具体相应的法律条款被规定在第3(1)条（定性方法）和第3(2)条（定量方法）。

“守门人”确定的定性方法是指采取定性表述的方法来对“守门人”平台进行界定，使具备某些特征的平台被赋予“守门人”平台的角色。《数字市场法》第3(1)条规定，一个企业如果同时满足了如下三个条件，就应该被认定为数字市场的“守门人”：一是该企业对于互联网市场具有重要的影响（significant impact）；二是该企业提供了一项核心平台服务（core platform service），这一核心平台服务被企业用户（business users）①作为触达终端用户（end users）②的重要通道；三是该企业能够稳固并持久（entrenched and durable）地享有这一地位，或者在近期能够预见到能持续这一地位。③ 上述三个标准也被认为是“‘守门人’认定的定性三要素”。

其中，核心平台服务是指符合如下任何一项服务类型的服务：如在线中介服

① 企业用户是指以为终端用户提供商品或服务，或在为终端用户提供商品或服务过程中的，以商业或商业身份使用核心服务的任何自然人或法人。参见《数字市场法》第2(21)条。

② 终端用户是指除企业用户外，使用核心平台服务的自然人或法人。参见《数字市场法》第2(20)条。

③ 参见《数字市场法》第3(1)条。

务(online intermediation services);在线搜索服务(online search engines);在线社交网络服务(online social networking services);视频分享平台服务(video – sharing platform services);不占用号码资源的人际通信服务(number – independent interpersonal communications services);操作系统(operating systems);网页浏览(web browsers);虚拟助手(virtual assistants);云计算服务(cloud computing services);上述各项核心平台服务企业提供的在线广告服务(包括任何广告网络、广告交换或其他广告中介服务)。即只要提供核心平台服务的企业,能够满足上述"'守门人'认定的定性三要素",即被认定为《数字市场法》认定的"守门人"。

除了提出上述认定"守门人"平台的定性标准,《数字市场法》在第3(2)条提出了"守门人"认定的定量依据,即通过定量标准作为对企业进行划界的依据,达到某一定量标准的企业就符合"守门人"平台的定义。

《数字市场法》对于"守门人"认定的定量标准分为三个层次,即企业层面、核心平台服务层面和持续时间层面。

关于第一个企业层面的定量标准,即规定在《数字市场法》第3(2)(a)条的企业对互联网市场具有重要影响标准,是指该企业至少在三个欧盟成员国提供相同的核心平台服务,并且在近三年任一财政年度的欧盟年营业额(turnover)等于或超过75亿欧元;或者该企业至少在三个欧盟成员国提供相同的核心平台服务,并且在最后一个财年平均市值总值(market capitalisation)或其等价市场估值(market value)至少75亿欧元。[①] 上述"年营业额标准"或"市值(估值)标准",符合任意一个就满足对互联网市场具有重要影响的标准。这一标准是从企业层面切入,以企业资本和地理规模大小为判断依据来认定的。

关于第二个核心平台服务的定量标准,即规定在《数字市场法》第3(2)(b)条的企业提供的核心平台服务能够作为触达终端用户的重要通道标准,是指该企业提供的核心平台服务成立或位于欧盟境内,并在上一财政年度最少拥有4500万月活跃终端用户;或者该企业提供的核心平台服务成立于欧盟境内,并在上一财政年度最少拥有1万名年活跃企业用户。[②] 上述终端用户或企业用户标准,符合任意一个就满足触达终端用户的重要通道标准。这一标准是从核心平台服务的层面切入,以核心平台服务的终端用户数或企业用户数为判决依据来认定的。

---

① 参见《数字市场法》第3(2)条。

② 参见《数字市场法》第3(2)条。

关于第三个持续时间层面，即规定在《数字市场法》第3(2)(c)条的在过去三个财政年度内，该企业提供的核心平台服务每年都达到上述第二个标准的要求。

(二)指定"守门人"的程序

1. 满足"守门人"定量条件的指定程序

当提供核心平台服务的企业满足《数字市场法》第3(2)条的量化要求(上一节的标准)时，该企业应当在这些要求被满足后的两个月内通知欧盟委员会，并提交与量化标准相关的材料。①

曾被指定为"守门人"的企业，若其提供的核心平台服务进一步发展到满足《数字市场法》第3(2)(b)条、第3(2)(c)条的标准时，其应在满足上述条件后的两个月内通知欧盟委员会。

当提供核心平台服务的企业没有通知欧盟委员会其已经达到"守门人"的事实，或者其没有在上述满足条件以后的两个月内向欧盟委员会提供上述材料时，欧盟委员会将会被授权基于欧盟委员会可获得的信息，指定该企业为"守门人"。②

欧盟委员会在收到上述企业的完整申报信息后，将在45个工作日内指定该企业为数字"守门人"。③

2. 满足"守门人"定量条件，但不符合定性条件的指定程序

若企业满足了《数字市场法》第3(2)条规定的定量标准，但是企业的相关核心平台服务所处的环境，使企业有足够实质性的理由来证明其并不满足《数字市场法》第3(1)条的定性规定。当欧盟委员会认为从事核心平台服务的企业依据第3(1)条提交的理由并不实质性充足，即无法质疑到第3(2)条的定量推定标准时，欧盟委员会可以在45个工作日内拒绝这一理由，而不用进入到第17(3)条的程序。④ 当欧盟委员会认为这一理由足够充足时，那就进入到第17(3)条的程序。

当欧盟委员会认为，企业提供的核心平台服务能够满足《数字市场法》第3(1)条的条件时，委员会就应该依据该法第17(3)条规定的程序指定该企业为

---

① 参见《数字市场法》第3(3)条。
② 参见《数字市场法》第3(3)条。
③ 参见《数字市场法》第3(4)条。
④ 参见《数字市场法》第3(5)条。

"守门人"。①

3. 满足"守门人"定性条件,但不符合定量条件的指定程序

欧盟委员会依照《数字市场法》第 17 条规定的程序,指定任何达到该法第 3(1)条要求但并不都符合第 3(2)条的定量指标的提供核心平台服务的企业,为"守门人"。基于指定"守门人"的目的,委员会应该考虑如下因素:

(a)该企业的规模,包括该企业的营业额、市场总估值、运营和地位;

(b)使用核心平台服务触达终端用户的企业用户数量和终端用户的数量;

(c)网络效应和数据驱动优势,特别是与企业获取、收集个人数据和非个人数据,以及分析能力相关的网络效应和数据驱动优势;

(d)任何该企业享有的规模和范围效应,包括与数据相关的,以及与欧盟外活动(如相关)的影响;

(e)锁定企业用户或终端用户,包括降低企业用户和终端用户切换或多归属的能力的切换成本和行为偏差;

(f)该企业的集团公司结构或垂直整合,如使该企业能够交叉补贴、合并不同来源的数据或将其地位作为杠杆;或者

(g)其他机构性的企业或服务特征。

在根据本款进行评估时,欧盟委员会应考虑与第 3(2)条所列要素相关的可预见的发展情况,包括涉及提供核心平台服务、在数字领域提供其他服务或收集数据的另一企业的集中计划。

如果提供核心平台服务的企业在不满足第 3(2)条定量标准的情况下,未能大幅遵守委员会命令采取的调查措施,并且在被要求在合理时间内遵守并提交观察意见后,该企业仍然未能遵守,欧盟委员会可以根据委员会掌握的已有事实将该企业指定为"守门人"。②

对于根据第 3(4)条或第 3(8)条指定为"守门人"的每个企业,欧盟委员会应在指定决定中列出该企业范围内提供的相关核心平台服务,以及哪一个服务属于第 3(1)(b)条下企业用户触及终端用户的重要通道。③ 在根据上述指定决定列出核心平台服务后 6 个月内,"守门人"应履行第 5 条、第 6 条和第 7 条项下

① 参见《数字市场法》第 3(5)条。

② 参见《数字市场法》第 3(8)条。

③ 参见《数字市场法》第 3(9)条。

的义务。[1] 欧盟委员会应持续发布和更新列明“守门人”及其核心平台服务的名单,以及列明它们需持续遵守第三章项下的义务。[2]

(三)“守门人”地位的动态审查

核心平台服务的快速变化和技术复杂的性质要求对“守门人”的状态进行定期审查,[3]当指定决定所依据的事实发生重大变化,或者指定决定基于不完整、不正确或误导性的信息作出时,欧盟委员会可随时经请求或自主决定,重新考虑、修改或废除根据《数字市场法》第3条作出的指定决定。[4] 如果欧盟委员会进行审查后,发现指定提供核心平台服务的企业为“守门人”的基础事实已发生变化的,应作出决定,确认、修改或废除指定决定。[5]

应该注意,并非事实层面的任何变化,都需要对将提供核心平台服务的企业指定为“守门人”的指定决定作出修订。只有当事实的变化引发评估发生变化时,才有必要进行修订。是否属于上述情况应基于对事实和情况进行个案评估。[6]

欧盟委员会应定期,和至少每3年,审查“守门人”是否仍然满足第3(1)条规定的定性要求。对于单独构成企业用户触及终端用户重要通道的“守门人”,该审查还应检查第3(1)(b)条所述的“守门人”核心平台服务清单是否需要修改。这些审查并不中止“守门人”的义务。[7] 欧盟委员会应至少每年检查一次提供核心平台服务的新企业是否满足这些要求。[8]

二、“守门人”标准的理论基础

(一)核心平台服务是认定“守门人”平台的起点

《数字市场法》将核心平台服务作为认定“守门人”平台的起点,主要原因在于核心平台服务在整个数字经济中发挥重要作用。

核心平台服务具有诸多特征:使平台增加企业用户或终端用户的边际成本

① 参见《数字市场法》第3(10)条。
② 参见《数字市场法》第4(3)条。
③ 参见《数字市场法》“鉴于条款”第30段。
④ 参见《数字市场法》第4(1)条。
⑤ 参见《数字市场法》第4(2)条。
⑥ 参见《数字市场法》“鉴于条款”第30段。
⑦ 参见《数字市场法》第4(2)条。
⑧ 参见《数字市场法》第4(2)条。

几乎为零的极强的规模经济效应、通过平台服务的多边性将大量企业用户与大量终端用户联系起来的强网络效应、企业用户和终端用户的显著依赖性、锁定效应、终端用户缺乏多归属性、垂直整合效应和数据驱动优势等。所有这些特征，结合提供核心平台服务企业的不公平做法，如利用已获得的单方面地、轻易地设置不利于其企业用户和终端用户的商业条件条款的能力，①可能会实质性损害核心平台服务的可竞争性，影响提供此类服务的企业与其企业用户和终端用户之间的公平商业关系，从而会迅速减少企业用户和终端用户的选择。②

以网络效应为例，网络效应能将大量企业用户与大量终端用户联系起来，使平台能够利用这一优势（如访问大量数据的优势）跨业务领域施加杠杆。当某些企业控制了数字经济中的整个平台生态系统，如存在非常高的市场进入或退出壁垒（包括在退出时无法或难以轻易收回的高昂投资成本）以及缺乏数字经济的关键要素（如数据），无论新的市场竞争者多创新、多高效，在这一市场结构下已有或新的市场经营者极难挑战这些平台或与这些平台竞争，此时，相关市场的可竞争性被削弱。③

核心平台服务的定义是技术中立的，应理解为包括在各种手段或设备上或通过各种手段或设备提供的服务，如联网电视或交通工具中的嵌入式数字服务。特别是在线中介服务、在线搜索引擎、操作系统、在线社交网络、视频分享平台服务、不占用号码资源的人际通信服务、云计算服务、虚拟助手、网络浏览器和在线广告服务（包括广告中介服务），上述这些服务都有能力影响大量终端用户和企业，这会带来不公平商业做法的风险，因此应被纳入核心平台服务中。

（二）定量标准是认定“守门人”的主要路径

数字服务构成核心平台服务这一事实本身并不引发对可竞争性或不公平做法的严重担忧。只有在核心平台服务构成企业用户和终端用户间的重要通道，并由对内部市场有重大影响、具有或未来预期具有稳固地位的企业运营时，才会出现对可竞争性或不公平做法的重大威胁。因此，基于上述三个客观定性标准而指定的企业，被认定为“守门人”企业。此外，提供核心平台服务的企业可能不仅介于企业用户和终端用户之间，还介于终端用户和终端用户之间，如涉及不

---

① 参见《数字市场法》“鉴于条款”第 13 段。

② 参见《数字市场法》“鉴于条款”第 2 段。

③ 参见《数字市场法》“鉴于条款”第 3 段。

占用号码资源的人际通信服务的情况。①

《数字市场法》对于“守门人”的认定采取定性加定量的标准，但上述三个定性标准每一个都需要进行详细的个案评估和判断，使定量的推定标准成为“守门人”认定的主要路径。例如，对数字市场具有重大影响、是企业用户触达终端用户的重要通道等标准的定性都是抽象的规定，如何判断“重大影响”“重要通道”等定性标准，都成为执法机关需要进行市场调查的主要内容。

欧盟委员会应当能够直接将那些满足定量标准的提供核心平台服务的企业指定为“守门人”，并能通过快速的指定程序进行“守门人”的指定。② 在对定量标准进行适用时，如“月活跃终端用户”“年活跃企业用户”等标准，需要充分考虑相关具体核心平台服务的角色和触及范围。为了在法律层面保持“守门人”的确定性，《数字市场法》也在附件中明确了每个核心平台服务的活跃终端用户和活跃企业用户数量的考虑要素。③

“月活跃终端用户”“年活跃企业用户”在不同核心平台服务中的具体定义见表2－1。

表2－1　不同核心平台服务场景下的具体定义

核心平台服务	月活跃终端用户	年活跃企业用户
在线中介服务	当月至少一次使用在线中介服务的独特终端用户的数量，如通过主动登录、查询、点击或滚动或在当月至少通过在线中介服务达成交易	在整年内至少有一个项目在在线中介服务中列出或在该年内通过在线中介服务完成交易的独特企业用户的数量
在线搜索引擎	当月至少一次使用在线搜索引擎的独特终端用户的数量，如进行查询	一年内拥有企业网站（以企业或专业身份使用的网站）并被在线搜索引擎索引或部分索引的独特企业用户的数量
在线社交网络服务	当月至少一次使用在线社交网络服务的独特终端用户的数量，如主动登录、打开页面、滚动、点击、点赞、进行查询、发帖或评论	在在线社交网络服务中拥有企业列表或企业账户，并在一年内以任何方式参与该服务至少一次的独特企业用户的数量，如通过主动登录、打开页面、滚动、点击、点赞、查询、发帖、评论或使用其企业工具

① 参见《数字市场法》“鉴于条款”第15段。
② 参见《数字市场法》“鉴于条款”第16段。
③ 参见《数字市场法》“鉴于条款”第20段。

续表

核心平台服务	月活跃终端用户	年活跃企业用户
视频分享平台服务	当月至少一次使用视频分享平台服务的独特终端用户数量,如播放一段视听内容、进行查询或上传一段视听内容,特别是包括用户制作的视频	在该年内提供至少一段在视频分享平台服务上传或播放的视听内容的独特企业用户的数目
不占用号码资源的人际通信服务	当月至少一次使用不占用号码资源的人际通信服务发起或以任何方式参与交流的独特终端用户数量	年内至少一次使用企业账户或以其他方式通过不占用号码资源的人际通信服务发起或参与与终端用户直接交流的独特企业用户数量
操作系统	利用带有操作系统的设备的独特终端用户的数量,该设备在该月至少被激活、更新或使用一次	在该年内发布、更新或提供至少一个使用该操作系统的编程语言或任何软件开发工具,或以任何方式在该操作系统上运行的软件应用程序或软件程序的独特开发者的数量
虚拟助手	当月至少一次以任何方式与虚拟助理接触的独特终端用户的数量,如激活它、提出问题、通过命令访问服务或控制智能家居设备	一年提供至少一个虚拟助理软件应用或使现有软件应用可通过虚拟助理访问的功能的独特开发者数量
网络浏览器	当月至少一次使用网络浏览器的独特终端用户的数量,如在网络浏览器的 URL 行中插入问题或网站地址	一年中其企业网站(以企业或专业身份使用的网站)至少通过网络浏览器访问过一次,或在这一年中提供在网络浏览器上使用的插件、扩展或附加组件的独特企业用户的数量
云计算服务	当月至少一次使用相关云计算服务提供商的任何云计算服务以换取任何类型报酬的独特终端用户的数量,无论这种报酬是否发生在同一个月	一年内提供任何由相关云计算服务供应商的云基础设施托管的云计算服务的独特企业用户的数量
在线广告服务	对于广告空间的专有销售: 当月至少一次接触过广告的独特终端用户的数量。 对于广告中介服务(包括广告网络、广告交易所和任何其他广告中介服务): 当月至少一次接触到触发了广告中介服务的广告的独特终端用户数量	对于广告空间的专有销售: 一年内至少有一个广告展示的独特广告商的数量。 对于广告中介服务(包括广告网络、广告交易所和任何其他广告中介服务): 一年内通过广告中介服务进行互动或接受广告中介服务的独特企业用户(包括广告商、发行者或其他中介机构)的数量

对“月活跃终端用户”进行定量时,需要考虑如下因素:首先,考虑企业提交的分别基于注册或登录环境的,每项核心平台服务的独特终端用户数量的汇总匿名数据;其次,核心平台服务也被签到或登录环境之外的终端用户访问,除上述汇总匿名数据之外,需要同时捕获签到或登录环境之外的终端用户,如通过互联网协议地址、cookie 标识符或其他标识符(射频识别标签)等;最后,“月活跃终端用户”的数量是基于整个财政年度最大部分的月度活跃终端用户的平均数量。“财政年度的最大部分”(the largest part of the financial year)这一概念旨在允许提供核心平台服务的企业在某一特定年度扣除异常数字。异常数字是指明显超出正常和可预见范围的数字。在财政年度的某一个月内发生的用户参与度的意外峰值或下降,就可能构成这种异常数字。与每年重复发生的事件有关的数字,如年度促销活动,则不属于异常数字。①

在特殊情况下,提供核心平台服务的企业应当能够证明其虽达到了《数字市场法》规定的定量标准但并不满足“守门人”指定要求的方式,来反驳企业对内部市场具有重大影响这一推定。对于因企业达到定量标准而作出的推定不予适用的举证责任,由该企业承担。在评估企业提交的证据和观点时,欧盟委员会应仅考虑与定量标准直接相关的那些因素,即提供核心平台服务的企业对内部市场具有超出收入或市值的影响。例如绝对意义上的规模,以及营业的成员国数量;实际企业用户和终端用户数量超出标准的程度,以及结合不同核心平台服务的整体活动规模;企业提供的核心平台服务的重要性,以及达到定量标准的年限。②

(三)指定“守门人”的事前规制是恢复内部市场有效运作的路径

规制特定市场上的支配地位的行为和反竞争行为的《欧盟运行条约》第 101 条和第 102 条,也适用于“守门人”的行为。但是,按照这些条款的竞争法规制存在执法范围有限(如仅限于某些具有市场支配力的情况)、事后(ex post)执法和需要就个案非常复杂的事实展开广泛的调查,再加上“守门人”在竞争法项下并不必然占市场支配地位,使现行欧盟法律并没有解决或没能有效解决“守门人”的行为给内部市场有效运作带来的挑战。③

但是,《数字市场法》实施的事前干预应仅限于施加必要且适当义务的情

① 参见《数字市场法》附录 B。

② 参见《数字市场法》“鉴于条款”第 23 段。

③ 参见《数字市场法》“鉴于条款”第 5 段。

形，以达到确保相关服务保持可竞争性、避免产生不公平条件和做法，并能进一步防止提供相关核心平台服务的企业在其运营中形成稳固和持久的地位，如通过施加阻止杠杆、促进转换和多归属的“守门人”义务。为确保符合比例原则，在这些细分义务范围内，欧盟委员会应仅适用那些为实现《数字市场法》目标所必需和合比例的义务，并应定期审查是否应维持、阻止或调整这些义务。①

适用那些为实现《数字市场法》目标所必需且合比例的义务，应使欧盟委员会能够及时有效地进行干预，同时充分尊重所考虑措施的合比例性。欧盟委员会还应向实际或潜在的市场参与者保证相关服务的可竞争性和公平性。②

三、美国、中国针对平台的分级分类举措

（一）《美国创新与选择在线法案（草案）》

2021 年 10 月 18 日，美国民主党参议员 Amy Clobuchar 引入《美国创新与选择在线法案》（American Innovation and Choice Online Act）③草案，主要目的也是针对大型数字平台的某些歧视性行为进行立法规制，来保障美国数字经济领域消费者和中小企业商家的正当权益。在这一立法草案中，其主要规制对象为“涵盖平台”（covered platform），涵盖平台主要包括如下几类在线平台。

1. 同时满足下列条件的在线平台 1

（1）在被指定为涵盖平台或被指控违反《美国创新与选择在线法案》的前 12 个月内，拥有 5000 万美国月活跃用户，或 10 万美国月活跃企业用户；

（2）在被指定为涵盖平台或被指控违反《美国创新与选择在线法案》的前 2 年内，年净销售额达到 5500 亿美元（调整通货膨胀后数据），或在 2 年内持续 180 天平均市场估值超过 5500 亿美元（调整通货膨胀后数据）；

（3）在被指定为涵盖平台或被指控违反《美国创新与选择在线法案》的前 12 个月内，拥有全球 10 亿月活跃用户；

（4）构成在线平台上产品或服务销售的关键贸易伙伴，关键贸易伙伴是指能够限制或实质性阻止企业用户接触其客户或用户，或者限制或实质性阻止企业用户有效接触其客户或用户的工具或服务。

---

① 参见《数字市场法》“鉴于条款”第 27 段。

② 参见《数字市场法》“鉴于条款”第 28 段。

③ See Congress. gov, S. 2992 - *American Innovation and Choice Online Act*, https://www. congress. gov/bill/117th - congress/senate - bill/2992/text? r = 60&s = 1.

2. 同时满足下列条件的在线平台 2

(1)在被指定为涵盖平台或被指控违反《美国创新与选择在线法案》的前 12 个月内,拥有 5000 万美国月活跃用户,或 10 万美国月活跃企业用户;

(2)在被指定为涵盖平台或被指控违反《美国创新与选择在线法案》的前 2 年内,上一财年税前利润额超过 300 亿美元(调整通货膨胀后数据),或在被指定为涵盖平台或被指控违反本法的前 12 个月内,拥有全球 10 亿月活跃用户;

(3)构成在线平台上产品或服务销售的关键贸易伙伴,关键贸易伙伴是指能够限制或实质性阻止企业用户接触其客户或用户,或者限制或实质性阻止企业用户有效接触其客户或用户的工具或服务。

尽管上述《美国创新与选择在线法案》依然只是草案,但考虑到该法案提出议员包括民主、共和两党代表,以及 2021 年 6 月 11 日美国众议院反垄断小组委员会主席 David Ciciline 也提出过类似这一法案的《美国选择与创新在线法案》①,使通过定量加定性认定“涵盖平台”成为美国未来立法的大概率选择。

从《美国创新与选择在线法案》与《数字市场法》的对比来看,可以发现以下几个特点:

首先,在平台覆盖的数字经济领域上,《数字市场法》规定了较细的核心平台服务类型,如搜索引擎、操作系统、网络浏览器、虚拟助手、云服务、视频分享服务、在线社交网络服务、在线广告服务、无占号码资源的人际通信服务等②,具有较强的法律的确定性和可预见性。《美国创新与选择在线法案》针对在线平台采取了更抽象的立法。其认为在线平台是指能够提供下列服务网站、在线或移动应用、操作系统、数字助手或在线服务:内容分享和获取服务,方便促销、广告、销售、购买、支付或产品服务的运输服务,搜索或提问服务。③《数字市场法》和《美国创新与选择在线法案》在适用领域上也存在较大的重叠。例如,内容分享和获取服务,与视频分享服务和在线社交网络服务可能对应;搜索和提问服务,与搜索引擎和网络浏览器等服务对应。

其次,在量化标准上,两法基本上采取了相同的定量指标,但设定了不同的量化阈值。《数字市场法》的定量指标有:月活跃用户数(上一年欧盟内 4500 万

---

① See H. R. 3816 – *American Choice and Innovation Online Act*, https://www. congress. gov/bill/117th – congress/house – bill/3816/text.

② 参见《数字市场法》第 2 条。

③ See H. R. 3816 – American Choice and Innovation Online Act, https://www. congress. gov/bill/117th – congress/house – bill/3816/text.

用户)、年活跃企业用户数(10万欧盟企业用户)、营业额(过去三财年每年欧盟营业额不少于75亿欧元)、平均市场估值(上一财年平均市场估值750亿欧元)。《美国创新与选择在线法案》的定量指标有:月活跃用户数(前12个月内5000万美国用户;或全球10亿月活跃用户)、月活跃企业用户数(10万美国企业用户)、年净销售额(前2年内5500亿美元)、平均市场估值(2年内持续180天5500亿美元)、年税前利润(上一财年300亿美元)。

最后,在对核心平台服务或在线平台进行"守门人"/涵盖平台认定时,两法都采取定量推定+定性描述的相结合的思路。《数字市场法》采取对互联网市场有重大影响、核心平台服务构成重要通道、持久和稳定的地位的定性认定,并通过《数字市场法》第3(2)条规定了定量推定的标准。《美国创新与选择在线法案(草案)》在涵盖平台的认定中,不仅采取定量的认定标准,也引入"关键贸易伙伴"的定性标准。

(二)中国《互联网平台分类分级指南(征求意见稿)》

2021年10月29日,中国国家市场监督管理总局发布《互联网平台分类分级指南(征求意见稿)》《互联网平台落实主体责任指南(征求意见稿)》。[①] 上述指南是为科学界定平台类别、合理划分平台等级,推动平台企业落实主体责任,促进平台经济健康发展,保障各类平台用户的权益,维护社会经济秩序的重要举措。

在《互联网平台分类分级指南(征求意见稿)》中,指南对平台采取了分类分级的区分思路。对平台进行分类需要考虑平台的连接属性和主要功能,主要分为网络销售类平台、生活服务类平台、社交娱乐类平台、信息资讯类平台、金融服务类平台、计算应用类平台等六大类型平台。对平台进行分级需要综合考虑用户规模、业务种类以及限制能力,主要包括超级平台、大型平台和中小平台。

表2-2是对平台服务进行分类的情况:

---

① 国家市场监督管理总局:《关于对〈互联网平台分类分级指南(征求意见稿)〉〈互联网平台落实主体责任指南(征求意见稿)〉公开征求意见的公告》,载国家市场监督管理总局,https://www.samr.gov.cn/hd/zjdc/202110/t20211027_336137.html,最后访问日期:2022年8月2日。

表 2-2 我国《互联网平台分类分级指南(征求意见稿)》的平台分类

平台类别	连接属性	主要功能	主要子平台
网络销售类平台[1]	连接人与商品	交易功能	综合商品交易类[2]、垂直商品交易类[3]、商超团购类[4]
生活服务类平台[5]	连接人与服务	服务功能	出行服务类[6]、旅游服务类[7]、配送服务类[8]、家政服务类[9]、房屋经纪类[10]
社交娱乐类平台[11]	连接人与人	社交娱乐功能	即时通讯类[12]、游戏休闲类[13]、视听服务类[14]、直播视频类[15]、短视频类[16]、文学类[17]
信息资讯类平台[18]	连接人与信息	信息资讯功能	新闻门户类[19]、搜索引擎类[20]、用户内容生成(UGC)类[21]、视听资讯类[22]、新闻机构类[23]
金融服务类平台[24]	连接人与资金	融资功能	综合金融服务类[25]、支付结算类[26]、消费金融类[27]、金融资讯类[28]、证券投资类[29]
计算应用类平台[30]	连接人与计算能力	网络计算功能	智能终端类[31]、操作系统类[32]、手机软件(App)应用商店类[33]、信息管理类[34]、云计算类[35]、网络服务类[36]、工业互联网类[37]

[1]网络销售类平台,连接的是人与商品,其主要功能包括提供销售服务、促成双方交易、提高匹配效率等。

[2]综合商品交易类:专门或者主要从事提供衣帽鞋靴、箱包饰品、数码电器、食品洗护等各类商品的综合平台。

[3]垂直商品交易类:专门或者主要从事某一类型产品交易的平台,具有精准的差异化定位和独特的品牌附加值。

[4]商超团购类:专门或者主要从事供给蔬菜水果、肉蛋水产、粮油调味、酒水饮料、日用百货等生活用品,并提供团购等配送服务的平台。

[5]生活服务类平台,连接的是人与服务,其主要功能包括提供出行旅游、配送、家政、租房买房、子女教育等服务。

[6]出行服务类:专门或者主要从事提供出行相关服务的平台,如共享单车、打车软件、公交地铁查询软件等。

[7]旅游服务类:专门或者主要从事招徕、接待游客、为其提供交通、游览、住宿、餐饮、购物、文娱等服务的平台,如旅游定制、门票购买、酒店预订等。

[8]配送服务类:专门或者主要从事外卖、物流等服务的平台,如外卖送餐、同城配送、快递配送等。

[9]家政服务类:专门或者主要从事保姆、护理、保洁、家庭管理等家政服务的平台。

[10]房屋经纪类:专门或者主要从事房地产销售、租赁的平台,包括房屋买卖、房屋租赁等。

[11]社交娱乐类平台,连接的是人与人,其主要功能包括社交互动、游戏休闲、视听服务、文学阅读等。

[12]即时通讯类:专门或者主要从事即时传递文字讯息、档案、语音与视频交流的平台。

[13]游戏休闲类:专门或者主要从事游戏运营和推广的平台,包括网页游戏、个人计算机(PC)端游

戏、手机游戏等。

[14]视听服务类:专门或者主要从事供给各类多媒体资料的平台,包括歌曲、电影等。

[15]直播视频类:专门或者主要从事利用互联网及流媒体技术进行直播的平台。

[16]短视频类:专门或者主要从事几秒到几分钟不等的短视频内容推送的平台,包括技能分享、幽默搞怪、时尚潮流、社会热点、街头采访、公益教育、广告创意、商业定制等主题。

[17]文学类:专门或者主要从事网络文学、数字出版物等主要电子阅读产品的平台,包括文学、社科、教育、时尚等内容。

[18]信息资讯类平台,连接的是人与信息,其主要功能包括提供新闻资讯、搜索服务、音视频资讯内容等。

[19]新闻门户类:专门或者主要从事提供新闻信息、娱乐资讯等互联网信息资源并提供有关信息服务的平台。

[20]搜索引擎类:专门或者主要从事对互联网上采集的信息进行组织和处理后,为用户提供检索服务,并将检索的相关信息展示给用户的平台。

[21]用户内容生成(UGC)类:专门或者主要从事用户将自己原创内容上传到互联网或者提供给其他用户的平台。

[22]视听资讯类:专门或者主要从事广播电台、音频分享等的平台。

[23]新闻机构类:专门或者主要从事新闻采集、制作、发布、经营等的平台。

[24]金融服务类平台,连接的是人与资金,其主要功能包括提供支付结算的功能,提供网络贷款服务、金融理财服务、金融资讯和证券投资服务等。

[25]综合金融服务类:专门或者主要从事为小微企业和个人消费者提供普惠金融服务等的综合平台。

[26]支付结算类:专门或者主要从事互联网支付、移动电话支付等的支付服务平台。

[27]消费金融类:专门或者主要从事向消费者提供消费贷款的现代金融服务平台。

[28]金融资讯类:专门或者主要从事为用户提供行情报价、金融数据、财经信息、分析工具、组合管理等业务的综合性金融资讯平台。

[29]证券投资类:专门或者主要从事为金融机构提供整体的互联网技术(IT)解决方案和服务、为个人投资者提供财富管理工具等的金融服务平台。

[30]计算应用类平台,连接的是人与计算能力,其主要功能包括应用在手机上、操作系统上,进行信息管理和云计算,提供网络服务等。

[31]智能终端类:专门或者主要从事数据通讯设备、信息系统、智能系统、无线数据产品等终端产品的开发、生产、销售、技术服务等的平台。

[32]操作系统类:专门或者主要从事移动操作系统、分布式操作系统等操作系统的研发、生产、销售等的平台。

[33]手机软件(App)应用商店类:专门或者主要从事分析、设计、编码、生成 App 软件的平台。

[34]信息管理类:专门或者主要从事企业资源计划(ERP)管理软件、财务系统、IT 资讯等企业管理软件研发、技术服务等的平台。

[35]云计算类:专门或者主要从事为企业提供云计算服务的平台,包括提供网络基础设施服务(IAAS)、平台服务(PAAS)、应用软件服务(SAAS)等的平台。

[36]网络服务类:专门或者主要从事域名服务(DNS)、动态主机配置协议(DHCP)、Windows 网际命名服务(WINS)、文件传输协议(FTP)、远程终端协议(Telnet)等的平台。

[37]工业互联网类:专门或者主要从事平台设计、智能制造、网络协同、个性定制、服务延伸、数字管理等的平台。

表 2 – 3 是对平台进行分级的情况：

表 2 –3　我国《互联网平台分类分级指南(征求意见稿)》平台分级

平台分级	分级依据	具体标准
超级平台	超大用户规模	在中国的上年度年活跃用户不低于 5 亿
	超广业务种类	核心业务至少涉及两类平台业务
	超高经济体量	上年年底市值(估值)不低于 10,000 亿元人民币
	超强限制能力	具有超强的限制商户接触消费者(用户)的能力
大型平台	较大用户规模	在中国的上年度年活跃用户不低于 5000 万
	主营业务	具有表现突出的平台主营业务
	较高经济体量	上年年底市值(估值)不低于 1000 亿元人民币
	较强限制能力	具有较强的限制商户接触消费者(用户)的能力
中小平台	一定用户规模	在中国具有一定的年活跃用户
	一定业务种类	具有一定业务
	一定经济体量	具有一定的市值(估值)
	一定限制能力	具有一定的限制商户接触消费者(用户)的能力

由此可见，中国国家市场监督管理总局针对平台采取的是统一分类分级的方法，在按照服务(平台连接属性和主要功能)分类之后，再按照用户规模、业务种类、经济体量和限制能力进行分级，最后将平台分成超级平台、大型平台和中小平台三个类型。在这一分类的基础上，《互联网平台落实主体责任指南(征求意见稿)》①对于超大型平台(包括超级平台和大型平台)与网络平台(包括超级平台、大型平台和中小平台)分别施加不同的义务，以强化对超大型平台的治理。

从《数字市场法》与《互联网平台分类分级指南(征求意见稿)》对比来看，可以发现以下几个特点：

首先，欧盟《数字市场法》和中国《互联网平台分类分级指南(征求意见稿)》都将平台分类分级作为超大型平台治理的首要治理框架，基本上可以看出两个司法辖区对于超级平台治理存在趋同的现象。《数字市场法》的核心平台服务

① 参见国家市场监督管理总局：《互联网平台落实主体责任指南(征求意见稿)》，载国家市场监督管理总局网 2021 年 10 月 29 日，https://www.samr.gov.cn/hd/zjdc/202110/t20211027_336137.html。

分为 10 个大类;《互联网平台分类分级指南(征求意见稿)》针对平台服务进行了更详细的分类,分成 6 个大类 31 个小类。

其次,尽管两大辖区都对平台服务进行了类型化,但两者的分类依据不同。《数字市场法》主要直接采用欧盟其他立法的平台服务类型,加上对新类型现有平台服务类型的归纳,如在线中介服务[来自欧盟第 2019/1150 号条例第 2(2)条定义]、在线搜索引擎[来自第 2019/1150 号条例第 2(5)条定义]、视频分享平台服务[来自第 2010/13/EU 号指令第 1(1)(aa)条定义]、不占号码资源的人际通信服务[来自第 2018/1972 号指令第 2(7)条定义的不占用号码资源的人际通信服务]等。其他平台服务,如"虚拟助手""网络浏览器""操作系统"等都是《数字市场法》修订中陆续增加的。《互联网平台分类分级指南(征求意见稿)》则按照平台服务的连接属性,对整个互联网产业平台服务类型进行归纳分类,更贴近互联网产业的分类形态,而且体现了互联网治理的中国方案。

最后,在定量标准设定上,两大辖区采取了大致相同的方法,但对于定量因素考量因素和分类结果存在不同。《数字市场法》采用月活跃用户数、年活跃企业用户数、营业额、平均市场估值等指标,将平台企业分为"守门人"企业和非"守门人"企业;《互联网平台分类分级指南(征求意见稿)》采用年活跃用户数、市值(估值)等指标,将平台分成超级平台、大型平台和中小平台。尽管具体细节存在较大的不同,但整个定量的分级思路基本没有较大不同。

四、对国内的启示

通过上文对欧盟《数字市场法》、《美国创新与选择在线法案》(草案)、中国《互联网平台分类分级指南(征求意见稿)》的对比,可以看出针对超大型互联网平台的类型化,大致能得出以下结论:

第一,在针对数据经济平台治理上,欧盟、美国和中国都开始不约而同地采取针对平台分类分级的做法。不管是已经正式通过的欧盟《数字市场法》采用的"守门人"平台(通过核心平台服务和定量指标类型化),《美国创新和选择在线法案》(草案)采用的涵盖平台(通过在线平台和定量指标类型化),还是中国《互联网平台分类分级指南(征求意见稿)》采用的超级平台、大型平台(通过平台服务类型和定量指标类型化),都可以看出对于平台治理的重点都在大型平台上,对于没有达到阈值或中小型平台的治理并不是各司法辖区的重点。这直接反映出各司法辖区针对数字经济平台治理上的认知开始趋同,即由于网络效应、规模经济、数据驱动、锁定效应和进入壁垒等特征的存在，大型数字经济互联网平台在给社会经济带来巨大的效率的同时，可能也带来了较大的负外部性，而这也成为各大辖区进行新一轮数字经济立法的重要原因。

第二，平台的分类分级成为针对大型平台事前监管的前提依据。对平台进行不同程度的定性或定量分类，主要目的是方便后续监管机关针对部分平台（欧盟的“守门人”平台、美国的涵盖平台、中国的超大型平台）进行事前监管。事前监管，又叫主体监管，是指只要这类平台实施了类似行为，不用按照竞争法进行相关市场界定、市场支配地位认定、竞争损害行为识别和竞争效果评估的事后路径进行违法定性判定，只要这类纳入规制的平台从事了相关行为，即可以进行违法判定，不用考虑行为背后的动机或效果。这一认定方式类似于竞争法理论中的“本身违法”原则。

第三，定性指标与定量指标的同时运用，成为平台进行分类分级的主要路径。单纯定性指标或定量指标都带有各自的优缺点，如定量指标容易僵硬，但确定性强，而定性指标能随时反映市场变化情况，但执行或操作起来成本较高。因此，欧盟、中国或美国都不约而同地采取定性指标加定量指标的半动态标准。以定量标准为例，全球上述三个司法辖区基本上以用户数、营业额或盈利能力作为相关主要指标。［欧盟《数字市场法》的定量指标为月活跃用户数、年活跃企业用户数、营业额、平均市场估值；《美国创新与选择在线法案》的定量指标为月活跃用户数、月活跃企业用户数、年净销售额、平均市场估值、年税前利润；中国《互联网平台分类分级指南（征求意见稿）》采用年活跃用户数、市值（估值）等指标］定量指标和定性指标的同时运用，一方面给平台分类提供确定性，方便针对特定平台赋予义务；另一方面也能保持灵活性，随时针对不同领域的平台进行合理性判断，避免对相关市场活力和创新的过度介入。

第三章

“守门人”平台最惠待遇条款立法评析

段宏磊[*]　高　严[**]　段　葳[***]

一、条文介绍

Article5 – 3 The gatekeeper shall not prevent business users from offering the same products or services to end users through third – party online intermediation services or through their own direct online sales channel at prices or conditions that are different from those offered through the online intermediation services of the gatekeeper.

“守门人”不得禁止企业用户通过第三方在线中介服务平台或其自有的在线销售渠道，以不同于“守门人”在线中介服务的价格或条件向终端用户提供相同的商品或服务。

【条文主旨】本条规定旨在要求“守门人”不得通过 MFN 条款（最惠待遇条款）强制限制平台内经营者在其他平台销售的价格与条件。

* 段宏磊，湖北经济学院法学院副教授，湖北经济法律研究院执行院长。

** 高严，中南财经政法大学法学与经济法学硕士研究生，湖北经济法律研究院兼职研究员。

*** 段葳，黄冈师范学院政法学院教授。

二、条文解读

(一)最惠待遇条款的发展沿革

最惠待遇条款(Most – Favoured – Nation Clauses,以下简称 MFN 条款)是指双方当事人在签订交易合同过程中,对价格、交易方式等条件作出特别限制性约定,以确保其待遇在所有交易相对人中最优的条款。① 最惠待遇条款最早发轫于国际贸易领域,也被多数学者们称为“最惠国待遇条款”,在欧美国家的反垄断理论和实务中,也大多不加区别地采用此概念表述。这一称谓从概念上会造成词义理解上的混乱,且在反垄断法领域内,该条款垄断的实质表现在于交易相对人间的“最惠待遇”,原概念中的“国家”仅有修辞意义,并不具有任何的实质性联系,故在本部分论述中采“最惠待遇条款”这一概念。早在 20 世纪 90 年代,最惠待遇条款便被引入美国的医疗服务合同当中。随着互联网产业和数字经济技术的不断发展,最惠待遇条款开始大量出现于互联网行业间的贸易约定当中,也因其可能造成的竞争影响而引发了反垄断法的关注。

进入数字经济时代,传统 MFN 条款的概念已逐渐发生改变,其与互联网平台结合后产生了所谓“平台最惠国”(PMFN)条款的问题。② 也正是由于后者较前者在多方面产生的变化,才需要新时代下反垄断法给予特殊的关注。PMFN 条款打破了传统 MFN 条款的双方主体限制,由买卖双方主体转变为卖方—平台—买方的三方主体模式,所对比的价格也由买方从卖方手中的购买价转变为卖方在平台上的销售价。且 PMFN 条款设定内容指向第三人(消费者),限制的是卖方对第三人的销售价格,从性质上也已成为一种第三方协议。这也指明了为何数字经济时代下 MFN 条款的反竞争效应更为凸显:在传统 MFN 条款中,条款被限制方虽然主要是卖方,但也有可能是买方;但在 PMFN 条款中,由于平台具有较大市场力量,被限制方只能是利用平台销售商品的卖方而绝不可能是平台。从近年来国际范围内反垄断实践来看,最惠待遇条款涉嫌垄断的案件频频出现在数字出版、在线旅游以及电子商务等多个领域,引发了“苹果公司电子书案”“欧盟酒店预订案”等。这也是几年来各国反垄断执法机构重点关注 MFN 条款的原因。

(二)草案到正式文本的内容变化及规定要点分析

虽然在前期研究中已经确定平台经济下 MFN 条款具有排除或限制竞争的

① 参见郭寿康、韩立余:《国际贸易法》(第 4 版),中国人民大学出版社 2014 年版,第 177 页。

② 参见焦海涛:《互联网平台最惠国条款的反垄断法适用》,载《商业经济与管理》2021 年第 5 期。

风险，但如何对其进行反垄断法规制仍非易事。例如，美国苹果公司电子书案历经两审、历时4年仅以美国联邦最高法院拒绝受理告结。① 欧盟在线酒店预订案中的被监管者也受到其所辖范围内十几个成员国竞争执法机构不同程度的调查和处罚。② 对涉MFN条款的垄断行为的查处不仅费时费力，而且在规制路径上也莫衷一是。在此背景下，欧盟《数字市场法》的出现为MFN条款的反垄断规制探索了一条新的路径，且涉及MFN条款的规定在《数字市场法》初版草案中便有相关的规定，而后经不断完善修改，最终在《数字市场法》第5(3)条进行了专款规定。草案中的相关规定表述为"允许企业用户通过第三方在线中介服务平台，以不同于'守门人'在线中介服务的价格或条件向终端用户提供相同的产品或服务"③。故在此拟通过对草案与正式文本规定内容的比较以洞悉欧盟立法者关于本条款规定的注意要点及建构逻辑。

1. 从"允许"到"禁止"

在欧盟《数字市场法》公布的正式文本中，包括MFN在内的一大批条文规定最明显的区别在于将"'守门人'应当允许企业用户实施某些行为"的提倡性规定调整为"禁止'守门人'实施某些行为"的禁止性规定。虽然两者仅一词之差，但传递出的却是欧盟竞争委员会竞争政策改革的重要方向。从法理学角度来说，提倡性规范是指在一定条件下鼓励主体为或不为某种行为的规范，也即无法体现出违反的后果或规制的强行性。从草案规定来看，允许体现着一定的行为自治性，其更多要求的是"守门人"自觉保证不侵害其他企业于平台销售的自由。且从责任承担来看，虽然《数字市场法》明确规定了违反责任的后果，但允许的词义色彩显然不符合"违反义务—承担责任"的理论逻辑，且"守门人"完全有可能以提倡性规定不具有强制力作为抗辩理由拒绝承担责任。而正式文本中采用"禁止"一词则回避了这些问题，这也是欧盟竞争委员会试图强化自身反垄断职能的重要体现。禁止性规定的表述一方面宣示了对"守门人"义务实现进行监督管理的严格态度，另一方面明确了"守门人"违反义务后欧盟竞争委员会进行行为查处和责任追究的法律前提。

---

① See United States v. Apple Inc, Case 13 - 3741 - cv (L), (2015) 4.

② See Margherita Colangelo, *Parity Clauses and Competition Law in Digital Marketplaces: The Case of Online Hotel Booking*, 8 Journal of Competition Law & Practice 3 (2017).

③ 《数字市场法》第3章第5(b)条，原文规定为"Allow business users to offer the same products or services to end users through third party online intermediation services at prices or conditions that are different from those offered through the online intermediation services of the gatekeeper"。

2. "卖方自有在线销售渠道"的增加

在欧盟在线酒店预订案中，由于各成员国反垄断主管部门对该案执法态度的不同，MFN 条款也在分类上出现了广义与狭义的差别。[①] 广义 MFN 条款要求卖方既不能在其他平台也不能在自营渠道（如卖方自己设立的平台网站）以更低的价格销售商品或服务；而狭义 MFN 条款仅指卖方不能在自营渠道以更低的价格销售商品或服务，而不论于其他平台上的销售状况。在草案规定中只对在第三方销售平台进行销售的条件做了限制，也即从最开始的立法态度上来说狭义的 MFN 条款并不在规制范畴当中。而在正式文本中则明确禁止一切 MFN 条款。其如此规定的原因之一在于统一欧盟各成员国对 MFN 条款违法性质的认定，如在酒店预定案中，多国反垄断执法机构均接受了平台作出的放弃广义 MFN 仅实施狭义 MFN 的承诺。[②] 这也是草案中最初不将狭义 MFN 纳入规制范围的原因之一。但德国却坚持认定狭义 MFN 违法，其也是欧盟内唯一一个处理方式不同的国家。德国竞争执法机构在本案中认为：首先，酒店无法自主定价本身就违反了德国相关法律。其次，狭义条款并未能够带来事实上的平台之间以及其他销售渠道和平台的竞争，因为酒店不愿意将自己处于竞争劣势。至于欧盟《数字市场法》最终还是采用了更为严格的广义 MFN 规制模式，一方面可能吸收了德国在相关反垄断实践中的经验，另一方面更多的应是出于其严格规制与责任强化的反垄断立场。

（三）欧盟规制立场审视

纵观全球数字经济反垄断实践的历史，欧盟可以称得上是监管最早且力度最强的司法辖区，如 2017～2019 年欧盟委员会针对谷歌的垄断行为连续三年罚款超 80 亿欧元引发全球关注。[③] 但事实上其竞争问题也并未通过高额罚款予以解决。究其原因在于企业造成的竞争损害并非源自竞争问题，而是无法依赖竞争法解决数字市场中的结构性反竞争问题。[④] 也正因如此，《数字市场法》从一开始出台的目的不在于对限制或妨碍市场竞争的行为予以规范，而是防范互

① 参见周丽霞：《在线酒店预订平台运营模式引发的限制竞争问题研究——基于欧盟各国对酒店预订行业最惠条款（MFN）存在争议的分析》，载《价格理论与实践》2016 年第 7 期。

② 参见汤雨婷：《互联网销售平台中最惠国条款的竞争法规制研究》，载《中国价格监管与反垄断》2017 年第 6 期。

③ 参见王晓晔：《数字经济反垄断监管的几点思考》，载《法律科学（西北政法大学学报）》2021 年第 4 期。

④ See Michal S. Gal & Nicolas Petit, *Radical Restorative Remedies for Digital Markets*, 37（1） Berkeley Technology Law Journal（2021）.

联网巨头一开始就在市场中占据支配地位。而“守门人”义务的设定也正是基于此立场,正如负责条文起草的人士所指出的,“企业的规模越大,越应当履行更多的义务……我们的责任是作出决定,提供指导和规则,保护对我们重要的东西”①。因此,在对 MFN 条款的规制中,欧盟委员会也是基于较为严格的立场。从规定来看,“守门人”对于 MFN 行为无论目的还是效果如何,只要实施了相关行为便构成违法。该做法偏重于考察 MFN 条款导致的反竞争效果,从而将其视作“嫌疑性”条款。而具体能否免于承担责任则需要取决于相关豁免条款与欧盟委员会的认定。但需要警惕的一点是,企业的规模或者势力过大并非需要进行反垄断规制的理由,只有存在反竞争行为或效果其合理性才能有所证成。MFN 条款本身也存在诸如减少“搭便车”、降低搜索成本等正外部效应,《数字市场法》规定“守门人”存在系统性违法情况下可能面临反垄断处罚的风险,这个规定是合理的,但需注意不可因此将 MFN 条款视为出现即违法。这一点在其他竞争法律建构上需要引起相关主体的重视并在实际操作当中予以妥善处置。

三、美国、日本相关规定

(一)美国

美国在商业和贸易当中涉及 MFN 条款的案件通常由《谢尔曼法》第 1 条和第 2 条进行规制。在早期涉诉案件当中,美国法院通常会直接驳回对 MFN 涉嫌垄断的指控。然而,自 20 世纪 90 年代美国政府诉罗得岛三角洲牙科保险公司一案起,法院开始转变以往对 MFN 条款的放任态度。该案中审理法院认为 MFN 行为阻碍了低成本低收费的保险公司参与竞争已构成可审理的诉讼理由。② 美国的密歇根州、北卡罗来纳州等也随即出台了禁止医疗保险公司使用 MFN 协议的法令。③ 此外,在美国司法部诉蓝十字蓝盾医疗保险案件当中,美国司法部称该案当事人与 70 余家医院签订 MFN 条款,其中要求这些医院对其他商业保险公司收费要高出当事人企业的 40%,故存在利用 MFN 提高竞争对手

① See *Europe Rewrites Rulebook for Digital Age*, https://www.politico.eu/article/europe - digital - markets - act - services - act - tech - competition - rules - margrethe - vestager - thierry - breton/.

② See U. S. v. Dental of R. I. ,943 F . Supp. 172 (D. R. I. 1996).

③ See *State Efforts to Restrict Health Insurer Use of "Most Favored Nation" Clauses in Provider Contracts Continue to Multiply*, https://www.natlawreview.com/article/state - efforts - to - restrict - health - insurer - use - most - favored - nation - clauses - provider.

成本之嫌疑。该案法院在审理过程中也确立了这样一个原则,即 MFN 协议本身并不存在违法性,但其可能产生反竞争效果进而违反《谢尔曼法》的规定。① 因此,美国对于 MFN 条款规制的路径可以概括为:通过反垄断执法机构向法院提起诉讼,并通过法院审判形成众多禁止执行 MFN 协议的和解判决的方式来实现。且美国法院向来不认为 MFN 条款的实施当然违法。

该原则同样可以在备受瞩目的苹果公司电子书垄断案中予以判别。2012 年美国司法部指控苹果公司通过 MFN 条款与出版商串通提高电子书价格违反了反垄断法。且在审判过程中法院同样认为 MFN 条款本身可能完全合法,但 MFN 条款与平台销售的代理模式结合后导致了电子书销售市场中价格竞争的减弱,进而强迫出版商不得不与所有平台零售商形成"价格只涨不跌"的代理模式。因此,苹果公司构成了横向中心辐射型的共谋行为。② 事实上,美国整体对 MFN 依旧保持一种自由放任的规制态度,其在对数字经济领域的反垄断执法时也始终坚持这样一个理论:市场运作在不被干涉的情况下可以达到最佳程度。美国司法部一般情况下将 MFN 视作大体合理,并表示其不会"刻意质疑或挑战大多数的 MFN 条款"。③

(二)日本

日本在现有的法律法规当中并未对 MFN 条款涉嫌垄断的行为作出明确的规定。对于相关案件的处理,日本公平交易委员会一般适用《独占禁止法》进行处理,但是对于具体何种类型的 MFN 条款违反该法或者通过适用该条款构成的垄断行为具体应当适用《独占禁止法》中哪一种行为类型的规制尚不明确。日本国内出现的涉 MFN 类案件主要是亚马逊垄断案与欧盟酒店预订案在日本国内的延续。日本公平交易委员会在对上述案件进行规制时均采用同种认定思路,即认为都构成《独占禁止法》一般指定中的第 12 项"附加交易限制条件",违反了《独占禁止法》第 19 条的规定。④ 但有学者经过研究指出,这种认定方式有可能会使竞争执法机构在执法时绕过对违法行为竞争效果的分析,而径行适用

① See Reazin v. Blue Cross & Blue Shield, 663 F. Supp. 1360, 899 F. 2d 951(10th Cir.).

② See United States of America, v. Apple Inc. 12 Civ. 2826 (DLC).

③ See Susan E. Stenger, *Most - Favored - Nation Clauses and Monopsonistic Power: An Unhealthy Mix?*, 15 Am. J. L. & Med. 111 (1989).

④ 日本 1982 年公平交易委员会第 15 号公告,将不公平的交易方法分为 15 项,即一般指定。其中第 19 条被归纳为"不公正な取引方法第 12 項〔拘束条件付取引〕",即第 12 项不公平交易方法〔附约束条件的交易〕。

第 19 条的规定。[1] 例如,在 2017 年日本公平交易委员会最早公布的对平台经营者涉 MFN 条款进行调查的案例,由于在未能搜集到充分证据之前亚马逊公司便提出自行改善,经公平交易委员会调查不能认定该案中 MFN 条款阻碍了市场竞争。而且在随后的调查报告中也明确,亚马逊公司违反《独占禁止法》第 19 条是并无证据可供佐证的。

同时,对于 MFN 条款可能与其他违法行为共同实施的问题,日本国内目前也并未探索出有效的规制方式。在日本公平交易委员会对涉 MFN 案件进行调查的过程中,已经查明了实施 MFN 条款的经营者同样实施了价格协调等行为,但公平交易委员会在最后的案件调查报告当中也并未对所有行为进行详细的分类定性并给出处理结果。目前,日本学者在研究中也逐渐开始摒弃直接适用一般指令的做法,提出如果认为经营者实施 MFN 行为违反《独占禁止法》,就必须根据个案全面分析该行为产生的反竞争效应,从而选择合适的条款。但总体来看日本执法机构对处理平台经济领域涉 MFN 案件的经验还不甚充足,仍需进一步完善。

四、条文规定后的潜在影响

(一)企业涉 MFN 行为将更易被认定和查处

通过对平台通过 MFN 条款实施垄断行为的典型案例以及各国规制经验的分析可以看出,对于 MFN 是否构成垄断并实施处罚需要经历一段较为漫长的认定过程。其原因在于:一方面,从反垄断执法流程来看,各国竞争执法机构都需要经历从事前调查到行为性质认定、违法性认定并最终确定是否承担责任以及责任大小的过程,且任何一个步骤的推进都需要经过仔细的斟酌与反复的论证。这也是任何反垄断案件都无可避免且不可简化的流程。另一方面,MFN 条款在数字经济时代中的性质发生了嬗变,转而成为一种平台经营者可供实施的新型行为方式,且此种行为难以简单归入传统垄断类型之中。例如,学界目前针对 MFN 条款的性质便存在纵向限制竞争说、中心辐射竞争说的争论。纵向限制竞争说认为依据《欧盟运行条约》第 101 条或美国《谢尔曼法》第 1 条,MFN 条款[2]

---

① 参见王健、余芮雯:《日本反垄断法对于平台经济领域最惠国待遇条款的规制》,载《反垄断研究》2021 年第 1 期。

② See J. B. Kirkwood, *Collusion to Control a Powerful Customer: Amazon, E – books, and Antitrust Policy*, 69 University of Mi – ami Law Review 65, 73 (2014).

构成纵向垄断协议。而中心辐射竞争说则认为与单纯的纵向垄断协议不同,其虽然形式上表现为多个纵向协议,但实质上构成了“暗”的横向垄断协议,且这种横向的协议不是由纵向协议间接促成,而是上下游经营者合谋实现的。[1] 对于传统的横向和纵向协议的违法性认定而言,横向更看重的是“协议”的存在,纵向则是“垄断”的构成。基于上述两种类型方向选择的不同也影响着实际规制的方向,故而依照传统反垄断法的路径规制 MFN 条款需要花费更多的精力。

但欧盟《数字市场法》通过在“守门人”义务中直接规定禁止“守门人”通过 MFN 条款限制其他企业用户竞争的方式,回避了传统反垄断路径的认定困难。此种规定方式省略了对 MFN 行为违法性和性质认定的过程,也即不需要认定其实施的 MFN 行为究竟是属于垄断协议抑或是滥用市场支配地位,只要行为存在欧盟竞争便可依照法律规定进行查处。这一规定也对“守门人”提出了更为严格的注意义务,同时降低了“守门人”实施 MFN 行为的动力。因为在传统垄断行为认定路径中,竞争执法机构开始对经营者涉嫌垄断的行为进行调查后,经营者有充足的时间进行应对与回避,如通过和解或者经营者承诺等停止反垄断调查。同时囿于行为与责任认定过程的烦琐,且即使大费周章地完成调查后可能也难以对行为进行有效的查处,竞争执法机构一方也并无太多热情与动力“一查到底”,一旦经营者中途提出整改承诺,则此案也即宣告结束。这也是多数 MFN 案件最终以承诺或和解结案的原因。而一旦对企业 MFN 行为的认定路径得到简化,具有优势地位的“守门人”企业便会认真考虑是否实施 MFN 行为以及行为可能造成的后果。由于“守门人”实施相关行为的本身违法性,竞争执法机构的惩罚决定完全可能在企业作出应对之前便已下达。虽然《数字市场法》对企业抗辩和豁免理由作出了相关规定,但其规避法律的空间已经得到了相当程度的压缩。

(二)在一定程度上阻止了优势企业共谋和排他行为

从 MFN 条款的规定可以得知,一旦在位的优势平台企业与供应商签订协议条款后,则其不可在其他平台上以更低的价格销售。而强势的平台商往往具有足够的市场实力和影响力,从而强迫或说服多个供应商与自己达成 MFN 条款。而供应商因受制于条款内容,自然不愿意在所有平台承担商品或服务降价的损失,故而实际上也会造成价格的固定。此外,由于互联网平台自然存在的价格高

① 参见刘继峰:《“中心辐射型”卡特尔认定中的问题》,载《价格理论与实践》2016 年第 6 期。

度透明性而使企业维持 MFN 条款的成本更低,效果也更好。[①] MFN 条款的存在增强了平台一方对供应价格的敏感度,其也更有动力实时向供应商汇报不同主体的报价,从而有助于其迅速了解竞争对手的动态价格,形成更稳固的共谋。此外,对于行业内新进入者而言,以更为优惠的价格吸引消费者,并渐渐通过集群效应获取更高的用户流量以吸引供应商是占领新市场一席之地的有效途径。而一旦在位优势平台企业通过 MFN 形成了价格上的固定,则平台商的竞争者也无法通过较低的佣金比例吸引供应商。[②] 而丧失了这一有效途径的新兴企业只能从服务质量、个性化定制、商业信誉等方面进行努力以获取竞争优势,而在这些方面具有一定市场规模的大平台已经通过长期运营积累了一定的优势地位。新的平台商无法获得更低的价格,无法挤占市场份额并获得更多的利润,这也将导致新的平台快速退出市场。

而《数字市场法》当中明确禁止"守门人"实施 MFN 行为既有利于打破行业壁垒,为新进入者提供市场便利,同时也有助于打破平台商之间甚至上游供应商之间的共谋。一方面,MFN 类似于一种供应商不会降价的保证,一旦其降价,就必须将这部分折扣还给原来的平台商,这相当于设定了违反卡特尔协议的罚金;另一方面,它也给下游企业的价格监督提供了动力,因为一旦平台发现有供应商擅自向其他平台提供折扣,就有了进行追索的权利。也正如美国司法部所言,一家只有以降低所有价格为代价才能降价的公司,其降价的可能性为零。[③] 因此,尤其是对于优势平台一方以明文规定禁止实施 MFN,有利于公平竞争市场秩序的实现。

(三)可能产生一定的"负外部性"

MFN 条款本身并非仅能产生排除和限制竞争的效果,其在数字经济平台领域内的运用也兼具一定的经济促进效果。在 2015 年法国向经济合作与发展组织(OECD)竞争委员会提交的《论跨平台匹配协议》当中特别提到了:跨平台匹配协议一方面能够保护平台免于其他运营商"搭便车",另一方面也能够降低客户的搜索成本,从而加强品牌之间的竞争。[④] 就前者来说,互联网领域的"搭便

① See Murilo Lubambo, *Vertical Restraints Facilitating Horizontal Collusion: Stretching Agreements in a Comparative Approach*, UCL Journal of Law and Jurisprudence 135, 161 (2015).

② 参见孙晋、徐则林:《平台经济中最惠待遇条款的反垄断法规制》,载《当代法学》2019 年第 5 期。

③ See P. Buccirossi, *Parity Clauses: Economic Incentives, Theories of Jamarm and Efficiency Justifications*, 1Competition Law & Policy Debate 43 (2015).

④ See OECD, *Hearing on Across Platform Parity Agreements*, Note by France, 2015, para. 3.

车”行为已经不局限于同类商品的竞争者,同一商品的上下游用户之间同样可能存在。例如,在线酒店预订平台,消费者在使用时无须向平台运营商支付检索的费用,但平台上显示的酒店运营商却需要向平台提供成交后的中介费。于是酒店经营者便会出于扩大盈利的需要,更倾向于以更加低廉的价格在自己的线上平台销售房间。于是酒店经营者在未支付多余费用的情况下既享受到了平台所提供的充分宣传,同时以更低的预订价吸引到了消费者,从而实现了其“搭便车”的效果。就后者来看,如果行业内存在 MFN 条款,消费者便极大地节省了在各平台进行商品或服务价格比较的成本,而且由于定价是透明的,单向的跨平台商市场也能够更好地促进品牌竞争。[1] 因为此时平台运营方无须再与供应商就远期价格进行多次的协商谈判,MFN 条款的存在使另一平台商一旦出现降价或当另一供应商提供更低价格时,其便会自动获得折扣。此外,在单向跨平台商市场内,由于价格相对固定,各品牌商之间便会转向服务质量、产品创新等多维市场竞争,进而增进消费者福利。

因此,欧盟《数字市场法》中对“守门人”企业一切 MFN 行为都予以禁止的规定在一定程度上限制了其效率促进作用的发挥。此外,也有学者认为,欧盟委员会对于垂直限制可能带来的效率收益分析中并未提及降低搜索成本能否促进交易,通常而言这种理由的相关性与消费者搜索成本的重要性是等量齐观的。[2] 故而欧盟立法者并未将这一促进效应纳入分析当中。且欧盟立法者虽然只禁止“守门人”实施 MFN 行为,但这一规定方式难免会传递出一种否定性的信号,也即 MFN 条款本身即具有一定的违法性。故而中小企业也可能对此产生警惕心理,担心一旦与其他平台商或供应商签订 MFN 条款便有面临反垄断调查之风险。故而在此美国的处理方式可能更为适宜,即 MFN 条款本身并非必然导致违法,具体需要结合整体竞争效应评估方可认定。在平台经济中,代理型的平台商关注的不再是拿到商品的价格,而是平台的流量和平台上商品的交易量,这决定其广告收入和中介费用的高低。[3] 尤其对于中小企业而言,难免面临在投入大量前期成本后供应商反而以此要挟提高商品交易价格。此时 MFN 条款的正向促进效应便能有所作为。

---

① 参见吴韬、何晴:《美国“苹果电子书价格垄断案”争点释疑》,载《法学》2017 年第 2 期。

② See Steven Salop and Joseph Stiglitz, *Bargains and Ripoffs*: *A Model of Monopolistically Competitive Price Dispersion*, 44 the Review of Economic Studies 493, 510 (1977).

③ 参见刘大洪等:《互联网经济的市场规制:理论创新与法制回应》,中国财政经济出版社 2021 年版,第 184 页。

五、对国内的启示

（一）存在对 MFN 行为进行规制的现实必要

当下，全球互联网络的技术革新已经将发展步伐迈入互联互通的平台经济时代，中国作为互联网大国也已凭借多年来不断积累的优势跻身世界互联网产业发展的潮流之巅。虽然从国内反垄断执法和司法情况来看，还尚未出现对 MFN 条款进行反垄断规制的典型案件，但 MFN 条款在商业贸易中的切实存在并可能导致排除、限制市场竞争的风险是值得警惕的。例如，在外卖行业，凡是入驻外卖平台的商家在签订服务协议时需要保证经营场所内实际销售价格不得低于该平台商品在线标注价格。[①] 此外，在电商销售平台，如天猫、京东等，也在价格规范中要求商家在本平台发布的商品价格不应高于在品牌自有网站、其他互联网平台及线下实体店等其他渠道的销售价格，否则平台将有权依据相关规则对商家实施市场管理，包括但不限于扣分及节点处理、公示警告、违规商品或信息处置等处理措施。[②]

伴随我国数字经济的高速发展，消费者已经普遍养成了通过线上平台购买商品或接受服务的习惯。而第三方平台在整个发展过程中的力量不断壮大也增强了用户的锁定效应，此时平台经营者完全有可能采取先签订 MFN 条款控制平台内经营者处于通过自营平台或线下门店进行低价销售的策略，而当用户锁定效应进一步强化时通过提高向平台内经营者收取的服务费用，迫使平台内经营者处于要么提高售价，要么选择走开的劣势地位中。在我国互联网平台高度集中的情况下，平台内经营者一般会被动接受提价要求，而价格上的劣势最终将会反馈给消费者一端。

此外，平台市场领域中经营者依托大数据技术形成了“产业链 + 供应链金融”的服务模式，以平台为轴心，上接供应商，下连消费者，逐渐形成了完整的综

---

① 《饿了么网上订餐平台服务协议》第 3.11 条规定：“商户保证经营场所内实际销售价格不得低于平台在线标注价格，且不得唆使或引导用户放弃在饿了么网上订餐服务，改为其他形式的商户和用户直接交易，否则饿了么有权立即终止合作并要求商户按照协议承担违约责任。”《美团商户服务协议》第 4.8 条也有类似规定。

② 《天猫商品价格管理规范》指出：“为保证消费者价格体验，推动平台和商家投入资源有效转化，拉动商家在天猫销售，商品销售价格应确保不虚高价格、或变相在天猫平台涨价，天猫平台的销售价格应不高于同一商品（品牌、款式、型号、颜色等商品参数完全一致）同期在其他渠道（如品牌官网、其他互联网渠道及线下实体店等）的销售价格，天猫另有规定或特殊情况除外。”

合服务平台，整个平台市场蓬勃发展。① 同时，以腾讯和阿里为代表的平台企业市值高度膨胀，在政策收紧与资源聚集的双重作用下，预计下一阶段整个行业态势将维持当前格局，较难再出现大型平台。我国反垄断规制一方面应当促进产业内市场灵活运转，保证新型行业的市场准入，另一方面需要警惕在位企业利用其优势实施排挤竞争对手的行为。垄断力量或许并没有大多数人认为的那么无所不能。森林中的所有树苗都有长成参天大树的权利，但不应该包括在四周盖上石板而独享阳光雨露的特权；当然也不能因为厚厚的石板裂缝里确实长出了几株顽强的绿色生命，就忘记了石板下面本该是一片大得多的生意盎然。② 例如，亚马逊有一套针对第三方商家价格的监测系统，自动抓取比较第三方商家的6亿多种商品在其他平台上的价格信息。如果发现比在亚马逊平台上的价格低，则会发出警告。这一过程可以在15分钟内完成，背后是惊人的数据抓取和计算能力。③ 因此，我国反垄断实践必须做好应对MFN条款垄断风险的准备，找到认定其是否构成垄断的思路，从而实现对这一条款的反垄断法规制。

（二）条款引入的可行性分析

从立法方面来看，我国很早就开始探索MFN条款的反垄断规制问题。2014年，由最高人民法院参与举办的论坛中，国内外学者对MFN条款可能产生的竞争影响问题进行了充分探讨，总体来说对其认定采取了比较谨慎的态度，但彼时互联网产业的发展尚未形成一定规模。故从竞争效果分析而言，我国反垄断法并未设立专门规定予以重视，一方面将其作为固定转售价格的行为进行规制，另一方面则通过兜底条款中的“国务院反垄断执法机构认定的其他垄断协议”予以认定。直到2021年2月7日，国家市场监督管理总局网站发布的国务院反垄断委员会《关于平台经济领域的反垄断指南》当中，提示了互联网平台广义MFN条款的反垄断法律风险。④ 国家市场监督管理总局2021年9月发布的《中国反垄断年度执法报告（2020）》对于平台经济行业的相关行为评估中明确提及，平台经营者实施MFN行为，即上游供应商向平台经营者承诺或平台经营者要求上

① 参见时建中、张艳华主编：《互联网产业的反垄断法与经济学》，法律出版社2018年版，第147页。

② 参见苏奎：《互联网企业逼消费者“二选一”，是流量分配权的武器化》，载观察者网，https://www.guancha.cn/Sukui/2021_08_06_601866_4.shtml。

③ 参见Lina Khan、朱悦：《亚马逊的反垄断悖论》，载《网络信息法学研究》2019年第1期。

④ 国务院反垄断委员会《关于平台经济领域的反垄断指南》第7(2)条规定：“平台经营者要求平台内经营者在商品价格、数量等方面向其提供等于或者优于其他竞争性平台的交易条件的行为可能构成垄断协议，也可能构成滥用市场支配地位行为。”

游供应商给其提供等于或优于其他竞争平台的交易条件(尤其是价格),可能构成纵向协议。

另外,从司法角度来看,我国目前虽未出现对 MFN 行为进行专门查处的典型案例,但执法机关在娄底保险业垄断案与伊士曼案件中也开始注意到 MFN 条款可能存在的限制竞争效应。尤其是在伊士曼案件中,执法机构认为该案的反竞争效果是由照付不议协议和最惠国待遇协议叠加产生。执法机关也确认"在通常情况下,全球范围的最惠国待遇协议在特定地域市场内不足以产生限定交易效果"。[①] 换句话说,最惠国待遇条款本身并不存在违法属性,该条款仅在与其他条款结合的情况下,才会存在违反反垄断法的可能性。但是,其轻视了对最惠国待遇条款进行竞争效果分析的重要性,这反映了实践中执法机构对此类协议的忽视,也反映了执法机构缺乏相关法律依据的窘境。

无论是从法律规定还是具体的司法实践层面来说,我国对于 MFN 行为的规制都已具有一定的现实紧迫性。而且,自 2022 年 8 月 1 日起施行的新修正的《反垄断法》也明确增加了"经营者不得利用平台规则从事垄断行为"的规定。[②] 因此,我国未来在反垄断法律体系建构中也可增加对于禁止平台经营者订立 MFN 的行为,如《北京市平台经济领域反垄断合规指引》(2021 年版)对平台企业利用 MFN 条款实施垄断行为的典型案例进行了列举式的规定,就是一次有益的探索。对于 MFN 条款而言,在一定市场结构的前提下会产生双重的竞争效果,同时从竞争负外部性层面上说既可能产生横向也可能产生纵向垄断的效果。因此,笔者在此不建议以全有或全无的方式对 MFN 条款进行反垄断规制,而应当以实际竞争效果或竞争影响作为评估依据。国家市场监督管理总局印发的《"十四五"市场监管科技发展规划》也指出要强化"大市场、大质量、大监管"理念,以科技赋能市场监管现代化为主线,以改革创新为动力。反垄断法如何合理设置分析模式,避免陷入无尽的竞争效果分析从而影响执法效率值得进一步探讨和仔细研判。由于反垄断法需要干预的是那些对市场竞争的整体秩序构成损害的行为,而 MFN 不管是从横向还是纵向角度来理解,其如果构成损害则必须要有一定的前提条件。因此,欧盟《数字市场法》关于"守门人"制度的规定,实际上将市场结构和市场实力作为一个前置性的"筛选"机制,以市场主体需要达

① 参见上海市市场监督管理局行政处罚决定书,沪市监案处字〔2019〕第 000201710047 号。

② 《反垄断法》第 9 条规定:"经营者不得利用数据和算法、技术、资本优势以及平台规则等从事本法禁止的垄断行为。"

到特定的市场结构要求作为前提,统一适用一个标准进行竞争效应评估,不失为一个有效规制的手段。同时,反垄断执法机构的角色定位与反垄断法所要维护的基本法益也应当是一致的,即维护市场的公平竞争。反垄断机构的决策在面对新兴行业可能带来的新的经济效率和消费者福利之时,也应当保持谦抑和谨慎的分析态度,减少"司法不遵循"的结果。

第四章

“守门人”内平台限制数据融合义务评析

夏　杰*

目前,关于超大型互联网平台的“数据垄断”议题成为竞争法和数据法领域的焦点议题。首先,数据本身能否作为客体构成独立的相关市场,即拥有海量数据的平台本身能否构成数据垄断的状态,如果拒绝数据共享能否构成数据垄断行为,成为“数据垄断”讨论的第一层含义。其次,数据本身作为增加超级互联网平台的市场支配地位势力,数据只能强化平台本身的市场地位,其本身并不构成一个独立的相关市场,这是“数据垄断”的第二层含义。欧盟《数字市场法》这次对于“守门人”平台限制数据融合的义务,显然采取了第一种思路,但在具体规制思路上,也提供了与传统反垄断法不同的规制思路。

一、条文介绍

《数字市场法》第5(2)条针对“守门人”平台的数据融合义务进行了专门条款的规定,条款规定如下。

除非终端用户已获得了具体选择,并已根据欧盟第

* 夏杰,中国社会科学院大学互联网法治研究中心特聘研究员。

2016/679 号条例第 4(11)条和第 7 条给予了同意,“守门人”不得从事下列任何行为:

(a)为了提供在线广告服务的目的,处理使用第三方服务提供者的终端用户的个人数据,这些第三方服务提供者使用“守门人”的核心平台服务;

(b)把来自相关核心平台服务的个人数据,与来自“守门人”提供的其他核心平台服务或其他服务的个人数据融合,或与第三方服务的个人数据融合;

(c)在“守门人”单独提供的其他服务(包括其他核心平台服务)中,交叉使用来自相关核心平台服务的个人数据,反之亦然;

(d)为了融合个人数据的目的,把终端用户登录到“守门人”的其他服务。

在终端用户为上述条款的目的拒绝同意或撤回同意的情况下,“守门人”在 1 年内不得为同一目的再次请求获得终端用户同意。

本条款不影响“守门人”根据欧盟第 2016/679 号条例第 6(1)(c)条、第 6(1)(d)条和第 6(1)(e)条的规定采取的上述行为(如适用)。

根据上述条款来看,“守门人”平台的数据融合义务是指除非终端用户按照欧盟 GDPR 的规定给予同意,终端用户获得了具体的选择的情况下,“守门人”才能实施《数字市场法》第 5(2)条规定的下列行为;如果不满足上述两个条件,“守门人”不得从事下列行为:

(1)“守门人”平台为了提供在线广告服务的目的,处理使用“守门人”核心平台服务上的第三方服务提供者的终端用户的个人数据;

(2)“守门人”平台把来自相关核心平台服务的个人数据,与来自“守门人”提供的其他核心平台服务或其他服务的个人数据融合,或与第三方服务提供者的个人数据融合;

(3)在“守门人”单独提供的其他服务(包括其他核心平台服务)中,交叉使用来自相关核心平台服务的个人数据,或者在“守门人”提供的其他核心平台服务中,交叉使用来自“守门人”的核心平台服务的数据;

(4)“守门人”平台为了融合个人数据的目的,把终端用户登录到“守门人”的其他服务。

“用户获得具体选择”是指“守门人”应通过提供非个性化但等效的替代方案，让终端用户能够自由选择加入此类数据处理和登录做法，并且不让终端用户的同意成为使用核心平台服务或其某些功能的条件。① 即不能因为用户不同意数据融合，就停止提供“守门人”核心平台服务，并且这一个性化程度较低的替代方案与终端用户同意数据融合的平台服务相比，不应有所不同或质量下降，除非质量下降是“守门人”无法处理此类个人数据或无法让终端用户登录服务的直接后果。②

“同意”是指 GDPR 第 4(11)条规定的，数据主体依照其意愿自由作出的特定具体的、知情的及明确的，且通过声明或清晰的肯定行为作出的，表示同意其个人数据被处理的指示。③

平台在获取用户同意时，应告知用户不给予同意可能会导致个性化方案降低；相反，如果给予同意，核心平台服务将保持不变并且任何功能都不会被抑制。

在特殊情况下，如果“守门人”的核心平台服务不能直接获取终端用户的同意，终端用户应该可以通过使用该核心平台服务的每个第三方服务的同意，来允许“守门人”以提供在线广告服务的目的处理个人数据。

撤回同意应该和给予同意一样容易。“守门人”不应该以欺骗、操纵或其他方式严重扭曲或损害终端用户自由给予同意的能力。特别是，不应允许“守门人”每年一次以上提示终端用户，基于当初终端用户给予同意或撤回同意的相同处理目的获取同意。《数字市场法》不影响法规欧盟第 2016/679 号条例(GDPR)，包括其执行框架，该框架仍然完全适用于数据主体就其侵权行为提出的任何索赔该条例规定的权利。④

第 5(2)条是 DMA 规定的“守门人”平台需要自动执行的本身违法条款，即除非获得用户的明确同意，否则“守门人”平台不得将其从其他平台收集的用户数据，用于其核心平台服务。

二、本条款的来源和立法理由

(一)制度来源

这一规定主要源于对平台反垄断案件的归纳和总结。主要相关的案件有德

① 参见《数字市场法》“鉴于条款”第 38 段。
② 参见《数字市场法》“鉴于条款”第 37 段。
③ 参见《一般数据保护条例》第 4(11)条。
④ 参见《数字市场法》“鉴于条款”第 37 段。

国 Facebook 滥用市场支配地位案,[①]以及欧盟委员会对亚马逊案件[②]的调查。

1. 德国 Facebook 滥用市场支配地位案,对用户多源头数据聚合性使用构成剥削性滥用

2016 年 3 月,针对 Facebook 收集用户及其设备相关数据,并将该数据与 Facebook 集团旗下其他服务或者第三方网站及应用的数据进行整合的行为,德国联邦卡特尔局认为,Facebook 的这种数据整合行为,不仅明显逾越了欧盟 GDPR 所设的数据保护边界,而且考虑到 Facebook 在德国的市场支配地位,其必须依据竞争法介入调查。

2019 年 2 月 6 日,德国联邦卡特尔局作出决定,禁止 Facebook 公司针对德国用户做如下违法行为:即用户要想使用 Facebook,就要允许 Facebook 可以在未经用户同意的情况下收集用户以及设备相关数据并将该信息与 Facebook 用户账号进行整合。德国联邦卡特尔局认为,上述禁止的法律依据为德国《反限制竞争法》(GWB)第 19(1)条。该局禁止的违法行为还包括:Facebook 规定,用户要想使用 Facebook. com,就要允许 Facebook 可以在未经用户同意的情况下,通过程序界面("Facebook 商业工具")将"Facebook 账号"中留存的信息与在受访网站或第三方移动应用上收集的信息进行整合,并使用该数据。

德国联邦卡特尔局对 Facebook 公司涉嫌滥用市场支配地位行为作出处罚,认为 Facebook 公司不适当的数据处理条款违反了德国《反限制竞争法》(GWB)第 19(1)条下的剥削性商业条款,即 Facebook 通过用户协议条款,迫使用户同意其收集和使用用户在其他平台(包括 Facebook 集团旗下的 Whatsapp/Instagram 平台以及嵌入 Facebook 插件的第三方网络平台或手机 App)的数据,构成垄断行为。在德国联邦卡特尔局作出此决定之后,Facebook 随后向杜塞尔多夫高等地区法院提起上诉。[③]

---

① See Bundeskartellamt, 6.2.2019, Case B6 – 22/16; https://www.d – kart.de/en/der – fall – facebook/.

② See Statement by Executive Vice – President Vestager on Statement of Objections to Amazon for the use of non – public independent seller data and second investigation into its ecommerce business practices, https://ec.europa.eu/commission/presscorner/detail/en/statement_20_2082.

③ See Bundeskartellamt, 6.2.2019, Case B6 – 22/16; https://www.d – kart.de/en/der – fall – facebook/.

2. 欧盟委员会对亚马逊案件的调查，主要关注亚马逊对其平台上商家敏感数据的使用

2019 年 7 月 17 日，欧盟委员会正式发起一项针对亚马逊对商家敏感数据使用的调查，以评估亚马逊的这一数据使用行为是否违反欧盟竞争法规则。作为平台的亚马逊拥有双重角色：一方面，它作为零售商，直接面向消费者在线上销售产品，充当市场参与者的角色；另一方面，它提供一个经营场所，方便第三方商家能够在亚马逊平台上直接向消费者销售商品，充当市场组织者的角色。亚马逊在充当市场组织者的过程中，能够持续不断地收集到其平台上的商家数据（如商家产品交易状况、营收情况、消费者特征等大量数据）。这次调查主要涉及亚马逊的两个行为：一是调查亚马逊和平台内商家之间的标准合同，调查合同条款中允许亚马逊零售业务分析和使用第三方卖家数据是否影响竞争；二是调查亚马逊的“Buy Box”①在选择赢家商家中的数据所发挥的作用和亚马逊在这一选择中涉及竞争的第三方卖家的敏感数据的潜在数据的影响。

2020 年 11 月 10 日，欧盟委员会向亚马逊发送反对声明（Statement of objections）。② 反对声明认为：亚马逊作为市场组织的提供者，能够获取大量平台上第三方卖家的商业非公开数据，如销售产品的订单量和运输量、商家的收入、商家订单的用户浏览量、与产品相关的运输数据、与商家过去销售业绩相关的数据、其他消费者针对产品的投诉等。亚马逊将获取的上述数据大量提供给亚马逊的零售自营业务部门，并使用在亚马逊的相关自动化系统中，以校准亚马逊的零售业务和形成策略性的商业决策。例如，这些数据可能使亚马逊能够通过关注销量最好产品的相关非公开商业数据，来调整亚马逊的自营商品。亚马逊对其平台上商家的非公开数据的使用能够使亚马逊避免零售竞争的一般风险，并能够传导其在零售平台市场上的支配地位。欧盟竞争政策执行副主席 Margrethe Vestager 认为，当亚马逊的自营业务与其平台上的第三方卖家竞争时，亚马逊不得使用其平台上的第三方卖家活动数据用于盈利。亚马逊的平台规则不得

---

① “Buy Box”是指亚马逊产品详情页右边的白色按钮，用户能够通过这一按钮添加该产品到用户的购物车，商家能够通过提升销售等指标来赢得这一功能，目前亚马逊 82% 的销量都通过“Buy Box”这一功能实现，对于移动端的购买来说，使用这一功能的销售百分比更高。参见亚马逊官网，https://www.bigcommerce.com/blog/win – amazon – buy – box/。

② See *Antitrust*: *Commission sends Statement of Objections to Amazon for the use of non – public independent seller data and opens second investigation into its e – commerce business practices*, European Commission, https://ec.europa.eu/commission/presscorner/detail/en/ip_20_2077.

人为支持亚马逊自营业务或使只使用亚马逊的后勤和物流服务的卖家享有优势服务。

除发布反对声明之外,欧盟委员会针对亚马逊的“Buy Box”和“Prime label”做法开启了第二轮反垄断调查。其调查重点为亚马逊是否会人为给予其自营业务或使用亚马逊后勤和运输服务的商家以优待,特别是,欧盟委员会将重点调查亚马逊挑选“Buy Box”服务赢家的标准,以及商家获取向Prime用户销售商品资质的标准。

2022年7月14日,亚马逊针对上述调查,向欧盟委员会提出承诺函,[①]并承诺亚马逊将履行如下义务:

针对平台上的商家数据,亚马逊承诺限制其零售业务使用来自平台上独立商家或与平台上独立商家相关的非公开数据。这一承诺不仅适用于为了零售目的的亚马逊的自动化分析工具,也适用于为零售决策而交叉使用来自亚马逊市场数据的雇员。相关数据包括单一数据和聚合数据,如销售条目、收入、运输、目录信息、消费者浏览数据或销售成绩数据等。

针对“Buy Box”,亚马逊承诺当为了挑选“Buy Box”赢家而排序时,会平等对待所有的销售商;此外,为了获取“Buy Box”赢家而第二次竞价订单时,所有获取这一位置的订单,不论是第一次竞价还是第二次竞价的商家,都会展示完全相同的信息和购买体验。

针对Prime会员,亚马逊承诺会提供非歧视的条件来挑选平台内商家和给Prime会员的订单;允许Prime商家自由地选择后勤或物流服务,并能够直接与他们选择的运输商协商条款;不得为了亚马逊的后勤服务,使用任何来自Prime商家的关于第三方运输商条款和绩效的数据(这主要是确保运输商的数据不会直接流向竞争性的亚马逊后勤服务)。

上述亚马逊的承诺,持续生效时间为5年。目前,这一承诺尚在征求相关方意见阶段,后续如何发展依然值得观察。

(二)立法理由

1. 海量集中数据的收集和处理,能够使平台获得信息不对称的优势,强化平台的市场力量

当终端用户使用“守门人”平台上的第三方网站和软件应用程序时,可能会

① See *Case COMP/AT. 40462 and Case COMP/AT. 40703 Commitment Proposal*, https://ec.europa.eu/competition/antitrust/cases1/202229/AT_40462_8414012_7971_3.pdf.

涉及多种形式的数据收集行为:“守门人”平台针对第三方网站和软件的数据收集行为;第三方网站和软件对终端用户的数据收集行为;“守门人”平台针对终端用户的数据收集行为(不仅包括直接使用“守门人”平台的终端用户,也包括使用第三方网站或软件应用程序的终端用户)。上述数据的收集,对于“守门人”平台预测终端用户需求,改善产品和服务(这被称为反馈效应①),以及提供定向广告都具有重要的意义,②甚至在某些情况下,这类数据会变成平台参与竞争的主要生产要素。

在“守门人”平台内市场或平台间市场的竞争中,对数据的获取和利用的能力会成为市场进入的障碍。特别是,平台生态系统能够通过从相邻市场获取数据,来改善和提高平台的算法能力,造成更高的市场进入壁垒,并减少相关市场的可竞争性。另外,当终端用户并不具备多归属特点时,平台通过将不同来源的用户终端数据融合,强化直接网络效应或间接网络效应,使数据本身成为市场势力的来源之一。③

由于数据聚集本身带来的规模经济,海量聚集数据带来的社会价值也远超分散数据的个人价值。这一海量数据的正向外部性促进了平台的网络效应(直接网络效应、间接网络效应),而且促进了用户个人效率的提高,如更快更好地获取了相关的信息。但这一数据聚集也带来了市场失灵,主要是带来市场倾覆和充当“守门人”平台的反竞争行为,特别是带来平台和其用户之间巨大的信息不对称。这一信息不对称,不仅使平台在与其平台上的商家竞争时拥有巨大的优势,从而从平台上商家获取更多价值,而且使平台能够拥有优势地位对平台上商家、消费者实施反竞争行为。相比于平台,商家在获取这些聚集数据的情况下可能会产生更多有价值或创新的产品和服务。④

---

① See OECD (2021), *Ex Ante Regulation of Digital Markets*, OECD Competition Committee Discussion Paper, https://www.oecd.org/daf/competition/ex – ante – regulation – and – competition – in – digital – markets.htm.

② 参见《数字市场法》“鉴于条款”第36段。

③ See OECD (2021), *Ex Ante Regulation of Digital Markets*, OECD Competition Committee Discussion Paper, https://www.oecd.org/daf/competition/ex – ante – regulation – and – competition – in – digital – markets.htm.

④ See Cabral, L., Haucap, J., Parker, G., Petropoulos, G., Valletti, T., and Van Alstyne, M., *The EU Digital Markets Act*, Publications Office of the European Union, Luxembourg, 2021, ISBN 978 – 92 – 76 – 29788 – 8, doi:10.2760/139337, JRC122910.

2. 平台对消费者数据的独家拥有，使平台能够获得数据驱动的比较优势，并通过传导效应来控制平台生态系统，人为制造市场进入壁垒

平台收集的消费者数据包括静态数据（如用户名、性别、位置等）和动态数据（使用记录、喜好、消费记录等线上数据），动态数据和静态数据的收集使平台能够随时洞察消费者的喜好，并将这一消费者喜好通过算法来强化。平台对于消费者数据的独家拥有，能够使这一平台获得比其竞争者（没有此类数据收集能力）明显的比较优势。通过更好的用户画像模型和机器学习算法，平台能够强化这一优势，强化数据驱动的网络效应。另外，消费者和数据的增加，会带来新一轮的规模经济和网络效应。例如，一个平台上的数据能够被其相邻市场所使用，以更有效率地匹配和撮合商家和消费者，从而带来更大的正向网络效应。① 网络效应使“守门人”平台能够通过现有的客户数据集、技术能力或捆绑服务等来实施策略行为，以更好地进入相邻的市场。② “守门人”基于现有的经验、名誉和数据等优势，更好地进入相邻市场，是常见的杠杆行为之一，被称为覆盖策略（enveloping strategy）。这一覆盖策略能够凭借网络效应和较低的转换成本快速进入市场，使采取这一杠杆策略的公司快速在竞争中胜出。③ 例如，Google Chrome 浏览器凭借其在 Google 搜索引擎中的用户经验胜过 Firefox Explorer，微信凭借其即时通信流量入口的通道快速在视频号这个短视频市场上取得成功。④

与此同时，平台对于数据的独家控制使“守门人”能够控制生态系统，并为“守门人”的中介服务带来巨大的价值。“守门人”平台能够通过施加额外的市场进入条件、独家交易规则等来组织平台上的商家在“守门人”平台外进行销售。在“守门人”平台内，拒绝跟平台内商家（或竞争性的平台）分享来自消费者的数据，使“守门人”能够有竞争性的优势，“守门人”通过封锁市场或强化其垄断地位的行为将这一优势表现出来。但无论如何，这一行为最后都导致消费者

① See Cabral, L., Haucap, J., Parker, G., Petropoulos, G., Valletti, T., and Van Alstyne, M., *The EU Digital Markets Act*, Publications Office of the European Union, Luxembourg, 2021, ISBN 978 – 92 – 76 – 29788 – 8, doi:10.2760/139337, JRC122910.

② See OECD (2021), *Ex Ante Regulation of Digital Markets*, OECD Competition Committee Discussion Paper, https://www.oecd.org/daf/competition/ex – ante – regulation – and – competition – in – digital – markets.htm.

③ See ITTF, *The Digital Markets Act: European Precautionary Antitrust*, Aurelien Portuese, May 2021.

④ 参见邱韵：《微信视频号 + QQ“小世界”，腾讯围剿抖音》，载 36 氪网 2022 年 3 月 25 日，https://36kr.com/p/1669663921397511。

福利的损失。①

3. 促进竞争能够促进个人信息的保护，促进个人信息保护也能够促进竞争

在欧盟层面，个人数据保护是欧盟认可的人的基本权利，欧盟战略的目标之一也是给予用户对于其个人数据完全的控制权。在开放和可竞争性的数据市场上，对于数字平台收集和使用数据的透明度义务，以及赋予消费者对于其隐私保护的选择，是欧盟的基本价值追求。强化数据保护能够促进竞争，不管是数据可携带权写入 GDPR，还是平台互操作性（interoperability）的义务，都能够降低消费者的可转换成本，并促进竞争。②

三、潜在影响

（一）禁止平台内数据融合，可能对产业造成较大障碍

GDPR 并没有关于数据融合行为的专门合规要求，一般通过禁止收集的数据用于除数据最初被收集目的之外的其他目的这一规定来对数据融合行为进行要求。因此，在平台获取用户同意的情况下，平台对于其数据融合行为不用进行其他合规举措。但根据 DMA 第 5（2）条的要求，除非"守门人"平台给用户提供选择进入的权利，并且被融合的个人数据直接与"守门人"平台的特定服务相关，否则"守门人"平台不得进行数据融合行为。③ 这一规定可能会缩小"守门人"平台基于个人信息再使用条款获得便利的空间，使平台在数据融合这一行为上的合规成本变大。④

具体来说，在云计算服务领域，由于云计算服务经常需要与其他服务（收入的来源）进行整合，如果在没有获取用户明确同意的情况下，云服务上其他应用的数据或服务要融合进云服务平台就会受阻，这会直接导致用户的云服务质量

---

① See Cabral, L., Haucap, J., Parker, G., Petropoulos, G., Valletti, T., and Van Alstyne, M., *the EU Digital Markets Act*, Publications Office of the European Union, Luxembourg, 2021, ISBN 978 –92 –76 –29788 –8, doi:10.2760/139337, JRC122910.

② See Report of the UNCTAD webinar "Making Digital Markets Work for Consumers: Competition, Consumer Protection and Data" Held on 5 Nov. 2021.

③ See OECD (2021), *Ex Ante Regulation of Digital Markets*, OECD Competition Committee Discussion Paper, https://www.oecd.org/daf/competition/ex – ante – regulation – and – competition – in – digital – markets.htm.

④ See Cabral, L., Haucap, J., Parker, G., Petropoulos, G., Valletti, T., and Van Alstyne, M., *The EU Digital Markets Act*, Publications Office of the European Union, Luxembourg, 2021, ISBN 978 –92 –76 –29788 –8, doi:10.2760/139337, JRC122910.

直接降低，从而间接对受 DMA 管辖的云计算服务的市场竞争力造成损害。在在线搜索领域，由于搜索页面提供的很多数据（包括个人信息）和内容来自第三方，在线搜索引擎如果没能及时获取用户同意，那么搜索引擎的搜索结果整合其他服务的能力也会直线下降，导致消费者只能获得更少的搜索结果、更少优质的内容和更高的搜索成本，并造成欧盟内的商品或服务的交易成本增大。

以 Google 为例，如果 Google 的在线搜索服务和在线地图服务 Google Maps 被禁止共享地理数据，那么使用在线搜索服务的用户将会无法在搜索中享受到地图服务，这对于作为流量入口的在线搜索服务的功能会有直接的减损，造成用户体验的降低和交易机会的减少。根据 DMA 第 5（2）条的要求，苹果公司的 iOS 系统在整合 AppleCare 或 App Store 等服务时可能会遇到较大的合规要求，这在未来可能会造成欧盟的应用开发者接入国际市场的障碍，从而造成欧盟出口的潜在降低。①

（二）数据融合和账号登录等条款的规定，可能会影响到消费者福利

从创新业务的角度来看，对不同的互补性的服务的数据融合进行限制，可能会对消费者的福利造成重大的影响。特别是在多产品的生态系统里，平台通过对不同产品和服务的互补性使用，能够最大化地利用规模经济和范围经济，传导跨市场的网络效应，跨市场发挥数据的驱动作用，以及增加可操作性。②

DMA 第 5（2）（d）条规定的禁止登录义务，即"除非终端用户已根据 GDPR 给予明确同意，'守门人'不得为了融合个人数据的目的，把终端用户登录到'守门人'的其他服务"。这一登录操作被普遍运用在行业中，主要目的是解决身份管理带来的复杂问题，特别是当用户忘记用户名和密码的时候，能使用户不用重新输入登录账号和密码顺畅地使用多种服务。DMA 这一条款的规定，可能阻碍用户发现平台额外功能的能力，从而抑制平台发展成生态系统的创新动力，尽管这一平台生态系统能够达成更大程度、更高水平的应用、软件和互操作性。此外，无须密码的身份登录禁止，可能会增加消费者的转换成本，降低平台或应用之间的互操作性，而抑制数字经济创新。③

---

① See Copenhagen Economics, The Implications of the Dma for External Trade and EU Firms Exploring the Potential Impact of the DMA in EU, June 10, 2021.

② See OECD (2021), *Ex Ante Regulation of Digital Markets*, OECD Competition Committee Discussion Paper, https://www.oecd.org/daf/competition/ex-ante-regulation-and-competition-in-digital-markets.htm.

③ See ITTF, *The Digital Markets Act: European Precautionary Antitrust*, Aurelien Portuese, May 2021.

（三）数据融合的用户明示同意要求，可能导致竞争法和数据保护法之间的利益冲突

DMA 第 5(2) 条的禁止"守门人"平台数据融合条款，主要目的在于减少市场进入壁垒，增加平台市场进入的可竞争性。但是，本条款要求"守门人"在进行数据融合时需要获得用户的明示同意。这一要求是从消费者权益保护的角度进行的规制思路，其是否会对市场进入壁垒给予救济并不明确。此外，是否获取用户同意后，就能减少数据融合造成的风险也并不确定。因此，反垄断和 GDPR 的个人数据保护实施之间的法益存在冲突的情况下，对于如何处理这两者之间的冲突，可能需要欧盟委员会后续针对这一条款专门进行进一步的解释性指导。① 特别是 DMA 第 5(2) 条的某些概念需要 GDPR 进行解释和阐明的情况下，DMA 和 GDPR 两者立法目的的不同可能会带来不同规制路径的冲突，使执行这一条款发生路径上的冲突。②

此外，根据 DMA 第 5(2) 条的条文解读可能会带来歧义，即对于获取用户同意的前提条件到底是仅仅适用于(d)项，还是也适用于(a)、(b)、(c)项。如果仅仅适用于第(d)项，那么针对"守门人"的不同数据融合行为的不同处理，可能使法律的不确定性增加，在 GDPR 对上述四项行为都有相同要求的情况下，DMA 需要有差别对待的合理性在哪里？如果普遍适用上述四项，那么 GDPR 的要求可能会完全覆盖掉本次 DMA 条款的要求，那这一规定的意义何在，可能也会引起歧义。③ 目前，强化用户同意的救济措施，可能无法真正解决"守门人"平台数据融合带来的反竞争行为的担忧。④

四、中国、美国相关规定

（一）中国

2021 年 10 月 29 日，国家市场监督管理总局发布《互联网平台分类分级指

---

① See Chiara Carrozza, EUI; Niccolò Innocenti, EUI, *Digital Markets Act in the making: Challenges and potential of the new EU regulation on Big Tech*, Oct, 10.

② See Podszun, Rupprecht, *Should Gatekeepers Be Allowed to Combine Data? – Ideas for Art. 5(a) of the Draft Digital Markets Act* (June 4, 2021). SSRN, https://ssrn.com/abstract=3860030 or http://dx.doi.org/10.2139/ssrn.3860030.

③ See ITTF, *The Digital Markets Act: European Precautionary Antitrust*, Aurelien Portuese, May 2021.

④ See Podszun, Rupprecht, *Should Gatekeepers Be Allowed to Combine Data? – Ideas for Art. 5(a) of the Draft Digital Markets Act* (June 4, 2021), SSRN, https://ssrn.com/abstract=3860030 or http://dx.doi.org/10.2139/ssrn.3860030.

南(征求意见稿)》《互联网平台落实主体责任指南(征求意见稿)》。[1] 在上述指南征求意见稿中,针对超大型平台[2]的义务,《互联网平台落实主体责任指南(征求意见稿)》第18条规定,"未经用户同意,互联网平台经营者不得将经由平台服务所获取的个人数据与来自自身其他服务或第三方服务的个人数据合并使用。互联网平台经营者不得以合并个人数据为目的诱导、强迫用户登录并使用自身提供的其他服务"。

上述条款的规定,一方面,是落实《个人信息保护法》规定的告知同意的义务,如《个人信息保护法》第13~17条的规定;另一方面,与欧盟《数字市场法》的数据融合条款相比较,可以明显看出我国借鉴或引入域外立法实践的痕迹,这可能与我国的执法实践有关。

2022年7月25日,阿里与蚂蚁集团同意终止《数据共享协议》,双方将根据个案并依照适用现有法律法规协商数据共享安排的条款。[3] 尽管蚂蚁集团在2020年回复上市问询函时曾表示,"蚂蚁集团和阿里巴巴各自具备独立的计算能力,双方各自采集的数据均各自独立存储,不存在共用的混合数据池",但这一数据共享协议的终止,也被普遍认为是国内关于集团内数据隔离的第一个案例。在终止《数据共享协议》后,阿里和蚂蚁的产品或服务在进行数据共享时,将需要按照《个人信息保护法》第23条[4]关于个人信息第三方处理的流程规定

① 参见《关于对〈互联网平台分类分级指南(征求意见稿)〉〈互联网平台落实主体责任指南(征求意见稿)〉公开征求意见的公告》,载国家市场监督管理总局,https://www.samr.gov.cn/hd/zjdc/202110/t20211027_336137.html。

② 按照《互联网平台分类分级指南(征求意见稿)》,超大型平台是指超级平台和大型平台。其中,超级平台是指同时满足如下四个条件的平台:超大用户规模,即平台上年度在中国的年活跃用户不低于5亿;超广业务种类,即平台核心业务至少涉及两类平台业务;超高经济体量,即平台上年年底市值(估值)不低于10,000亿元人民币;超强限制能力,即平台具有超强的限制商户接触消费者(用户)的能力。大型平台是指同时满足如下四个条件的平台,较大用户规模,即平台上年度在中国的年活跃用户不低于5000万;较广业务种类,即平台具有表现突出的主营业务;较高经济体量,即平台上年年底市值(估值)不低于1000亿元人民币;较强限制能力,即平台具有较强的限制商户接触消费者(用户)的能力。

③ 参见傅碧霄:《阿里与蚂蚁终止〈数据共享协议〉 今后将根据个案协商数据共享》,载新浪财经,https://finance.sina.com.cn/chanjing/gsnews/2022-07-27/doc-imizirav5648763.shtml。

④ 《个人信息保护法》第23条规定:"个人信息处理者向其他个人信息处理者提供其处理的个人信息的,应当向个人告知接收方的名称或者姓名、联系方式、处理目的、处理方式和个人信息的种类,并取得个人的单独同意。接收方应当在上述处理目的、处理方式和个人信息的种类等范围内处理个人信息。接收方变更原先的处理目的、处理方式的,应当依照本法规定重新取得个人同意。"

进行合规，此时进行数据共享的平台需要获取用户的单独同意。[①]

（二）美国

2021 年 6 月 11 日，美国国会众议院公布了五项仍以草案形式存在的法案，《美国选择与创新在线法案》为其中之一，这一法案旨在打击"'守门人'的自我偏好行为"，禁止占主导地位的市场平台运营商让自营产品和服务优于平台上竞争对手的产品和服务。涵盖平台也不得有其他类型的歧视行为，如切断竞争对手使用平台提供的服务，并禁止涵盖平台使用在其服务中收集的、不对外公开的第三方数据来助长自营产品和服务等。[②]

2021 年 10 月，美国参议院提出了《美国创新与选择在线法案》的参议院版本草案[③]。2022 年 1 月 21 日，美国参议院司法委员会表决通过了该法案的参议院版本。在这一版本中，涵盖平台的经营者不得使用从涵盖平台中获得或产生的非公开数据，用以与涵盖平台内其他商业用户进行竞争或在将来进行竞争。前述非公开数据源于涵盖平台内商业用户的活动和平台用户与商业用户所提供的产品或服务之间的互动。

通过上述两个相关的法案对比可知，参众两院对于超级平台提出的法案大相径庭，并没有特别大的差别，特别是关于数据融合条款的规定，都没有像欧盟《数字市场法》那样的激进，并没有采用类似于《数字市场法》第 5（2）条的相关规定，采取的是类似于《数字市场法》第 6（2）条的相关规定，即"'守门人'在与企业商家竞争时，不应使用企业用户生成或提供的非公开可获得的数据"，对平台施加的义务要远远小于限制数据融合的规定。

五、对国内的启示

（一）从反竞争角度出发对平台的限制数据融合义务，在全球范围内并未形成共识，后续如何发展需要继续观察

欧盟《数字市场法》基于案例归纳出关于数据融合的规则目前已经在欧盟

① 参见王俊：《阿里与蚂蚁终止〈数据共享协议〉后　会带来哪些影响》，载 21 世纪经济报道 2022 年 7 月 30 日，https://m.21jingji.com/article/20220730/herald/916ea2a797fa0d0ab672e29cb4684f53_ths.html。

② See H. R. 3816 – *American Choice and Innovation Online Act*, https://www.congress.gov/bill/117th – congress/house – bill/3816.

③ See S. 2992 – *American Innovation and Choice Online Act*, https://www.congress.gov/bill/117th – congress/senate – bill/2992.

辖区内直接生效,但是这一规则并未在全球其他司法辖区形成广泛的共识。在美国法下,由于美国的个人信息保护普遍采取选择退出(option out)的用户同意方式,这一制度尚未引起美国监管机关的关注。中国监管机关虽然在《互联网平台落实主体责任指南(征求意见稿)》中进行引入,但由于指南本身并不存在法律效力,而且尚未正式颁布实施,因此后续中国监管是否会引入可能存在疑问,特别是考虑到中国数字经济的产业结构与欧盟本辖区的数字经济产业政策存在较大不同的情况下。

(二)平台的限制数据融合义务以满足告知同意为主,并没有完全禁止"守门人"平台对数据融合的使用

目前,关于平台的限制数据融合义务适用范围比较有限,其主要适用于"守门人"平台在没有获得用户同意的情况下,禁止进行平台内或平台外的数据融合。这一规定并不适用于中小平台或其他的数据处理者,考虑到数据融合对于数字驱动型经济发展的重要作用,如果获取用户同意的门槛过高,完全禁止这一操作会对数字经济形成毁灭性的打击。因此,在欧盟《数字市场法》中,判断用户同意的标准以给平台施加关于限制数据融合的义务可能依然需要进行合理原则的分析,即对数据融合这一行为带来的反竞争效果和促进数据要素自由流通的效率进行权衡,完全本身违法地禁止数据融合义务的自动执行,可能并不科学合理。

(三)中国法对于平台限制数据融合制度的借鉴,应该考虑到本国的产业结构和数字经济发展现状

中国国家市场监督管理总局 2021 年 10 月公布的《互联网平台落实主体责任指南(征求意见稿)》首次在国内引入限制数据融合制度的尝试,对于这一规定只用了一个抽象的条款进行规定。对于后续如何落实这一制度,尚需要考虑到我国的产业结构和数字经济的发展现状。目前欧盟出台《数字市场法》、《数字服务法》和《数据治理法》(草案)等数字立法,一方面当然是为了实施欧盟统一数字市场的大战略,另一方面也是基于欧盟数字市场的产业均被美国头部互联网平台占据情况下的功利主义考虑。中国互联网产业和欧盟情况存在较大差别,与美国的数字经济产业结构更近,可能后续相关实施细则或政策更多需要借鉴美国的规制情况。

第五章

“守门人”平台功能互联互通义务评析

张　彤*

2022年9月16日，欧盟理事会和欧洲议会正式签署了欧盟《数字市场法》(Digital Market Act, DMA)。[①] 该法对于欧盟来说是一项具有里程碑意义的法案，其目标是为欧盟单一数字市场“创建一套数字领域的交通信号灯系统”，完善欧盟现有的竞争法体系，增强对欧盟数字市场的监管，以保证数字市场的“公平和竞争性”，并促进数字产业合规的建设与发展。DMA核心是为数字领域中作为“守门人”的大型核心平台服务(包括搜索引擎、社交网络、在线广告服务、云计算、视频分享服务、消息服务、操作系统和在线中介服务)引入新的规则，为“守门人”的平台施加了一系列额外义务，既包括“守门人”在日常运营过程中实施某些行为的积极义务，也包括避免从事某些不公平行为的禁止性义务，以防止它们对其他企业和消费者施加不公平条件，确保欧盟市场重要的数字服务的开放性和创新性。本文主要是对DMA第5(5)条、第5(6)条关于“守门人”义务的规

* 张彤，中国政法大学比较法学研究院教授。

① See Regulation (EU)2022/of the European Parliament and of the Council on Contestable and Fair Markets in the Digital Sector(Digital Markets Act).

定进行解读,阐明其创新之处和对数字产业的影响,并从比较法的视角分析DMA与其他法域(主要是中国)相关制度的异同和可资借鉴之处。

一、《数字市场法》第5(5)条、第5(6)条条文的理解

(一)第5(5)条

1.法律基础

欧盟内部市场的数字服务本质是流动和跨境。DMA的立法目的在于制定统一的法律,限制欧盟数字服务的监管分散,特别是统一与"守门人"平台有关的监管,以降低在欧盟内部市场经营的公司的合规成本。因此,DMA的法律基础是《欧盟运行条约》第114条[①],该规定作为协调各成员国法律的基础性法律,以确保欧盟单一市场的运行。此外,《欧盟运行条约》第102条主要禁止在欧盟内部市场中占支配地位的经济主体滥用其垄断地位对欧盟市场经济带来限制竞争性负面影响的行为。[②] 其目的是禁止那些已经在很大程度上不受市场竞争制约,可以不顾忌竞争对手、上下游企业甚至消费者可能的反应,我行我素地开展经济活动的企业,单方面地利用这样的市场地位,去攫取完全背离市场竞争环境的高额利润,或者去倾轧所在相关市场上的剩余竞争者,排挤或压榨相邻市场或上下游市场其他市场参与者,进一步恶化市场竞争环境。其中,不公平贸易条件、限制生产、销售或技术开发,使消费者遭受损害的行为、歧视性商业行为、搭售和附加其他不合理交易条件的行为都被视作禁止的行为,与本款所规定的禁止平台垄断,维护商业用户的合法利益有一定的联系。即便某一平台企业尚未被认定为具有稳定且持久的市场地位,只要将来有可能达到,也应当依照比例原则承担相应的特定义务,以防止其通过不公平行为获取这种地位。

---

① 《欧盟运行条约》第114(1)条规定,除两部条约另有规定外,下列条款为实现第26条所规定的目的而适用。欧洲议会和理事会应根据普通立法程序,经咨询经济与社会委员会后,采取措施,使各成员国依据以内部市场的建立和运行为目的的法律、法规或行政性措施制定的条款得以趋同。

② 《欧盟运行条约》第102(1)条规定,只要可能影响成员国之间的贸易,则一个或多个企业滥用其在内部市场或在内部市场的实质部分占有的支配地位之行为应因与内部市场不符而予以禁止。该条第2款列举了四大类典型的滥用市场支配地位行为,分别为:(1)强制交易相对人接受不合理的定价或其他交易条件;(2)限制产量、销量或技术进步以致损害消费者利益;(3)有害竞争的歧视行为;(4)搭售与交易标的无关的产品或服务。

2. 内容解读

DMA 第5(5)条规定,“守门人”应允许终端用户使用企业用户的软件应用程序,通过其核心平台服务访问和使用内容、订阅、功能或其他项目,包括这些终端用户在不使用“守门人”的核心平台服务的情况下从相关企业用户那里获得此类项目。

该条款规定了“守门人”的一项积极义务,其核心是要求“守门人”应允许终端用户使用企业用户的软件应用程序,禁止“守门人”强迫用户订阅核心平台服务作为访问这些服务的前提条件。“守门人”不能排斥或歧视其他企业,鉴于关于默认设置的新义务,平台应允许用户通过“选择屏”来选择他们的搜索引擎、虚拟助手和网络浏览器,这是一个基本的规范。

在过去几年中,大型数字平台逐渐开始充当“守门人”的角色,这些平台能够利用商业用户对其服务的依赖性,实施不公平的交易条款,平台不仅是至关重要的中介,而且在许多情况下,它们也是唯一的选择。DMA 中的“守门人”指向了超级平台,主要是大型互联网平台,其主要特征是平台与其用户之间市场力量的不对称性。由于其持久和稳定的市场力量,大型平台对市场产生了巨大影响,不仅影响到平台的商业用户端,还影响到消费者和潜在的平台用户群体。

为了防止客户对“守门人”核心平台服务的依赖逐步增加,终端用户可以自由选择商业用户的报价,并与他们签订合同,如果适用的话,可以通过“守门人”的核心平台服务,或者通过商业用户的直接分销渠道,或者通过商业用户可能使用的另一个间接分销渠道。这也应当适用于促进商业用户和终端用户之间的报价和订立合同。

2020 年 DMA 草案①和 2022 年 DMA 最终版本的规定对比,见表 5 - 1。

① 2020 年 DAM 草案文本来源:https://eur - lex. europa. eu/legal - content/de/TXT/? qid = 1608116887159&uri = COM%3A2020%3A842%3AFIN。

表 5－1　2020 年 DMA 草案和 2022 年 DMA 最终版本对比

版本	条款对照	
2020	Allow business users to promote offers to end users acquired via the core platform service, and to conclude contracts with these end users regardless of whether for that purpose they use the core platform services of the gatekeeper or not. Allow end users to access and use, through the core platform services of the gatekeeper, content, subscriptions, features, or other items by using the software application of a business user	Where these items have been acquired by the end users from the relevant business user without using the core platform services of the gatekeeper
2022	The gatekeeper shall allow end users to access and use, through its core platform services, content, subscriptions, features, or other items, by using the software application of a business user	Including where those end users acquired such items from the relevant business user without using the core platform services of the gatekeeper

2020 年 DMA 草案主要提出了“商业用户可通过核心平台获得终端用户推广，和终端用户签订合同”。2022 年 DMA 最终版本将此更改为“允许终端用户可通过平台的服务、内容、订阅、功能或其他项目来使用商业用户的软件程序”。其中的变化在于由以商业用户为主体转变为以终端用户的利益为主体，保护终端用户自由签订协议，自由使用平台的权益。同时，减少了终端用户业务推广优惠这一项，其目的也是保护用户的自由选择权，减少平台对用户的信息分析，从而避免不必要的用户隐私泄露。经 DMA 颁布前后对比可知，第 5(5) 条有如下的变动：从以商业用户为宾语转变为以终端用户为宾语，同时，删减了允许商业用户利用平台向终端用户进行业务推广这一内容。这些变动带来的好处是：不鼓励推广，使平台对用户的信息分析减少，避免不必要的用户隐私泄露，但终端用户通过“守门人”核心平台获得服务的能力却不会因此受限。

2020 年 DMA 草案在立法理由①中阐明了其立法目的，即防止进一步加强对“守门人”核心平台服务的依赖，这些“守门人”的企业用户应可自由推广和选择他们认为最合适的分销渠道，与这些企业用户已通过“守门人”提供的核心平台服务获得的任何终端用户进行互动。反之，终端用户也应自由选择这些企业用户的要约，并通过“守门人”的核心平台服务（如适用）或企业用户的直接分销

① 参见 2020 年 DMA 草案立法理由 38。

渠道或该企业用户可能使用的另一个间接分销渠道与他们签订合同。这应适用于企业用户与终端用户之间的报价推广和合同缔结。此外,不应破坏或限制终端用户自由获取内容、订阅、功能或“守门人”核心平台服务以外的其他项目的能力。特别是,应避免“守门人”限制终端用户通过其核心平台服务上运行的软件应用程序获取和使用此类服务。例如,在软件应用程序下载之外购买或从软件应用程序商店购买的在线内容的用户,不应仅仅因为是在这种软件应用程序或软件应用程序商店之外购买的,就被阻止访问“守门人”的核心平台服务的软件应用程序上的在线内容。

对应2020年DMA草案第5(1)(c)条,2022年DMA最终版本对其立法理由原文全部进行了黑体加粗斜体①,并进行了如下重写:

> 不应削弱或限制终端用户在“守门人”的核心平台服务之外获取内容、订阅、功能或其他项目的能力。特别是,应避免“守门人”限制终端用户通过其核心平台服务上运行的软件应用程序获取和使用此类服务的情况。例如,在软件应用程序、软件应用程序商店或虚拟助手之外购买的在线内容的用户,不应仅仅因为是在该软件应用程序、软件应用程序商店或虚拟助手之外购买的,而被阻止在“守门人”核心平台服务的软件应用程序上访问这些在线内容。

因此,DMA第5(5)条的侧重点是终端用户获取“守门人”核心平台服务之外的内容、订阅、功能或其他项目的能力不应受到削弱或限制。特别是,应该避免“守门人”限制终端用户通过在其核心平台服务上运行的软件应用程序访问和使用此类服务的情况。而2020年DMA草案侧重于允许业务用户向通过核心平台服务获得的终端用户推广服务,并与这些终端用户签订合同,无论他们是否为此目的使用“守门人”的后期服务,并允许终端用户通过使用“守门人”的核心平台服务、内容、订阅、功能或其他项目进行访问和使用业务用户的软件应用,其中这些项目已由终端用户从相关业务用户处获得,而不使用“守门人”的核心平台服务。但是2022年DMA最终版本对此规定为终端用户可以通过其核心平台服务、内容、订阅、功能或其他项目的访问和使用,包括终端用户在未使用

① 参见2022年DMA最终版本立法理由41。

“守门人”的核心平台服务的情况下从相关业务用户处获得该等服务。二者区别为:2020 年 DMA 草案更侧重在终端用户通过其他渠道来获取服务的时候还可以在“守门人”平台上获取服务、内容、订阅等,更倾向于形成一个开放自由竞争的、开放信息的平台;2022 年 DMA 最终版本则更侧重于平衡“守门人”平台和用户之间的利益关系,但也禁止“守门人”通过第三方中介机构以不同成本和条件跨平台提供服务,即不能搞算法歧视,“守门人”需要建立保护措施,保证消费者能够在核心服务平台外享受到平等服务。同时,这点可以通过第 6 款得到保障,即“守门人”不得直接或间接阻止或限制业务用户或终端用户向任何相关公共机构(包括国家法院)提出与“守门人”的任何行为有关的“守门人”不遵守相关欧盟或成员国法律的任何问题。

3. 创新之处

(1)DMA 补充了欧盟和国家层面竞争法的执行。在欧盟竞争法还无法充分解决平台滥用市场地位问题的状况下,欧盟委员会提出了 DMA。DMA 新规则的出台并不影响欧盟既有的竞争规则,即《欧盟运行条约》第 101 条和第 102 条的实施,也不影响关于单边行为的国家竞争规则。在其他部门,如能源、电信或金融服务部门,监管和竞争执法已经并存。DMA 规制的是互联网领域“守门人”的不公平行为,要么是这些行为不属于现有的欧盟竞争控制规则,要么是由于某些行为的系统性以及竞争法的事后和个案性质,这些规则并不总是能够有效地处理。因此,DMA 将补充欧盟和国家层面的竞争法,最大限度地减少这些“守门人”不公平行为事前的结构性危害,而不限制欧盟通过执行现有欧盟竞争规则进行事后干预的能力。

(2)强化“守门人”维护公平营业环境的积极义务。本款立法目的在于强化欧洲单一数字市场的目标,试图重新定义欧洲互联网的法律环境,进一步聚焦于如何解决欧盟内部数字市场所存在的不公平竞争的问题,将规模较大、覆盖范围较广、对内部市场具有重大影响的在线平台定义为“守门人”。[①] 为这些平台创设相应义务,通过相应的监管规则来防止“守门人”从事不合理的商业行为,从而保护终端用户的利益。同时,技术初创企业将有新的机会在在线平台环境中竞争和创新,不受不公平条款的限制;消费者将有更多优质低价的服务选择,可按自己的意愿更换供应商,可以直接获得服务;而对于“守门人”来说,将为其保

① 参见吴沈括、胡然:《数字平台监管的欧盟新方案与中国镜鉴——围绕〈数字服务法案〉〈数字市场法案〉提案的探析》,载《电子政务》2021 年第 2 期。

留所有创新和提供新服务的机会，仅禁止其不公平行为。

(3)满足数字时代消费者和生产者的商业交换需求。从功能上来看，平台服务的主要特征就是联通用户。但在现实中，用户是否可以获得联通，以什么代价获得联通，很大程度上是由平台“守门人”掌控的。出于自身利益的考量，不少“守门人”会在提供联通服务的时候附加很多条件，如收费、搭售服务，或者要求采用自己提供的身份认证等。这样一来，平台的联通功能就被破坏了，联通从一种用户本身的权利成了“守门人”控制用户的权力。而 DMA 取消了“守门人”的这些特权，约束巨头的霸王条款，制定协调一致的规则，限制科技巨头的不正当竞争行为，把联通的权利还给用户，以确保“在整个联盟的数字行业中存在可竞争和公平的市场”，维护消费者的合法权益。

本款促进大型平台和商家提供数字产品和相应数字服务的渠道更加多元化和合法化，以更优的价格形成更好的服务、提供更多的选择，以更好保障终端用户和业务用户的合法权益，防止其他分销渠道的堵塞和平台的垄断行为，符合数字时代满足消费者和生产者的商业交换需求。

(4)控制平台滥用市场支配地位限制竞争。根据 DMA 第 5(5)条的规定，“守门人”有义务开放共享为自己所控制的核心平台这一必要设施。该条款的规制目的是能够控制平台滥用市场支配地位，禁止“守门人”强迫用户订阅核心平台服务作为访问这些服务的前提条件。“守门人”应允许终端用户通过平台来自行选择使用商业用户的软件程序，不能搞“算法歧视 ”。

(5)监管前置化的特别规范模式。本款也体现了突破传统立法的一种新思路①，即跳出传统的竞争法框架，转而对大型的具有垄断潜力的公司加以特别规定，在问题发生前对这些大型平台进行限制，防止其侵害商户和消费者权利，从源头上减少冲突的发生，促进良性竞争和减少事后审查。

(二)第 5(6)条

1. 条款内容

DMA 第 5(6)条规定，“守门人”不得直接或间接地阻止或限制企业用户或终端用户提出任何关于“守门人”不遵守相关欧盟法或欧盟成员国法、与相关公共机构(包括成员国法院)不符的行为。这不影响企业用户和“守门人”有权在其协议中制定合法投诉处理机制的条款。

---

① 参见李世刚、包丁裕睿：《大型数字平台规制的新方向：特别化、前置化、动态化——欧盟〈数字市场法(草案)〉解析》，载《法学杂志》2021 年第 9 期。

本款是一项针对“守门人”的禁止性义务,即禁止“守门人”任何限制企业用户或终端用户维护其合法权益的行为。当“守门人”拒绝履行开放共享核心平台的义务时,位于下游竞争市场的商业用户可以行使监督权进行举报。如果“守门人”平台从事了违法行为,如拒绝开放核心平台,窃取用户信息或进行算法歧视等,所有用户都可以向任何相关的国家机关举报“守门人”的违法行为。也就是说,“守门人”不得直接或间接阻止、阻碍业务用户或最终用户,向任何相关公共机构(包括国家法院)提出“守门人”不遵守相关欧盟或成员国法律的问题和投诉。这也不影响企业用户和“守门人”在其协议中规定投诉处理机制使用条款的权利,前提是这些使用条款是被欧盟或成员国法律允许的。

2. 内容解读

2022 年 DMA 最终版本①对 2020 年 DMA 草案②第 5(1)(d)条的立法理由进行了如下黑体字部分的修改:

为了维护公平的商业环境,并保护数字行业的可竞争性,必须保障企业用户和终端用户,包括举报人,有权关注“守门人”的不公平做法,向任何相关的行政或其他公共机构,包括向国家法院提出“守门人”任何不遵守相关欧盟或国家法律的问题。例如,企业用户或终端用户有可能要对不同类型的不公平做法进行投诉,诸如歧视性的访问条件、不合理地披露企业用户账户或不明确的产品退市理由。因此,以任何方式阻止或阻碍这些用户提出他们的关切或寻求可用的补救措施的做法,如通过协议中的保密条款或其他书面条款的做法,都应被禁止。不应妨碍企业用户和“守门人”在其协议中设定条款的权利,包括使用合法的投诉处理机制,使用替代性争端解决机制或符合相关欧盟和成员国法律的特定法院的管辖权。当然,这也不应该影响“守门人”在打击在线非法内容方面发挥的作用。

《数字市场法》第 5(6)条主要确立了以下规则:“守门人”不得阻碍用户向公共机构提出“守门人”不遵守相关欧盟或成员国法律规定的不公平实践行为。该款性质为禁令(prohibition),即使“守门人”与终端用户签订协议也不得排除该内容。故可推知,在 DMA 规则下,违反该禁令的用户协议部分无效。“守门人”除了直接限制终端用户“提出‘守门人’问题”,还可能存在间接性限制,如对于终端用户取证的阻碍。从保护终端用户数据与个人信息的完整性上,DMA 禁止“‘守门人’对终端用户提出‘守门人’问题的限制”之“限制”应作广义解释。

---

① 参见 2022 年 DMA 最终版本立法理由 42。

② 参见 2020 年 DMA 草案立法理由 39。

3. 创新之处

与 2020 年 DMA 草案相比,2022 年 DMA 最终版本的创新点在于:

(1)对保障的用户范围进行了扩张性规定。将原来的保障企业用户的权利,扩展为保障企业用户和终端用户(包括举报人)的权利,从而对享有该权利的用户范围进行了扩张性的规定。

(2)增加了投诉机关。将国家法院也列入用户可进行投诉活动的机构,进一步保障了用户投诉的权利,同时也是对"守门人"监管与规制的变相强化。

(3)对用户投诉内容的范围进行了限制。仅仅针对"守门人"不遵守相关欧盟或成员国法律规定的不公平实践行为,可进行投诉。此项新增规定实际上也是禁止了用户滥用权利,减少了监管与处罚机关的工作量,对提高工作效率,更好地解决现实问题有一定帮助。

(4)改"阻止"为"阻止或阻碍"。将禁止"守门人"以任何方式"阻止"用户提出关切或寻求补救的可能性做法,改为了禁止"阻止"与"阻碍",是对条文中"守门人"行为的更进一步完善与细化。并增加"直接或间接",明确禁止"守门人"以任何方式阻挠用户举报或投诉。

(5)定性为禁止性条款。将该条文性质明确定性为禁令,从而赋予了其强制性的意义。

以上变化带来的积极影响是:一方面,可以进一步保障终端用户(举报人本人)充分行使其监督权,通过这种外部力量强化对"守门人"的监管;另一方面,对举报内容的限制在一定程度上也防止了用户滥用权利,有利于平台业务开展,促进数字经济发展。

二、《数字市场法》第 5(5)条、第 5(6)条的理论基础与影响

(一)理论基础

欧盟保护市场竞争的规定主要受德国弗莱堡学派秩序自由主义(Ordoliberalism)的影响。① 该学派主要创始人是德国经济学家瓦尔特·欧肯(Walter Eucken)和德国法学家法兰茨·伯姆(Franz Böhm)。他们主张以保护企业经济

① [美]戴维·J. 格伯尔:《二十世纪欧洲的法律与竞争》,冯克利、魏志梅译,中国社会科学出版社 2004 年版,第 325~328、423~424 页;左大培:《弗赖堡经济学派研究》,湖南教育出版社 1988 年版,第 34 页;梁小民:《弗莱堡学派》,武汉出版社 1996 年版,第 40 页。

行为自由为核心,引入严格的竞争政策,使国家承担起且仅承担起保护市场竞争的责任,由市场竞争作为市场的内生秩序约束企业的行为。[①] 在这种思想指引下,欧盟的竞争法实践随着欧洲一体化发展和欧盟内部市场的建立不断拓展,使那些原本各成员国内国家法律不禁止的扭曲竞争行为也得到了规制(如纵向限制竞争协议等),为全面消除欧盟内部市场的各种樊篱创造了条件。

《数字市场法》第5(5)条中主要规定了"禁止'守门人'强迫用户订阅核心平台服务作为访问其他服务的前提条件"这一事项,其直接理论基础是必要设施原则,该原则是规制拒绝交易行为的有力手段。

必要设施原则(Essential Facility Doctrine)源于1912年的U.S. v. Terminal Railroad Association of St. Louis案件。该案件起初主要针对电力、港口、铁路等公用事业性质的垄断企业限制交易行为,之后又延伸到知识产权领域。根据该原则,如果上游市场中的一个主导企业控制了下游生产不可缺少且不可复制的必需设施(包括基础设施、技术和自然条件等),则其有义务让下游厂商以适当的商业条款使用该设施,以避免反竞争的后果。[②]

《欧盟运行条约》第102(1)条,即禁止滥用市场支配地位行为的一般条款,将市场支配企业其他足以妨害市场竞争的行为认定为滥用市场支配地位行为。其中具有代表性的行为有:强迫交易相对人签署排他交易协议、掠夺定价行为、挤压利润行为、附条件折扣、拒绝开放网络的准入、拒绝对下游企业开放重要的知识产权或向其收取畸高的接口文档(interface documentation)使用费等限制使用关键设施(essential facilities)的行为。[③]

必要设施原则是法律强加给具有市场支配地位的企业额外的交易义务,也就是说,当垄断者控制了竞争所需的必要设施时,尤其是该必要设施对下游市场竞争或相同性质市场竞争十分关键,且必要设施具有不可复制性和无法替代性,垄断者必须向其他竞争者开放共享该设施。

(二)对数字产业合规的影响

在数字市场的发展过程中,平台服务的提供者一直居于核心地位,致使处于

---

① Vgl. Böhm, F., Wettbewerb und Monopolkampf: eine Untersuchung zur Frage des wirtschaftlichen Kampfrechts und zur Frage der rechtlichen Struktur der geltenden Wirtschaftsordnung, 1933, Berlin: Heymann. S. 369f.

② 参见黄琍:《论数据反垄断规制中的必要设施原则适用》,载《山东商业职业技术学院学报》2021年第6期。

③ 参见祁欢:《欧盟竞争法适用于公共服务业的司法实践——评"基础设施原则"及其适用》,载米健主编:《欧洲法在欧洲一体化进程中的作用》,法律出版社2009年版,第582~594页。

弱势地位的平台用户与其他经营者被迫忍受平台的不公平行为，对交易安全、公平、用户权益保护等方面构成了威胁，且由于相关专门法律规范的欠缺，针对大型数字网络平台的合规审查难以顺利进行。市场需要明确的、专门性的、量化的指标与法律法规来解决现实存在的问题。

在互联网飞速发展的时代，应用与时俱进的法律进行合规审查有助于明晰权责，在保护用户合法权益的同时规制互联网平台的行为，防止其滥用自身强大的经济优势，但当然也可以避免企业自身面临的风险。欧盟 DMA 的出台无疑对数字产业合规会产生积极的影响。

在对数字产业合规影响方面，DMA 在平台经济领域中引入“守门人”的概念，并详细列举其积极义务与消极义务，从而增强了合规部门在审查过程中的执行性，有利于操作。

第 5(5)条将目光聚焦于禁止“守门人”强迫用户订阅核心平台服务作为访问其他服务的前提条件，便于有针对性地对大型网络平台的核心平台服务与相关项目服务进行合规审查，促进监管。①

第 5(5)条、第 5(6)条对数字产业合规产生的影响有如下几个方面：

1. 通过特殊的前置性规定，降低了企业的合规风险与成本，增强了执法机关合规审查的效率。DMA 第 5(5)条、第 5(6)条规定的两项主要内容：一是“守门人”不得滥用优势地位，采取独家协议、自我偏好等不合理、不公平的竞争行为，阻止终端用户选择使用其他企业用户的软件应用程序，通过其核心平台服务访问和使用内容、订阅、功能或其他项目；二是“守门人”不得阻止或阻碍用户向相关机构提出问题和进行投诉。这两项具体内容既属于特别规定，即专门针对“守门人”对用户的不公平行为的特别规制，又属于前置性规定，即对“守门人”进行事前规制，而非事后管制，从源头上遏制平台侵害用户权益的行为。

这一特别前置性的规定能够使产业合规的过程中，平台有法可遵循，执法机关有法可依，大大降低了企业的合规风险与成本，增强了执法机关合规审查的效率。

2. 维护了终端用户权益与个体消费者为自己发声的权利。DMA 第 5(6)条规定保障了个体发声的权利，并提供了发声与对话的平台。个体用户想要维护自身权益，可向国家公权力机关进行投诉，这种投诉本质上是个体的一种发声及

① 参见孙晋：《数字平台的反垄断监管》，载《中国社会科学》2021 年第 5 期。

与平台的对话,即个体权益受到威胁时,寻求公权力机关的保护,并通过公权力机关发声,与“守门人”进行平等的直接对话。通过对话,可以确定“守门人”的义务,这一措施加大了对终端用户权益与个体消费者权利的保护。从产业合规的角度而言,个体的发声相当于一种灵活的合规审查方式,个体发声的增多意味着对“守门人”合规监管力度的加大,对合规审查的进行有积极作用。

(三)条款的不足与缺陷

1. DMA 第 5(5)条规定得过于笼统,必要设施原则也存在诸如针对数字平台规制法律适用路径复杂、透明度与灵活性需要增强等问题

开放必要设施对于平台来说是否不公?从美国司法实践来看,必要设施原则适用必须满足一个标准,就是垄断企业所占有的设施本身对市场竞争具有不可或缺性。大数据垄断者大多是具有双边平台的互联网企业,其竞争对手在大数据质量、资金以及算法技术等方面都无法与垄断者抗衡。① 开放必要设施有其必要性,但这难免也会对平台开发者的积极性产生影响。举例来讲,平台在开放某一市场时必然伴随着大量人力、资金的消耗,将其对其他经营者放开,可能会降低数字平台的创新动力。

此外,欧盟对于必要设施的界定尚不清晰,能否将必要设施原则适用到数据反垄断领域,学者有不同看法,争议比较大。因此,对于在何时何种情况下应用必要设施原则来应对“守门人”平台核心服务以及相关项目的垄断,在司法实践中仍存在继续讨论的空间。

法律条文的不明确也会对该原则的实施造成不利影响。在实践中,大型网络平台极有可能为了自身逐利的需求,加之网络平台在与用户订立格式合同时利用用户自身的弱点和平台强大的经济优势,滥用自身优势地位,造成用户在存在可替代产品的市场中被迫使用该网络平台中的产品。如果法律条文过于笼统,对于适用前提、法律后果等的规定都不甚明确,在平台通过格式条款等方式对用户权利进行限制时,可能会导致用户权益保护不足的问题。

2. DMA 第 5(6)条可能存在对“守门人”过度限制和对个人过度保护的问题

一般而言,双方发生冲突时,应当首先通过协商的方式解决,协商不成再走司法程序,且双方都享有行使司法诉讼的权利。但由于 DMA 第 5(6)条规定

① 参见曾彩霞、朱雪忠:《必要设施原则在大数据垄断规制中的适用》,载《中国软科学》2019 年第 11 期。

"守门人"不应阻止或阻碍用户向相关公共机构提出问题,此条法规的存在一定程度上可能会加大相关公共机构的工作负担,降低其工作效率,也可能会造成个人投诉与诉讼的增多,从而导致滥诉问题,形成司法资源的浪费。此外,其还可能增加平台方的法律风险成本,最终仍会转嫁给用户。导致"守门人"降低平台服务的积极性,对提供给消费者的服务质量和创新产生有害影响,从而影响市场活力。

三、《数字市场法》第5(5)条、第5(6)条的比较法分析

(一)与第5(5)条相关的比较

1. 美国

2021年6月15日,美国众议院民主党和共和党小组针对大型科技公司,提出了五项关于反垄断的法案议案。目前,这五项法案还在提案阶段,需要得到美国司法委员会的支持,才能进入众议院,然后还要得到参议院的批准,最后由总统签署,方可正式成为法律。尽管距离生效实施还有一定的距离,但是这些提案所提出的对互联网平台的规制方案也能够为我们提供参考。其中《终止平台垄断法案》旨在阻止电商平台销售自营品牌和产品;《美国选择与创新在线法案》旨在防止平台通过操纵手段来推广自营产品;《服务交换法案》旨在增强兼容性和竞争性,为社媒平台引入"可携带数据"功能,也就是说,允许携带某个社媒平台的数据到另外一个平台。《终止平台垄断法案》还将限制大型科技公司利用旗下平台的主导地位来推广自身其他业务并使竞争对手处于劣势的能力。美议员表示这项反垄断举措令联邦监管机构能够更容易分拆大型科技公司。该法案提出了类似于欧盟"守门人"的"涵盖平台"(Covered Platform)的概念,具体的衡量标准比欧盟"守门人"略高:市值必须在6000亿美元或以上,必须拥有超过5000万月活跃用户或10万月活跃商业用户,并且必须是有能力限制或阻碍其他企业接触客户或服务的"关键贸易伙伴",这完全可以被视为美国版的"守门人"制度。草案中指出,当涵盖平台对该业务线的所有权或控制导致不可调和的利益冲突时,覆盖平台运营商拥有或控制该业务线(涵盖平台除外)是非法的。[①]

① 参见方兴东、钟祥铭:《"守门人"范式转变与传播学转向——基于技术演进历程与平台治理制度创新的视角》,载《国际新闻界》2022年第1期。

可以看到的是，美国新近的法案也采取了典型的结构主义规制思路，并且强化了对大型数字平台的事前监管。其中《终止平台垄断法案》为防止平台的自我优待和对平台内其他经营者的歧视，采取了拆分主义的思路，要求平台自营产品与平台相分离。此项法案如果通过，美国的反垄断执法将会从行为主义的规制思路再次转回到结构主义的规制路径上来。

2. 德国

德国《反限制竞争法》(GWB)第十修正案，即《反限制竞争法》(GWB)数字化法案，于2021年1月14日经联邦参议院批准通过，它也被视为是德国“数字化社会市场经济”的诞生。它着重强调了“守门人”对第三方进入供应和销售市场的重要性以及对第三方业务活动的相关影响。本次修法中一项非常重要的内容即加强对数码行业具有重要市场地位的企业的监管，赋予反垄断执法机构更多的执法权限。

在新修改的法律中，联邦卡特尔局将获得新的行政权限，对如经营网络平台、网站等在多层面市场具有核心地位，但不具有市场支配地位的企业进行监管。联邦卡特尔局在确定某一企业具有跨市场特别影响力后，可以采取预防性措施来禁止该企业的某些市场行为：

(1)禁止企业采取措施来阻止其他企业在采购和销售市场进行经营活动，如果该企业的措施对市场准入具有影响力；

(2)禁止企业拒绝或阻碍产品或服务的互操作性或数据的可移植性，从而阻碍竞争。

虽然此次修法并未直接针对数字平台进行规制，但是德国对能够影响市场准入的企业施加了不得阻止其他企业的经营和不得阻碍产品或服务的可操作性等义务，以实现对具有影响力的企业的规制。

3. 中国

(1)《个人信息保护法》首次对中国互联网平台规定“守门人”义务

2021年11月1日，我国个人信息保护领域全民关注的专门立法——《个人信息保护法》正式施行。《个人信息保护法》第58条即中国数字领域的“守门人”条款，有学者认为，该条款属于宣示性质，有关规则不够明确亦缺乏可操作性。①

① 参见孙朝：《专访周汉华：个人信息保护法未单设执法机构“有点遗憾”》，载搜狐网2021年8月21日，https://www.sohu.com/a/484868873_161795。

该法第58条规定，提供重要互联网平台服务、用户数量巨大、业务类型复杂的个人信息处理者，应按照国家规定建立健全个人信息保护合规制度体系，成立主要由外部成员组成的独立机构对个人信息、保护情况进行监督；遵循公开、公平、公正的原则，制定平台规则，明确平台内产品或者服务提供者处理个人信息的规范和保护个人信息的义务；对严重违法处理个人信息的平台内产品或服务提供者，停止提供服务；定期发布个人信息保护社会责任报告并接受社会监督等。我国《个人信息保护法》第58条虽然非常简单，但大致确立了"守门人"制度的基本框架。[①] "重要互联网平台服务"与欧盟DMA的"核心平台服务"的表述异曲同工，蕴含着对平台服务进行分类的要求；"用户数量巨大、业务类型复杂"确立了对提供重要互联网平台服务的企业进行分级和识别的两项主要标准；四项具体要求明确了"守门人"必须履行的特别义务。

(2)《反垄断法》、《反不正当竞争法》和《电子商务法》中对于互联网平台经营者的规制

对于平台经营者拒绝向其他经营者提供服务或施加限制的行为，目前我国《反垄断法》、《反不正当竞争法》和《电子商务法》与之相关的条款有：《反垄断法》第22条、《反不正当竞争法》第12条和《电子商务法》第22条。

《反垄断法》第22条第1款第4项[②]对具有市场支配地位的经营者的强迫交易行为进行了规制。然而这一条在适用中也存在一定的缺陷：第一，本条适用的前提为界定相关市场、认定经营者具备市场支配地位，然而相关市场、市场支配地位的认定目前仍以经营者的营业额为主要标准，认定市场支配地位对于反垄断执法机构而言也是一项十分困难的事情，因此很多互联网平台并不一定能够被认定为具备市场支配地位，即使被认定为具备市场支配地位，也需耗费极大的执法成本。第二，平台经营者拒绝向其他经营者提供其平台服务的行为未必会构成本条 "强迫交易" 的行为。例如，在奇虎360与腾讯之间的"3Q大战"中，腾讯公司明显实施了限定交易的行为，但因采取假定垄断者测试标准而难以

---

① 参见周汉华：《〈个人信息保护法〉"守门人条款"解析》，载《法律科学(西北政法大学学报)》2022年第5期。

② 《反垄断法》第22条规定："禁止具有市场支配地位的经营者从事下列滥用市场支配地位的行为：……(四)没有正当理由，限定交易相对人只能与其进行交易或者只能与其指定的经营者进行交易……具有市场支配地位的经营者不得利用数据和算法、技术以及平台规则等从事前款规定的滥用市场支配地位的行为。本法所称市场支配地位，是指经营者在相关市场内具有能够控制商品价格、数量或者其他交易条件，或者能够阻碍、影响其他经营者进入相关市场能力的市场地位。"

认定市场支配地位，法院仍裁定腾讯公司胜诉。何况数字经济的免费属性也使垄断高价、低价倾销、价格歧视等行为因欠缺可比较的市场价或成本价而无法判定。因此，《反垄断法》第 22 条不能很好地对互联网平台进行规制。

《反不正当竞争法》在 2017 年的修改中，加入了针对互联网经营者的专条，[①]对数字领域的不正当竞争行为进行规制，此条对于数字平台垄断行为的规制事实上起着兜底的作用。其中第 2 款第 3 项对“恶意对其他经营者合法提供的网络产品或者服务实施不兼容”行为的规制，已经近似于“必要设施原则”。然而此条款仍存在一定的缺陷：第一，《反不正当竞争法》的适用以经营者之间的竞争关系为前提，其只能调整竞争者之间的横向关系，而不能调整经营者之间纵向的上下游关系。第二，此条款源于对典型个案裁判的简单提炼，其宣示意义大于使用价值，过于明确的逻辑结构也使法律适用不具有普适性和稳定性。

《电子商务法》第 22 条[②]对于平台经营者滥用市场支配地位的行为进行了规制，本条与《反垄断法》的规定也高度相似，被认为是《反垄断法》相关规定的重复和强调，但对于这一问题的具体的适用，仍需要回归到《反垄断法》的判断路径上来。

总体来看，现有法律对于平台企业的规制采取的是行为主义方式，且主要是进行事后监管，但在法律的适用上存在较为严格的条件，因此其规制结果不尽如人意。

（3）互联网平台主体责任的立法探索

为了顺应科技发展，更好推动我国平台经济规范健康发展，保护市场公平竞争，推动科技创新，维护消费者权益，国家市场监督管理总局于 2021 年 10 月公布了《互联网平台分类分级指南（征求意见稿）》和《互联网平台落实主体责任指南（征求意见稿）》。

《互联网平台分类指南（征求意见稿）》从平台的连接属性与主要功能方面将平台分为网络销售类平台、生活服务类平台等类型，同时依据平台的用户规

① 《反不正当竞争法》第 12 条规定：“经营者利用网络从事生产经营活动，应当遵守本法的各项规定。经营者不得利用技术手段，通过影响用户选择或者其他方式，实施下列妨碍、破坏其他经营者合法提供的网络产品或者服务正常运行的行为：……（三）恶意对其他经营者合法提供的网络产品或者服务实施不兼容……”

② 《电子商务法》第 22 条规定：“电子商务经营者因其技术优势、用户数量、对相关行业的控制能力以及其他经营者对该电子商务经营者在交易上的依赖程度等因素而具有市场支配地位的，不得滥用市场支配地位，排除、限制竞争。”

模、业务种类与限制能力，将平台分为超级平台、大型平台与中小平台三级。《互联网平台落实主体责任指南（征求意见稿）》则对超大型平台经营者施加了公平竞争示范、平等治理、开放生态等多方面的义务。

其中与 DMA 第 5(5) 条相近的内容有：超大型平台经营者的公平竞争示范义务、平等治理义务、开放生态和平台内经营者保护义务。①

在我国新近的立法中，可以看到对互联网平台的规制已经由行为主义转变为结构主义，只要被认定为超大型平台经营者，就要承担相应的义务。可以看到，我国对平台经营者的规制路径与欧盟 DMA 的规制方案是比较相似的，均采取了事前监管的模式。我国的立法中对超大型平台经营者施加了公平竞争示范、平等治理、开放生态和平台内经营者保护等义务。其中第 3 条“超大型平台经营者没有正当合理的理由，应当为符合条件的其他经营者和用户获取其提供的服务提供便利”与 DMA 第 5(5) 条的内容是比较接近的，但“提供便利”还是比较模糊，仍有待立法和实践上进一步明确。

对于国内数字产业合规审查而言，有助于借助欧盟《数字市场法》的出台将“守门人”的概念同国内立法中的相关术语接轨，将“禁止‘守门人’强迫用户订阅核心平台服务作为访问这些服务的前提条件”这一事项引入大众视野。其实在国内立法中也存在对于大型网络平台的相关方面的规制。例如，《反垄断法》第 22 条规定，“禁止具有市场支配地位的经营者从事下列滥用市场支配地位的行为……（四）没有正当理由，限定交易相对人只能与其进行交易或者只能与其指定的经营者进行交易……”以及《反不正当竞争法》第 12 条规定，“经营者不

① 《互联网平台落实主体责任指南（征求意见稿）》第 1 条规定：“【公平竞争示范】超大型平台经营者具有规模、数据、技术等优势，应当发挥公平竞争示范引领作用……（二）平台内经营者或用户访问、注册、登录、获取其所需的平台服务时，不将使用其他关联平台提供的服务作为前提条件。”第 2 条规定：“【平等治理】超大型平台经营者应当遵守公平和非歧视原则。提供相关产品或服务时，平等对待平台自身（或关联企业）和平台内经营者，不实施自我优待。”第 3 条规定：“【开放生态】超大型平台经营者应当在符合安全以及相关主体权益保障的前提下，推动其提供的服务与其他平台经营者提供的服务具有互操作性。超大型平台经营者没有正当合理的理由，应当为符合条件的其他经营者和用户获取其提供的服务提供便利。”第 29 条规定：“【平台内经营者保护】互联网平台经营者不得利用服务协议、交易规则以及技术等手段，对平台内经营者的活动进行不合理限制或者附加不合理条件，或者向平台内经营者收取不合理费用。互联网平台经营者不得利用自己运营平台所掌握的各方面优势，与平台内经营者展开不正当竞争。互联网平台经营者依据法律法规、平台服务协议和交易规则对平台内经营者违法违规以及违约行为，确定实施警示、暂停或者终止服务等措施的，应当及时公示，并保障平台内经营者就相关措施提出申诉以及获得救济的权利。”

得利用技术手段，通过影响用户选择或者其他方式，实施下列妨碍、破坏其他经营者合法提供的网络产品或者服务正常运行的行为……（二）误导、欺骗、强迫用户修改、关闭、卸载其他经营者合法提供的网络产品或者服务……”

例如，滴滴作为中国出行领域最大的独角兽公司，其旗下产品“滴滴出行”是平台内网约车司机与消费者之间连接的重要通道，具有强大的用户基础，在网约车市场长期占据稳固而持久的主导地位，具有在平台内制定各项规则的权力。因此，滴滴应该自觉承担“数字守门人”的责任，保护消费者权益，促进市场公平竞争。

近年来，滴滴的业务也向着“用户端的横向服务业务”拓展和“司机端的上下游产业链服务”延伸，包括但不限于汽车租售、汽车维修保养、汽车加油、外卖、广告及社区团购等。滴滴具有通过其服务将众多业务用户与最终用户联系起来的能力，这反过来又使他们能够利用自己的优势，如访问大量数据，将其运营活动从一个领域迅速拓展到新的领域……长此以往，自由市场机制将出现问题，市场的公平机制无法良好运行的可能性增加。

（二）与第5（6）条相关的比较

1. 美国

2021年美国提出《终止平台垄断法案》等五项互联网平台反垄断相关法案，还准备授权联邦贸易委员会可以以自己之名单独向联邦地区法院起诉（民事诉讼），请求追索民事罚金“和寻求其他适当的救济”。这意味着执法部门可以请求法院确认对超大型网络平台不同运营部门予以拆解的行政处分。与DMA第5（6）条相比较，其扩充了可以提起诉讼的主体范围，给公权力机关赋予可以单独起诉的主体资格，在宏观调控层面给予用户权利更多保障。

2. 德国

2021年德国联邦议院通过的《反限制竞争法》数字化法案关注平台的跨市场影响力，注重防范平台将市场优势跨界传导到新领域。强调对平台企业这类“中介机构”进行重点监管，这也是德国此次《反限制竞争法》修订的重要创新。德国监管机构认为，诸如谷歌、亚马逊、脸书等中介型平台企业，具有很强的“中介势力”，不仅具有对市场活力和其他市场主体的成功率产生重大影响的能力，更重要的是，这些“中介机构”具有“对竞争至关重要的跨市场意义”。所谓“对竞争至关重要的跨市场意义”，主要指平台企业跨界进行市场优势传导的能力。这也是对欧盟提出的“守门人”条款的立法回应。

在反垄断执法中,德国联邦卡特尔局重点对亚马逊制定的限制性平台规则进行了多次调查。2020 年 8 月,德国反垄断机构对亚马逊是否滥用其市场支配地位控制交易价格进行了调查。调查起因是有投诉表示,自新冠疫情后,亚马逊封杀了其平台上一些“据称价格过高”的交易者,而反垄断机构认为亚马逊无权成为价格的控制者。早在 2013 年,德国对亚马逊 Marketplace 平台上的 2400 名第三方经销商进行了调查,作为在亚马逊平台上进行销售的交换条件,这些经销商必须遵守亚马逊的政策,包括某些限制性的定价政策。德国反垄断机构认为这限制了第三方经销商的自由。最后,亚马逊于当年 8 月修改了针对第三方经销商的定价政策,不再禁止经销商在其他地方以更低价格销售商品。这反映出德国的执法现状也和 DMA 第 5(6)条的规定有呼应,即“守门人”不得阻止用户向公共机构投诉其不遵守联盟或国家法律规定的不公平实践行为。

3. 中国

(1)国务院反垄断委员会《关于平台经济领域的反垄断指南》:平台规制的起步

2021 年 2 月 7 日,国务院反垄断委员会印发《关于平台经济领域的反垄断指南》。虽然该指南对传统反垄断做了很多补充和完善,使其更适用于当今数字时代的垄断问题,但是它依然还是在旧有框架之下缺乏类似“守门人”这样一锤定音的创新与突破。当然,平台规制才刚刚起步,我国还有时间来学习、借鉴并发挥我们独特的制度优势。同时,我国的立法机关也应该认识到,“守门人”制度不仅仅局限在反垄断范围,而是大大超越了竞争法的范畴。这是一场平台治理和制度创新的范式转变。

(2)《数据安全法》:首次明确平台的分类标准、分级标准、主体责任

2021 年 9 月 1 日,作为我国数据保护领域的一般法和基础法的《数据安全法》生效。2021 年 10 月 19 日《反垄断法(修正草案)》提请第十三届全国人民代表大会常务委员会第三十一次会议进行初次审议。2021 年 10 月 29 日,国家市场监督管理总局组织起草的《互联网平台分类分级指南(征求意见稿)》《互联网平台落实主体责任指南(征求意见稿)》发布公开征求意见的公告。这是我国首次给出明确的平台分类、分级标准,并针对平台企业提出 35 条具体的主体责任,包括公平竞争示范、平等治理、开放生态等具体内容,其中更是对超大型互联网平台经营者单独提出 9 条合规义务。

(3)《个人信息保护法》强调借助“外部独立机构”或“外部社会监督力量”来加强个人信息安全治理

我国《个人信息保护法》设专条对提供重要互联网平台服务、用户数量巨大、业务类型复杂的“守门人”进行了规范，首次对互联网平台提出“守门人”义务，“守门人”不但要自己遵守个人信息保护规定，还要利用其独特地位，明确平台内商户处理个人信息的规范和保护个人信息的义务，且尤为强调借助“外部独立机构”或“外部社会监督力量”来加强个人信息安全治理。

显然，我国“守门人”义务的规定属于原则性规定，实操性仍比较欠缺，与欧盟等地区和国家仍具有较大差距；同时，我国的“守门人”条款仅限于处理个人信息的行为，并没有 DMA 第 5 条中对平台自身的不公平行为的规制。因此，从长远来看，应当全面地而不是仅仅从个人信息保护角度去规范“守门人”，如此才能更好地为数字市场建立公平和开放的竞争秩序，保护数字领域创新，使终端用户和商业用户都能在数字经济发展中受益，促进数字经济健康发展。

DMA 第 5(6)条要求“守门人”不得限制消费者“向任何监管当局提出问题”的权利。而在中国，如广州充电运营商联名向相关部门投诉小桔充电“二选一”垄断市场的问题，请求约谈滴滴小桔充电涉嫌不正当竞争。在投诉事件发生之后，小桔充电提出与运营商签署补充协议，要求运营商们撤销投诉，但其补充协议更加苛刻了，每个站 100 万元赔偿的违约条款依然雷打不动，而随后，报道相关消息的新闻便从全网消失，相关报道链接也都失效。平台和运营商本应是唇齿相依的关系，在此基础上实现共赢，但小桔充电却想利用垄断地位破坏市场规则，这无疑违反了“守门人”义务。

以我国的两个常见“公共机构”——法院和消费者协会为例，现有法律是否禁止“守门人”限制终端用户向法院起诉或向消费者协会等社会团体投诉？

关于约定不得起诉的合同条款是否有效的问题，学界与司法裁判尚有争议，但争议点主要在一定期限内限制诉权的约定是否有效。最高人民法院曾经指出，诉权是法律赋予公民以司法救济解决纠纷的基本权利，当事人不能通过事先约定排除诉权，不得起诉之约定超出了当事人意思自治可以处分的诉讼权利的范围。① 直接排除诉权的合意归于无效，而企业在一定期限内限制终端用户诉权的情景其实并不多见，因而在此不做讨论。再者，在终端用户与诸如滴滴公司

① 参见最高人民法院民事裁定书，(2019)最高法民再 327 号；最高人民法院民事裁定书，(2021)最高法知民辖终 221 号。

一类企业的法律关系中，终端用户属于消费者，而监督权属于消费者固有的基本权利，即消费者享有对商品和服务以及保护消费者权益工作进行监督的权利，有权检举、控告侵害消费者权益的行为，有权对保护消费者工作提出批评、建议。因此，在现有法律体制下，无论是对当事人的诉权还是监督权的约定至少都对终端用户的权利进行了较大程度的限缩。加之“守门人”与终端用户一般通过签订格式合同（称为“用户协议”或“知情同意书”之类）约定争议解决办法，根据《民法典》第497条的规定，提供格式条款一方免除责任、加重对方责任、排除对方主要权利的条款无效。

四、对国内的启示

通过对欧盟、美国、德国和中国立法上的比较，可以看到面对数字经济的发展和随之而来的大型平台垄断问题，各国都采取了相近的规制方案。这些方案有以下共同点和创新之处。

（一）结构主义的规制路径的回归

20世纪50年代至70年代，在哈佛学派的支持下，结构主义曾是反垄断执法的首要原则。哈佛学派奉行SCP范式，认为市场结构决定着市场主体的行为及绩效，不良的市场结构会对竞争效率产生不良影响。因此，面对大型企业，反垄断执法机构往往要对其进行拆分。然而随着芝加哥学派的兴起，行为主义开始替代结构主义，行为主义将促进经济效率作为政策目标，认为须依据企业行为对经济效率的影响，考虑是否对企业行为采取相应措施，执法机构应包容和鼓励有效率的竞争行为，只有当行为非效率时才须禁止。当今世界各国反垄断的执法采取的主要是行为主义的规制路径。

“守门人”制度的出现则意味着结构主义的回归，体现了反垄断规制理论风向的转换。具有超大市场规模的数字企业一旦被认定为“守门人”，其行为将会被施加诸多的限制，这正是典型的结构主义的规制方法。

（二）数字平台作为反垄断法主体认定标准的变化

在传统的反垄断法中，判断企业是否构成垄断往往需要经过判断相关市场、认定市场支配地位等复杂的步骤，因此企业垄断行为的认定往往是非常困难的。在数字经济兴起后，由于数字企业与传统的企业发展方式的巨大差别，相关市场和市场支配地位的分析方法更难以很好适用于认定数字企业是否构成垄断的判断中。

为回应这些问题，各国立法者开始寻求新的认定方法，以对数字企业进行规制。欧盟 DMA 从“对内部市场具有重大影响”、“重要接触途径”和“稳固和持久地位”三方面认定哪些数字企业应承担数字“守门人”责任，明确了判断标准，有利于统一混乱的反垄断执法；中国也对超大型平台经营者的认定提出了“活跃用户量”“上年年底市值”“表现突出的主营业务”等标准。

（三）事后监管到事前监管的转变

比起竞争法的事后救济，各国的立法更着重从事前的角度规定数字平台的诸多义务，以从源头上减少不公平竞争行为，促进市场的公平竞争。相较于事后监管，事前监管能够更好地防止不公平行为的发生，以避免事后无法对不公平行为进行及时有效的救济；事前监管还能够将典型的不公平行为类型化，以避免执法机关陷入复杂的法律适用和裁量困境。欧盟 DMA 代表了平台监管方式由事后监管向事前监管的转变，标志着预防式反垄断原则的兴起。但该法案也可能带来一定消极影响，降低企业创新活力和效率，增加数字市场的交易成本，不利于数字市场的持续发展和公平竞争，影响数字生态系统的商业模式和安全性。

第六章

“守门人”平台的数据兼容和开放义务

刘晓春*

一、“守门人”平台义务体系中的数据义务

“守门人”平台作为数字平台，DMA 对其规定的各项义务中，涉及的很多行为都会涉及数据相关的义务。从 DMA 第 5 条和第 6 条综合来看，可以将“守门人”平台各项义务中涉及数据处理的行为分为五种情形，这些情形相互补充、彼此衔接，构成了“守门人”平台的数据义务体系。

第一种情形是将数据作为对象，禁止针对特定数据或进行特定数据处理行为的情形。具体而言是 DMA 第 5(2)条不得从事特定数据融合行为的规定，以及第 6(2)条不得在与企业用户竞争时使用企业用户生成或提供的非公开可获得的数据的规定。在这种情形中，“守门人”平台直接处理数据的行为有可能为其获得不公平的竞争优势。例如，“守门人”为提供在线广告服务而处理使用核心平台服务的第三方的个人数据，使“守门人”在数据积累方面具有潜在优势，从而提高了进入门槛。与其他企业相比，“守门人”处理来自大量第三方的个人数据。

* 刘晓春，中国社会科学院大学互联网法治研究中心执行主任。

“守门人”作为提供核心平台服务的企业具有双重角色，即它向其企业用户提供核心平台服务及其他服务（可能与该核心平台服务一起提供或支持该核心平台服务），同时也在向相同的终端用户提供相同或类似的服务或产品方面与这些相同的企业用户竞争或打算与之竞争。在这种情况下，“守门人”可以利用其双重角色，在企业用户使用核心平台服务或与核心平台服务一同提供服务或支持那些核心平台服务时，以自身服务或产品为目的，使用企业用户产生或提供的数据。企业用户的数据还包括由其终端用户的活动生成或在其活动期间提供的任何数据。例如，在这种情况下，“守门人”一方面向企业用户提供在线市场或软件应用商店服务，另一方面作为提供在线零售服务或软件应用服务的经营者提供服务。为了防止“守门人”不公平地受益于其双重角色，有必要确保它们不使用任何聚合或非聚合数据，其中可能包括（对于提供类似服务的企业用户来说）不公开的匿名和个人数据。该义务应适用于整个“守门人”，包括但不限于与核心平台服务的企业用户竞争的业务部门。这一义务也应当延伸到云计算服务，不使用企业用户数据的义务应扩展到“守门人”的企业用户使用“守门人”的云计算服务或通过其软件应用程序提供或生成的数据，或“守门人”的企业用户允许云计算服务的终端用户访问软件应用程序的商店提供或生成的数据。

第二种情形是“守门人”平台提供操作系统服务的场景下，“守门人”负有在操作系统及其虚拟助手核心平台服务上提供兼容和互操作性的义务。

其一，提供应用系统服务的“守门人”平台应允许用户卸载不影响操作系统功能的软件程序，或轻易更改操作系统、虚拟助手、网络浏览器的默认设置，确保用户能够获得对于应用程序的选择和决定权限。这被规定在 DMA 第 6(3) 条。这是因为“守门人”可以使用不同的方式在其操作系统、虚拟助手或网络浏览器上优待自己或第三方的服务或产品，从而损害终端用户可以通过其他第三方获得的相同或类似服务。例如，这可能发生在某些软件应用程序或服务由“守门人”预先安装的情况下。为使终端用户能够有所选择，“守门人”不应阻止终端用户卸载其操作系统上的任何软件应用程序。仅当此类软件应用程序对操作系统或设备的运行至关重要时，“守门人”才应对此类卸载进行限制。当这些默认设置有利于它们自己的软件应用程序和服务时，“守门人”还应允许终端用户轻松更改操作系统、虚拟助手和网络浏览器的默认设置。这包括在用户首次使用指定决定中列出的“守门人”的在线搜索引擎、虚拟助手或网络浏览器时，改善交互界面；当“守门人”的操作系统将终端用户引导至那些在线搜索引擎、虚拟助手或网络浏览器，以及当虚拟助手或“守门人”的网络浏览器将用户引导至指定决定中列出的在线搜索引擎时，允许终端用户选择替代性的默认服务。

其二，DMA 第 6(3) 条规定，“守门人”平台提供的系统服务，应当允许第三方软件应用程序或应用商店能够被安装和有效使用并通过其他渠道被访问，且不应阻止用户将其作为默认设置。如果说前一种情况主要涉及的是卸载功能的设置，那么在这一款，实际上对“守门人”平台规定了数据和功能上的兼容义务。

其三，DMA 第 6(7) 条规定，“守门人”平台在其提供的系统服务和虚拟助手服务中，应为其他服务提供商和硬件提供商提供免费有效的互操作性或相应接入接口，并且实现与“守门人”自身互操作性一样的、免费有效的效果。这是在兼容义务的基础上进一步提出了在数据交换和互操作性上的开放要求。

此外，DMA 第 6(6) 条也规定了“守门人”不得限制终端用户切换、订阅通过其核心平台服务访问不同软件应用程序和服务的能力。这一款的兼容义务并不限于应用系统服务，而是覆盖所有核心平台服务类型，但实践中应用比较典型的还是应用系统、小程序平台系统等底层平台，通常这些底层平台才具有限制用户切换、订阅的能力，从而需要承担相应兼容义务。

第三种情形是“守门人”平台在排序上不得进行自我优待，在这个问题上存在算法、规则和数据利用的多重行为，不得通过数据爬取上的自我优待来导致索引和排序结果上的自我优待，是不得通过数据进行自我优待的一种重要表现形式。

第四种情形是数据提供义务。这是典型的积极义务，具体分为三种情况：第一种是 DMA 第 6(9) 条规定的用户可携带权利，要求为终端用户及其授权的第三方免费提供有效、可携带的数据；第二种是第 6(8) 条规定的针对广告主和发布者及其授权的第三方，免费提供认证和测量工具所必要的数据和访问权限；第三种最为宽泛，应向企业用户及其授权的第三方，针对企业用户和终端用户提供或生成的数据，承担免费提供有效、高质量、持续、实时的相关数据。

第五种情形是公平合理无歧视进行数据接口开放的情形。这又分为两种情况：一是针对在线搜索引擎的第三方企业进行访问接口的 FRAND 开放；二是针对“守门人”自身三类服务提供 FRAND 接口开放，即软件应用商店、在线搜索引擎和在线网络社交服务。

二、数据兼容和互操作义务

“守门人”平台的数据兼容和互操作义务主要体现在平台提供应用系统和

虚拟助手这些相对底层、基础的核心平台服务场景。具体而言,其可以指向苹果公司的手机操作系统及其 Siri 虚拟助手,或者谷歌的安卓系统等。

第一种场景是软件应用程序市场的情况,典型的如苹果的应用市场、谷歌的安卓市场。这类场景下的数据兼容和互操作义务,指向的是"守门人"有可能通过设置应用程序法分发规则,限制用户安装和有效使用其他应用分发软件。这实际上是通过利用"守门人"的优势地位,限制用户选择第三方软件应用程序或软件应用程序商店的机会,从而限制了软件应用程序开发人员使用替代分销渠道的能力,在应用软件分发市场上削弱了竞争约束。DMA 规定对"守门人"此类行为予以禁止。为确保可竞争性,"守门人"还应允许第三方软件应用程序或软件应用程序商店提示终端用户决定该服务是否应成为默认服务,并使该更改能够轻松进行,通过针对默认设置的要求,增强终端用户在不同应用市场程序之间进行切换的灵活性。

上述数据兼容义务的一个例外是安全考量。为确保第三方软件应用程序或软件应用程序商店不会危及"守门人"提供的硬件或操作系统的完整性,"守门人"可以采取合理的技术措施或者合同安排来排除所谓恶意程序的安装,但是"守门人"需要证明此类措施是必要且合理的,并且没有限制性更少的方法来保护硬件或操作系统的完整性。硬件或操作系统的完整性包括任何需要实施和维护的设计选项,以保护硬件或操作系统免受未经授权的访问,确保相关硬件或操作系统指定的安全控制不会受到损害。

数据兼容义务的第二种场景,是"守门人"不得采取技术或其他措施阻止终端用户切换或订阅不同的软件应用程序和服务,来限制或阻止终端用户的自由选择。这种场景的典型情形是,"守门人"自身提供相应的软件应用程序,就有可能针对那些与其自营服务相竞争的 APP 采取措施,阻止用户使用竞争对手的服务,或者制造实质性障碍。这种情况属于"守门人"自我优待的一种表现形式。要求作为应用系统的"守门人"向 APP 开放数据可操作性,可以增加 APP 的竞争参与者,使得更多企业能够提供服务,从而最终为终端用户提供更多选择。在认定这些限制性措施的时候,如果"守门人"只是向消费者通过预安装等方式提供特定产品或服务,以及面向终端用户的促销,例如降价或提高质量,但并没有从数据兼容方面干扰或组织其他 APP 的正常使用,则不应被解释为构成禁止性的转换壁垒。

第三种场景是"守门人"可能会妨碍终端用户访问在线内容和服务(包括

软件应用程序)的能力。在这种情况下,DMA 要求确保终端用户访问开放互联网的权利,不会因“守门人”的行为而受到损害。“守门人”还具有在技术上限制终端用户在提供互联网访问服务的不同企业之间有效切换的能力,特别是通过它们对硬件或操作系统的控制。这会扭曲互联网接入服务的公平竞争环境,最终损害终端用户的利益。因此,应确保“守门人”不会过度限制终端用户选择提供互联网访问服务的企业。

第四种场景是软硬件交叉需要相应互操作性的场景,“守门人”可以提供(通过操作系统或虚拟助手访问或控制的设备的硬件或软件功能的)服务或硬件,如可穿戴设备,以便为终端用户提供特定功能。在这种情况下,竞争性的服务或硬件供应商(如可穿戴设备供应商)需要与相同的硬件或软件功能供应商具有同等有效的互操作性和访问权限,以便能够为终端用户提供有竞争力的产品。

“守门人”可能会具有操作系统开发者和设备制造商开发者的双重角色,典型的如苹果作为操作系统和手机等智能终端制造商,其中也包括此类设备硬件可能具有的任何技术功能。例如,作为设备制造商的“守门人”可以限制对该设备中某些功能的访问,如近场通信技术、安全元件和处理器、身份验证机制以及用于操作这些技术的软件。这些功能与核心平台服务一起提供或支持核心平台服务,“守门人”需要为此类服务的潜在第三方机构提供数据的兼容和互操作性权限。

“守门人”的多重角色可能会使其采取措施阻止竞争性的服务和硬件提供商在同等条件下访问相同的操作系统,这可能会严重破坏此类替代提供商的创新以及终端用户的选择,构成影响竞争状态的自我优待行为。因此,应要求“守门人”确保第三方的硬件、软件功能可与其服务进行免费、有效的互操作,使第三方有能力提供其自己的补充性和支持性服务或硬件。设置这些义务的目的是允许相互竞争的第三方通过接口或类似的解决方案对各自的功能进行互连,可以达到与“守门人”自己的服务或硬件同等效能,使“守门人”在建构其生态系统时候,在具体细分市场上确保存在竞争主体参与的可能性,保证足够的开放性和竞争性。

三、数据提供义务

“守门人”针对终端用户及其授权的第三方负有免费提供有效、可携带数据的义务。这类数据提供义务的设立初衷,与 GDPR 中关于个人数据可携带权的规定存在相似之处，除了保护用户相关权益之外，实质上存在通过促进数据可携带方式流动，进一步打开“守门人”核心平台服务领域的数据要素流动性，减少“守门人”通过独占数据来提高竞争门槛、削弱竞争活力的可能性。根据规定，终端用户以及终端用户授权的第三方，应被授予有效且实时访问它们提供的数据或通过它们在相关核心平台服务上的活动生成的数据。“守门人”应以终端用户或数据所携带到的终端用户授权的相关第三方可以立即有效访问和使用的格式接收数据。“守门人”还应通过适当和高质量的技术措施，如应用程序编程接口（Application Programming Interface，API），确保终端用户或终端用户授权的第三方可以连续、实时地自由携带数据。通过允许用户在不同平台进行数据迁移，可以增加终端用户的选择可能性，减少用户对平台的依赖程度，促进市场上的多栖格局，这也可以进而激励“守门人”和企业用户进行创新。

“守门人”针对广告主和发布者及其授权的第三方，有义务免费提供认证和测量工具所必要的数据和访问权限。这属于在数字广告这一特定业务领域的数据提供要求，针对平台和广告主、广告发布者之间的优势地位而专门设置，使广告主和发布者可以通过数据工具获取更加全面、真实、可靠的信息，消除服务过程中交易不对称的情形。通常而言，“守门人”向包括广告主和发布者在内的企业用户提供在线广告服务的条件往往是不透明的。这通常导致广告主和发布者缺乏关于给定广告效果的信息。为进一步提高在线广告服务的公平性、透明度和可竞争性，“守门人”应广告主和发布者以及授权的第三方广告商和发布者的要求，应免费提供访问广告绩效衡量工具和数据，包括广告主、授权第三方（例如广告代理）所需的汇总和非汇总数据，使它们可以自行对相关在线广告服务的提供情况进行独立验证。

使用“守门人”核心平台服务的企业用户，以及此类企业用户的终端用户提供并生成了大量数据，即通常所说的用户生成数据。为了确保企业用户能够访问由此生成的相关数据，“守门人”应根据它们的要求，免费提供对此类数据的有效访问权限。如果企业委托第三方处理这些数据，“守门人”也应当将权限对第三方开放。为此，“守门人”不应使用任何合同或其他限制来阻止企业用户访问相关数据，并且应使企业用户能够获得其终端用户的此类数据访问和检索的同意。“守门人”还应通过适当的技术措施确保对此类数据的持续和实时访问，如为小批量企业用户提供高质量的应用程序编程接口或集成工具。

四、不得通过数据进行自我优待

平台自我优待的表现形式十分多元，根据平台的业务类型、商业模式、内部生态等呈现不同行为方式。在搜索引擎结果排序、电子商务平台数据利用、应用市场上架规则、社交平台内容封禁等领域，都存在平台自我优待的现象。对这些行为和现象进行类型化分析，存在不同角度。

（一）效果类型化：积极型自我优待和消极型自我优待

根据平台自我优待的表现效果，可以将其分为积极型自我优待和消极型自我优待。积极型自我优待指的是平台对自身和他人都提供服务，但是对自身或关联方给出更加优惠的待遇。例如，通用搜索引擎在搜索结果列表中，将自己体系内的内容结果、自己投资的服务链接、有利于自身的信息排在更前面，这种待遇并不影响对其他页面提供服务，但它是自身获得更加优惠的条件。①

消极型自我优待指的是在提供服务过程中，针对他人采取限制或排除的措施，从而使自身获得竞争优势。例如，应用市场针对他人申请上架的特定功能的应用软件，采取额外的限制条件甚至拒绝通过，②而对自身具有竞争功能的应用软件则不做限制；社交软件针对来自其他平台的链接限制或者封禁其打开或跳转功能；③等等。因此，消极型自我优待从程度效果上可以继续细分为限制型和排除型。

（二）手段类型化：流量、数据、规则自我优待

从实现手段和模式进行考察，可以抽象出三种类型的平台自我优待行为，即流量自我优待、数据自我优待、规则自我优待。

1. 流量自我优待

平台经济领域，尤其在消费互联网场景下，流量承载着用户的注意力资源，成为各个平台及其平台内经营者竞争的主要资源，具体体现为用户数量、使用时长等，而流量也可以有效地转化为用户行为数据，平台可以据此深度加工并进行商业性转化。因此，流量成为平台经济的一个基础生产要素，流量引导也成为平台经济竞争的重要形式，流量自我优待也成为平台自我优待行为最重要的模式。

---

① See EU Commission CASE AT. 39740, Google Search (Shopping) Case.

② 参见黄婉仪：《欧盟为何反垄断剑指苹果应用商店？》，载百家号 2021 年 5 月 2 日，https://baijiahao. baidu. com/s? id = 1698635344572702980&wfr = spider&for = pc。

③ 参见叶明、贾海玲：《双重身份下互联网平台自我监管的困境及对策——从互联网平台封禁事件切入》，载《电子政务》2021 年第 5 期。

在流量自我优待中，平台通过控制信息展示方式、信息传播强度、信息接触机会等方面来实现对于自身和关联方更加强化的流量引导。在信息展示方式上，搜索结果展示、排序可以优先展示自身的信息，以获取更高的流量，也可以在展示效果上进行区分，如仅提供网址链接，还是提供卡片摘要式展示方式。[①] 在信息传播强度上，可以通过积极型方式，如给予更高流量权重进行推广，设置在更高曝光度的平台区域，如在直播带货中，平台有可能给予自营或者关系密切的“头部主播”极高的“流量加持”；也可以通过消极型方式，通过对其他经营者提供信息的限制性甚至排除性措施，“限流”甚至“屏蔽”相关内容。对于平台外部需要跳转才可以访问的内容和服务，平台可以通过提供流量入口创造用户的接触机会，即所谓的对外“引流”，典型的如外链或微信的“九宫格”设置。如果平台在某个具体场景下，仅对自身或关联方提供上述流量引导行为，或者在优惠待遇上存在差异，则可能构成平台的流量自我优待行为。

实际上，流量自我优待既是一种手段，也是其他自我优待模式意图达到的目标之一，通过数据、算法和规则的自我优待，平台有可能达到为自身或生态体系内的关联方提供更充沛流量或者降低流量成本的目标，从而获得更大竞争优势。

2. 数据自我优待

数据作为数字经济的基本生产要素，在数字平台的生产过程中也承担了基础而重要的功能，针对数据要素的竞争也构成平台经济的核心竞争力。平台的数据自我优待行为体现在数据收集、数据利用和数据共享这些数据处理流程的各个环节当中。

在数据收集方面，平台有可能以数据安全、个人信息保护义务等作为理由，对于平台自身和平台内经营者的数据收集权限和能力作出不同的限制。例如，苹果公司在推出 iOS 14.5 系统软件之后，调整了隐私设置，要求所有应用程序（App）询问用户是否希望出于广告目的而被跟踪。出于对用户拒绝可能性的担忧，德国、法国等国的广告联盟针对苹果公司进行了反垄断投诉，认为苹果公司“实际上将所有竞争对手排除在苹果公司生态系统商业相关数据之外”，而苹果公司自己的广告服务却不受影响，依旧自行收集大量用户数据。[②] 我国《个人信

① 参见刘晓春：《打开外链之后，互联互通应往何处去》，载微信公众号“社科大互联网法学”2021 年 12 月 13 日，https://mp.weixin.qq.com/s/a8cYDVyvv3SevORQeluhcA。

② 参见《苹果 IDFA 隐私新政备受诟病，苹果接连遭遇反垄断处罚和指控》，载扎客 2021 年 4 月 30 日，http://www.myzaker.com/article/608bc3d21bc8e0f359000272/。

息保护法》第58条规定了大型平台对于平台内经营者个人信息保护制定规则、进行管理以及特定情形下停止提供服务的内容,亦有可能为平台在数据收集方面的自我优待提供可能性。①

在数据利用方面,平台有可能通过收集平台内经营者的数据,分析后在竞争性自营业务中加以利用,如制定最优价格策略,或者根据数据形成预测性结论并据此制定相应商业策略。例如,亚马逊在电子商务自营业务中涉嫌利用平台内其他经营者的数据,已经引发反垄断关注。②

在数据共享方面,平台的数据开放和封闭策略也经常成为平台自我优待的重要手段。数据交换和共享主要通过爬取和API交换两种形式实现。在数据爬取方面,平台通过设置爬虫协议(robots协议)、采取技术措施等方式,对搜索引擎等他人的数据爬取进行限制,而对自身或者关联方则保持开放。例如,微信对于自身系统内的公众号等公开信息,设置了相应技术措施,防止通用搜索引擎的爬取,③而微信搜索和腾讯系统内的搜狗搜索则可以搜到这些数据,构成自我优待。在API数据交换方面,也存在平台针对系统内高度开放,对外则选择性限制或者封禁的情形。例如,美国FTC针对Facebook的反垄断诉讼中,就涉及Facebook针对与自营业务存在竞争的小程序拒绝开放API端口的情形。④

3. 规则自我优待

平台对规则的制定和执行,是平台经济中平台主体的特殊定位决定的,体现了平台公共性的重要特征。平台针对规则的行为可以分成规则制定、规则执行、争议解决三类,可以类比为国家的"立法""行政执法""司法"行为。

平台的规则制定的通常体现是,平台通过制定平台公约、用户协议、入驻协议等平台规范性文件,来确定平台以及平台各类主体的权利义务、行为准则、责任承担和奖惩措施。基于平台规则的执行行为,是平台从事具体管理行为的主要形式。平台的规则制定行为和执行行为,亦可以类比于行政法上的"抽象行政行为"和"具体行政行为"。在规则执行过程中,平台一方面需要做到"有法可依",另一方面也需要进行对于规则的解释,以及在具体场景下行使"自由裁量

① 参见刘晓春:《防止个人信息"守门人"制度被滥用》,载《财经》2021年第17期。

② See Lina M. Khan, *Amazon's Antitrust Paradox*, 126 Yale Law Journal 710, 2017.

③ 参见杭州铁路运输法院民事判决书,(2021)浙8601民初309号。

④ 参见FTC诉Facebook起诉状。具体分析参见刘晓春:《FTC诉Facebook:如何判定平台封禁行为违法》,载百家号"经济观察报"2021年9月11日,https://baijiahao.baidu.com/s?id=1710573084155255135&wfr=spider&for=pc。

权”。平台的争议解决行为,可以类比为司法机关的裁决行为,涉及为两个或者多个主体在使用平台过程中产生的纠纷进行争议解决。这些争议可以进一步分为两类:第一类是争议各方主体皆为平台内的主体,从而都受到平台规则的约束;第二类是其中至少有一方主体为平台外的主体,通常是平台内主体使用平台的行为构成了对平台外主体的侵权行为,典型的如知识产权侵权行为。

在规则制定、规则执行和争议解决中,都可能出现平台自我优待的情形。由于规则制定结果具有较高的透明度,平台通常会将规则进行公开,因此公然披露自我优待的规则并不多见。[①] 更多的表现形式是平台就某些事项充分保留自身的控制权和决定权。但过于宽泛的权利保留有可能被认定为无效的格式条款。[②] 在规则执行过程中,由于通常缺乏透明度,平台拥有较大的裁量和决定权,在根据规则进行“奖励”或者“处罚”的过程中,就有可能出现自我优待的情形。例如,电商平台对于自营或者关联方的业务违规行为(如知识产权侵权)给予较低的处罚力度,社交媒体平台对于竞争对手的内容和信息进行屏蔽或者流量降权处理等。在这些情形下,除构成自我优待行为之外,平台在规则执行中的不规范行为还有可能构成对于自身承诺和公开规则的违背,违反了诚实信用原则。

平台的规则自我优待重要表现形式之一,就是通过算法的途径来实现,因此规则自我优待通常以算法自我优待通过自动化方式呈现。由于“算法黑箱”等技术特征的存在,平台的规则自我优待在规则执行层面,通常很难通过直观方式来观测,因此十分有可能出现平台公示的规则和实际执行大相径庭的情况。在这个意义上,算法治理中的重要环节“算法透明度”机制就成为规制平台规则自我优待的一种重要路径。通过算法备案、算法评估、算法问责等一系列治理机制的建立,有可能把解决平台不当自我优待的问题整合到算法治理的整体架构之中。[③]

① Facebook 曾经明确将竞争性数据封禁写入平台规则,后来主动废除,该事实参见 FTC 诉 Facebook 起诉状。具体分析参见刘晓春:《FTC 诉 Facebook:如何判定平台封禁行为违法》,载百家号“经济观察报”2021 年 9 月 11 日,https://baijiahao.baidu.com/s?id=1710573084155255135&wfr=spider&for=pc。

② 参见北京互联网法院民事判决书,(2020)京 0491 民初 3106 号。

③ 参见张凌寒:《网络平台监管的算法问责制构建》,载《东方法学》2021 年第 3 期;张凌寒:《算法评估制度如何在平台问责中发挥作用》,载《上海政法学院学报(法治论丛)》2021 年第 3 期。

五、对国内的启示

对于“守门人”平台数据兼容和开放义务的规则构建，既要立足于反垄断法的制度目标与价值衡量，又不能仅仅把目光局限于反垄断法的现有概念和框架，一方面应当寻求反垄断法规制工具的创新，另一方面也应当结合数字平台作为生态系统的规律和特点、平台自我规制行为的类型化、数字平台作为数字基础设施和数字“守门人”的特殊法律地位，探索超越反垄断法的多元规制路径的体系化安排。

（一）数字基础设施的主体范围限定

设计数字平台数据兼容和开放义务行为，首先需要区分合法合理的数据利用行为和需要规制并纠正的数据滥用行为。在判断需要规制的数据利用行为时，可以借鉴 DMA 和反垄断法以主体进行限定的方法，将需要规制的主体限定于构成数字基础设施的平台。

确定数字基础设施的考虑因素，可以从形式和实质两个方面展开。形式上，可以参照国内外相关规范制定经验，考虑用户人数、业务种类、经济规模等因素判断；①实质上，应当采取功能性思路，考察平台在特定业务领域的控制能力、动员能力、限制能力及其不当行为可能带来的风险，其中就包括对于构成基础设施的功能和资源的自我优待行为。②

确定数字基础设施需要建立相应的标准和机制，这很可能需要专门的立法规范体系来解决。一方面，数字基础设施的评估应有一套动态指标体系，随着市场情况变化动态调整，同时随着商业和技术模式的迭代不断纳入新的变量。另一方面，不宜不分领域统一认定数字基础设施，而应当分领域、分行业进行认定，并充分考虑产业政策的引导因素。例如，知网数据库可能在用户和收入总量上并不突出，但是在学术期刊数据库领域单独评估，就有可能构成数字基础设施。领域和行业的划分，需要充分借鉴相关市场界定等反垄断法上的立法执法实践

---

① 例如，国家市场监督管理总局发布的《互联网平台分类分级指南（征求意见稿）》第 3.3 条规定，超级平台指同时具备超大用户规模、超广业务种类、超高经济体量和超强限制能力的平台。其中，超大用户规模，即平台上年年度在中国的年活跃用户不低于 5 亿；超广业务种类，即平台核心业务至少涉及两类平台业务，该业务涉及网络销售、生活服务、社交娱乐、信息资讯、金融服务、计算应用等六大方面；超高经济体量，即平台上年年底市值（估值）不低于 10,000 亿元人民币；超强限制能力，即平台具有超强的限制商户接触消费者（用户）的能力。

② 对于平台经济视野下功能性讨论的路径，参见胡凌：《功能视角下个人信息的公共性及其实现》，载《法制与社会发展》2021 年第 5 期。

经验进行通盘考虑和权衡。

数字基础设施的确定和反垄断法上的市场支配地位的确定并不互斥，可以并行不悖。符合反垄断法适用条件的依然可以进行反垄断执法。反垄断法重视事后竞争效果分析的实践，还可以反过来印证或者挑战数字基础设施认定的标准和结果，形成制度之间的良性互动。

（二）行为与效果的双重规制

在限定行为主体范围为数字基础设施的基础上，设定平台数据兼容和开放可以从行为和效果两个维度进行展开。对于具有数字基础设施地位的平台，或者平台对于其具有数字基础设施功能的服务，可能分为两类进行规制：一类是行为规制模式，即类似于反垄断法中的“本身违法”，属于事前或事中干预；另一类是效果规制模式，类似于反垄断法中适用合理规则的情形，属于事后救济。

行为规制模式下的数据利用行为规制，可以结合平台行为的具体表现、特点、风险的类型化，总结其中存在较高规制必要性的行为，特别是那些违反了诚信原则、明显不合理、可能影响到较为广泛的公众利益和基础价值的行为，如违反公示平台规则、利用优势地位进行挟持、进行言论和信息操控等行为。对于这类行为，也应当留出适当的抗辩理由，避免事前判断造成的实质不合理现象，保持适当的弹性开放。

对于效果规制模式，一方面需要符合特定的数据滥用行为类型，另一方面与反垄断法的事后规制规则较为接近，需要考虑特定行为的效果，包括竞争效果和其他效果，并且考虑行为人是否存在合理理由抗辩，整体上是相对谦抑的“事后”规制模式。

行为规制模式和效果规制模式可以存在互相转化的机制，通过定期评估，将实践中特定行为类型及其规制效果进行总结，并可进行边际上的调整，在确定相对稳定预期的同时也保持规制标准和类型的开放性。

（三）平台规则的透明度规制

从主体限定和行为规制模式两方面进行实体标准的建构之外，也需要针对平台公共性和数据自我优待的特点，在程序上强化对于平台规则的透明度规制。平台对于规则制定、执行和争议解决的控制权力，也是平台作为数字生态系统和构成数字基础设施的重要基础。借鉴对于政府公权力的约束机制，强调正当程序和透明公开原则，建立平台数据规则的规制机制。

平台规则的透明度机制建设可以分为四个层次。第一个层次是规则制定层面，要求平台规则制定遵守公平、公正、公开的原则，这在我国《电子商务法》和《个人信息保护法》中都已经有相关规定体现，可以在平台经济领域进一步推广。第二个层次是规则执行层面，需要建立相应的透明度规则，规则执行可能是人工执行和算法执行的结合，因此可以把规则执行监督和算法治理结合起来，与算法透明度规则进行衔接。第三个层次是争议解决的过程应当遵循正当程序原则，给予相对方充分的程序保障和救济、复议机制，并有权要求披露决定及其理由。第四个层次是平台规则透明度的评估和问责机制，通过自评估和第三方评估对平台规则进行常态监管，在存在平台数据滥用行为可能性的情况下，平台应当承担自证清白的举证责任或提出合理的抗辩理由。

（四）多元规制路径的体系化

仅限于反垄断法的理论和分析框架，难以应对平台数据滥用为代表的数字平台生态系统带来的治理挑战。因此，应当将视野超越反垄断法，更加全面、深入、系统理解平台经济的规律和特点，探索平台数据滥用的理论基础。一方面，在反垄断法内部进行概念、工具和理论框架的创新；另一方面，可以从数字基础设施治理制度的构建、平台“守门人”责任的完善、平台责任体系的建构、平台规则透明度规制机制的建构、数据和算法等具体行业领域规则的衔接等多元规制路径出发，建构事前、事中、事后全链条、分领域的规制框架，以数字基础设施的制度建设为基础，整合竞争秩序、社会福利和国家治理、社会公正、言论传播等多元价值判断，建构体系化的数字经济平台治理制度框架，实现数字化时代治理体系和治理能力现代化的目标。

第七章

“守门人”平台数据可携带条款评析

谢南希*

数据可携带条款源于欧盟《一般数据保护条例》(GDPR)第20条,GDPR从个人数据保护的视角创设了数据可携带权,赋予自然人用户不受数据控制者限制地将个人数据提供给其他数据控制者的权利。① 该条款将用户对其个人数据所享有的权利和利益置于数据控制者之上,明确用户对其个人数据享有优先于数据控制者的地位。由于数据可携带权的行使具有数据跨企业转移的实际效果,数据可携带条款具有天然内在的竞争属性。GDPR也明确其不只是一部个人数据保护法,还具有促进个人数据的自由流通、改善商业机会的目的。②

数据可携带作为促进数据自由流通的重要制度之一,对于欧盟中小企业具有重大意义。欧盟约90%的在线平台为中小企业,这些中小企业对数据具有强烈需求,数据意味着他们能

---

* 谢南希,中国政法大学竞争法研究中心研究员,法学博士。

① See Article 29 Data Protection Working Party, *Guidelines on the Right to Data Portability*, p. 3.

② See Council of the European Union, Council position and findings on the application of the General Data Protection Regulation (GDPR) (updated 15 January 2020), p. 1, 3. 另参见《一般数据保护条例》第1(1)条。

够参与竞争，持续经营，降低倒闭风险。[①] 然而，当前海量用户数据主要由美国大型互联网平台持有。促进数据的自由流通本质上意味着解锁大型平台数据，为中小企业提供访问权限。

2020 年，欧盟注意到，在数字经济创造的全部价值中，个别大型平台拿走了最大份额，这些平台不仅追踪用户，给用户画像，还对企业用户实施不公平行为，构建集团生态系统，强化市场进入壁垒，导致数字市场缺乏数据这一数字经济关键要素，削弱了可竞争性，减少了用户选择和市场创新。[②] 为提升数字市场的可竞争性和公平性，推动替代性平台的出现，欧盟制定《数字市场法》(DMA)，再次引入数据可携带条款[③]，在 GDPR 基础上进行了升级。在 GDPR 和 DMA 出台后，2022 年 2 月，欧盟发布《数据法》(Data Act)草案，赋予用户向第三方开放数据访问权限的权利，作为对 GDPR 和 DMA 数据可携带条款的补充。[④]

当前，欧盟的数据可携带制度已初具雏形，并积累了一定实践经验。受欧盟影响，美国、中国等国家也纷纷引入数据可携带制度。当前，有必要梳理欧盟完整的数据可携带框架及实际效果，研究这一制度在实施过程中存在的问题，总结经验，并在国际层面展开比较研究，考察不同司法辖区的制度差异，以期为我国《个人信息保护法》数据可携带条款的实施和修订(如有)提供借鉴。

一、DMA 数据可携带制度介绍

(一)DMA 数据可携带条款

DMA 第 6(9)条和第 6(10)条为数据可携带条款。其中，第 6(9)条是面向终端用户的数据可携带，该条款规定，"经请求，'守门人'应为终端用户及其授权的第三方，免费提供有效、可携带的数据，这些数据由终端用户提供或在用户

① See *Europe fit for the Digital Age: New online rules for businesses*, https://ec.europa.eu/info/strategy/priorities-2019-2024/europe-fit-digital-age/digital-services-act-ensuring-safe-and-accountable-online-environment/europe-fit-digital-age-new-online-rules-businesses_en; SMEunited, Position paper on Access to Data, 8 July 2020, p. 1.

② See *DMA Explanatory Memorandum*, December 15, 2020, p. 1.

③ See Commission Staff Working Document Executive Summary of the Impact Assessment Report Accompanying the document Proposal for a Regulation of the European Parliament and of the Council on contestable and fair markets in the digital sector (Digital Markets Act), 15 December 2020, p. 2; 参见《数字市场法》第 6(9)条和第 6(10)条。

④ See *Data Act Explanatory Memorandum*, 23 February 2022, p. 3-5; 参见《数据法(草案)》"鉴于条款"第 31 段。

使用相关核心平台服务的过程中生成,包括免费提供可有效行使数据可携带的工具,以及包括提供持续、实时访问这些数据的权限”。而第6(10)条是面向企业用户的数据可携带,该条款规定,“经请求,‘守门人’应向企业用户及其授权的第三方,免费提供有效、高质量、持续、可实时接入和使用的聚集和非聚集数据,包括个人数据。这些数据由企业用户和与其提供的产品或服务互动的终端用户,在使用相关核心平台服务,或与相关核心平台服务一同提供或支持相关核心平台服务的过程中提供或生成。终端用户通过相关核心平台服务使用相关企业提供的产品或服务时,个人数据限定为与其使用直接相关的个人数据,且终端用户以‘选择进入’方式同意共享的,‘守门人’应提供对该个人数据的访问和使用”①。根据上述条款,“守门人”有义务为终端用户和企业用户(以下统称用户)提供可携带的数据。

数据可携带条款位于DMA第三章“限制可竞争性或不公平的‘守门人’做法”,与“守门人”禁止使用企业用户非公开数据、“守门人”应允许终端用户卸载预装软件、“守门人”禁止自我优待等义务并列,均为第6条“可在第8条下进一步明确规定的‘守门人’义务”。② 欧盟委员会后续可通过实施法案,进一步明确“守门人”为有效履行数据可携带义务而应采取的措施,在此情况下,若“守门人”不清楚如何合规,需要寻求欧盟委员会的指导。③ 如果“守门人”故意不遵守或疏于遵守数据可携带义务,“守门人”可能被处以全球总营业额10%的罚款;如果“守门人”的核心平台服务在过去8年内被认定未遵守数据可携带义务,同一核心平台服务再次被认定存在未遵守数据可携带义务情形的,“守门人”可能面临全球总营业额20%的罚款。④

服务于DMA促进竞争这一宏观目标,第6(9)条和第6(10)条数据可携带权指向的目标数据非常明确,即解锁那些用户在使用“守门人”核心平台服务时提供并生成、由“守门人”掌握的大量数据。⑤ 由于第6(9)条和第6(10)条项下的数据可携带分别面向终端用户和企业用户,这两款在具体目的、携带主体、数据范围、携带要求、实现方式方面存在一些差异(见表7-1)。

① 《数字市场法》第6(10)条。

② 《数字市场法》第6条。

③ 《数字市场法》第8(2)条。See Matthias Bauer, Fredrik Erixon et al., *The EU Digital Market Act: Assessing the Quality of Regulation*, No. 02/2022, p. 16-17.

④ 《数字市场法》第30(1)(a)条和第30(2)条。

⑤ 《数字市场法》“鉴于条款”第59~60段。

表 7-1 DMA 数据可携带条款对比

事项	第6(9)条 终端用户数据可携带	第6(10)条 企业用户数据可携带
具体目的	确保"守门人"不会通过限制切换或多归属,来削弱核心平台服务的可竞争性或动态数字领域的潜在创新活力	确保企业用户能够访问由此生成的相关数据
提出数据携带请求的主体	终端用户及其授权的第三方	企业用户及其授权的第三方
数据范围	由终端用户提供,或终端用户使用相关核心平台服务的过程中生成的数据	由企业用户和与其提供的产品或服务互动的终端用户,在使用相关核心平台服务,或与相关核心平台服务一同提供或支持相关核心平台服务的服务的过程中提供或生成的数据。 涉及个人数据的特殊场景:终端用户通过相关核心平台服务使用相关企业提供的产品或服务时,个人数据限定为与其使用直接相关的个人数据,且终端用户以"选择进入"方式同意共享的,"守门人"应提供对该个人数据的访问和使用
携带要求	免费、有效、连续、实时的访问权限 (以终端用户授权的第三方可以以立即有效访问和使用的格式接收数据)	免费、有效、高质量、连续和实时的访问权限
实现方式	采取适当和高质量的技术措施,如应用程序编程接口	不应使用任何合同或其他限制来阻止企业用户访问相关数据

(二)相关法案对比

考虑到 GDPR 和 DMA 的数据可携带条款,与 Data Act"与第三方分享数据的权利"条款之间存在较强的内在关联,对比这些条款(见表 7-2)后发现,上述条款在条款名称、权利和义务主体、数据范围、数据要求方面均存在差异。

表 7－2　GDPR、DMA 和 Data Act 关联制度比较

事项	GDPR	DMA	Data Act 草案
条款名称	第 20 条“数据可携带权”	第 6(9)条和第 6(10)条，无名称	第 5 条“与第三方分享数据的权利”
权利主体	数据主体（仅指自然人）	终端用户和企业用户	用户（包括自然人或法人）
义务主体	数据控制者	“守门人”	数据持有者
数据范围	数据主体提供给控制者的与其有关的个人数据，包括数据主体有意、主动提供的数据和数据主体的活动产生的个人数据（从用户活动中观察到的个人数据）[1]	(1)终端用户可携带：由终端用户提供或在用户使用相关核心平台服务的过程中生成的数据。(2)企业用户可携带：由企业用户和与其提供的产品或服务互动的终端用户，在使用相关核心平台服务，或与相关核心平台服务一同提供或支持相关核心平台服务的服务的过程中提供或生成的聚集和非聚集数据，包括个人数据	用户使用产品或相关服务而产生的数据，即用户使用产品或相关服务产生的任何数据，不论其个人数据性质，不论是用户主动提供还是被动观察的数据，也不论数据处理的法律基础
数据要求	(1)用户以结构化、通用和机器可读的格式接收，鼓励提供的数据格式具有可操作性。具体方法包括提供下载工具和 API。(2)在满足一定条件时，从控制者直接传输给另一个控制者	(1)终端用户可携带：免费、有效、连续、实时；采取适当和高质量的技术措施，如应用程序编程接口。(2)企业用户可携带：免费、有效、高质量、连续和实时的访问权限；不应使用任何合同或其他限制来阻止企业用户访问相关数据	向第三方提供时不得无故拖延，对用户免费，连续和实时（如适用）

续表

事项	GDPR	DMA	Data Act 草案
特殊情形		涉及个人数据的特殊情况：终端用户通过相关核心平台服务使用相关企业提供的产品或服务时，个人数据限定为与其使用直接相关的个人数据，且终端用户以“选择进入”方式同意共享的，“守门人”应提供对该个人数据的访问和使用	DMA 指定的“守门人”不得成为第三方，以任何方式通过用户向自己提供数据

[1] See Article 29 Data Protection Working Party, *Guidelines on the right to data portability*, p. 9 – 10.

关于上述条款之间的关联，分析如下：

首先，DMA 是对 GDPR 的升级。一方面，DMA 扩大了数据可携带的权利主体。GDPR 仅允许自然人用户享有数据可携带权，而 DMA 赋予使用“守门人”核心平台服务的企业用户以数据可携带权，将可携带的数据范围从自然人用户的个人数据扩大到企业用户数据。另一方面，DMA 提高了携带的数据要求。GDPR 要求以结构化、通用和机器可读的格式接收，鼓励提供可操作，而 DMA 向“守门人”施加了强制性义务，明确“守门人”应免费提供有效、连续、实时的访问权限。

其次，从竞争视角来看，Data Act 构成对 DMA 的补充。Data Act 第 5(2) 条规定，DMA 项下的“守门人”不得作为 Data Act 项下接收用户转移数据的第三方。① 这意味着严格限制用户数据流动的方向，用户可以请求“守门人”与第三方分享数据，但“守门人”无法作为第三方从其他数据主体处获取用户分享的数据。从效果上看，Data Act 第 5(2) 条是对“守门人”获取用户数据的上游渠道进行限制，而 DMA 第 6(9) 条和第 6(10) 条是允许和推动“守门人”掌握的用户数据向下游第三方流动，两个条款可能形成合力，有利于缓解“守门人”和中小企业在数据方面的力量失衡，具有潜在的竞争促进影响。

① 欧盟《数据法(草案)》第 5(2) 条规定：“任何提供核心平台服务的企业，如果其中一项或多项服务已根据【关于数字部门可竞争和公平市场的 ××× 条例(《数字市场法》)73】第【……】条被指定为【‘守门人’】，不得成为本条规定的合格第三方，因此不得：(a) 以任何方式(包括提供金钱或任何其他补偿) 招揽或以商业方式激励用户，以向用户根据第 4(1) 条的要求获得的一项服务提供数据；(b) 根据本条第 1 款，招揽或以商业方式激励用户要求数据持有者向其服务提供数据；(c) 接收用户根据第 4(1) 条的请求而获得的数据。”

最后，在用户数据分享方面，Data Act 是对 GDPR 的补充。[①] GDPR 第 20 条赋予用户数据可携带权，用户有权将个人数据从一个数据控制者传输至另一个数据控制者，而 Data Act 第 5 条赋予用户和第三方分享数据的权利，经用户请求，数据持有者应向第三方提供用户数据。由于在技术层面数据的提供和传输涉及两个环节，提供数据之后必然涉及由技术手段来实现传输，而传输也以存在已提供的数据为前提，上述两项权利在技术方案和实施效果方面可能存在重叠交叉，上述两个条款在实践中如何适用及衔接有待进一步观察。另外，值得注意的是，上述两项权利所覆盖的数据范围不同，数据持有者在 Data Act 项下向第三方提供的数据范围为用户（包括自然人用户和企业用户）使用产品或服务产生的任何数据，“不论其个人数据性质，不论是用户主动提供还是被动观察得来的数据，也不论数据处理的法律基础”[②]，超过 GDPR 第 20 条所覆盖的个人数据。

二、数据可携带制度对竞争的影响

（一）数据可携带的理论和实践

理论层面，一般认为数据可携带制度具有潜在的促进竞争效果。数据可携带一方面使消费者能轻易将其在一个平台上积累的数据携带至其他平台，降低转换成本，促进消费者多归属，缓解锁定效应，另一方面可降低市场进入壁垒，有助于市场新入者进入市场，并使“守门人”外的其他公司能够访问与“守门人”相同的数据，进而有能力参与竞争，产生促进创新、强化竞争的效果。[③] 但是，这些潜在影响受到一系列因素制约，如隐私导致可携带的数据范围是有限的、数据处理本身的规模经济是有限的、市场先入者具有网络效应且不可替代性、可携带的静态数据价值有限等。[④] 如果数据可携带措施在实施目的和设计方面存在不当，还可能造成损害竞争的负面影响，如增加市场新入者的成本、强化市场先入者的系统和技术优势、因实施标准过于宽泛而抑制创新等。[⑤]

---

① 参见欧盟《数据法（草案）》“鉴于条款”第 31 段；欧盟《数据法（草案）》第 5(7) 条。

② 参见欧盟《数据法（草案）》“鉴于条款”第 31 段。

③ OECD, *Ex Ante Tegulation of Digital Markets*, OECD Competition Committee Discussion Paper, 2021, p. 40 – 41.

④ OECD, *Ex Ante Tegulation of Digital Markets*, OECD Competition Committee Discussion Paper, 2021, p. 42.

⑤ See OECD, *Data Portability, Interoperability and Digital Platform Competition*, OECD Competition Committee Discussion Paper, 2021, p. 49.

但在实践中，数据可携带制度的落地面临挑战，导致对市场竞争和创新的影响有限。以欧盟为例，作为全球范围内第一个制定数据可携带条款的司法辖区，欧盟委员会在 GDPR 实施两年后发现，因缺乏互操作标准，数据可携带权未得到充分使用，实施范围有限，仅在银行、电信等少数行业有所应用。① 部分实证研究也佐证了这一现状。例如，国际隐私专业协会和安永在《2021 年度隐私治理报告》中调研了 473 个数据控制者，发现在收到的所有数据主体请求范围中，数据可携带请求最少，占比仅 14%，远低于其他请求类型。② 一项面向不特定数据控制者、基于 230 项数据可携带请求的调研发现，在实践中，数据控制者对数据可携带权本身及相应技术要求的认知存在差异，导致不同数据控制者对 GDPR 的合规程度不一，提供的数据格式存在不合适或不完整的情况。而另一项面向消费者的调查显示，只有不超过 1/3 的被调研者听说过数据可携带权，这一权利不仅是 GDPR 项下最不为人所知的权利，而且是最难理解的权利。③ 在消费者端对数据可携带缺乏足够认知、数据控制者端认知不一导致合规碎片化的情况下，数据可携带制度对于竞争和创新的积极效果可能微乎其微，短期内难以带来实质影响。④

如何理解数据可携带权理论和实践之间的巨大鸿沟，为什么数据可携带权未能实现预期效果？可能需要回归到用户本身，结合平台经济特征进行解释。数据可携带权旨在实现的用户多归属可能不构成一个普遍需求，取决于市场和产品，用户需求存在明显差异。例如，对于物联网或云服务，用户可能有多归属需求，希望尝试或切换竞争产品或服务，这部分用户对数据可携带制度确实有实际需要。但对于个人社交类产品或服务，大部分用户的多归属需求并不高，因为个别个人社交平台沉淀了用户日积月累的社交关系链，区别于其他形式的互联

---

① See Data protection as a pillar of citizens' empowerment and the EU's approach to the digital transition – two years of application of the General Data Protection Regulation, 24 June 2020, p. 8 – 9.

② See International Association of Privacy Professionals and EY, *Annual Privacy Governance Report* 2021, p. 64.

③ See Janis Wong and Tristan Henderson, *The Right to Data Portability in Practice*: *Exploring the Implications of the Technologically Neutral GDPR*, International Data Privacy Law, Volume 9, Issue 3, August 2019, p. 173 – 191; Sophie Kuebler – Wachendorff, Robert Luzsa, Johann Kranz, et al., *The Right to Data Portability*: *Conception*, *Status Quo*, *and Future Directions*, 44 Informatik Spektrum 264, 266 (2021).

④ See Australian Competition & Consumer Commission, *Digital Platforms Inquiry*: *Final Report*, 2019, p. 30.

网服务，具有不可替代性，①用户在无法跨平台携带关系链的情况下切换平台将面临难以量化的不便和损失。

而且，创新产品或服务影响下用户形成的行为惯性，加上转换到竞争产品需要的成本，都是用户多归属需求有限的关键原因。在互联网兴起和数字市场发展过程中，以苹果公司的手机和谷歌搜索引擎为代表的平台提供的数字产品和服务塑造了现代人的工作和生活，在带来效率提升、便捷性、新体验的同时，培养提升了用户忠诚度和信赖感，塑造了用户使用习惯。随着迭代升级，产品更加契合用户个性化需求。对于这些与用户生活深度融合、为用户量身定制的产品，用户已形成使用惯性，在缺乏强更换意愿且需要承担转换成本的情况下，大部分用户可能不愿改变已有行为习惯，更换适应竞争产品。

在同时满足存在优于平台产品的竞争产品、转换成本低（包括潜在不便和损失）等条件时，用户可能愿意转向新产品，对数据可携带权有需求。但是，在平台经济生态化发展的趋势下，这两个条件似乎均不成立。近年来，"守门人"凭借创新产品占据先发优势，已逐渐形成多产品生态系统，②数字市场的竞争也从微观层面的产品竞争上升到宏观层面的生态竞争。用户购买的产品不只是产品，而是产品背后的整个生态。平台生态内产品间相互关联、互为补充，适用一套统一的独一无二的理念和规则，包括产品理念、技术标准、治理规则等，产品和生态的独特性本身意味着没有替代品和高转换成本。因此，就平台生态中的一项单品，市场上通常缺乏替代性选择，用户短中期内缺乏可以转换的竞争性服务，用户即便享有数据可携带权，也面临"无处可携"的局面。③

（二）数据可携带对产业的影响

数据可携带同时涉及三方利益，即用户对于数据的权利、"守门人"对于数据的利益、经用户授权可接收数据的第三方对于数据的利益，"守门人"和第三方的关切截然不同。合规成本无疑是"守门人"的核心关切，"守门人"是 DMA

---

① See First Amended Complaint for Injunctive and Other Equitable Relief, See *FTC v. Facebook*, Case No. 1:20 - cv - 03590 - JEB, paras. 170 - 179.

② See OECD, *Digital competition policy: Are ecosystems different?*, 3 December 2020, p. 2 - 3.

③ See OECD, *Data Portability, Interoperability and Digital Platform Competition*, OECD Competition Committee Discussion Paper, 2021, p. 18; OECD, *Ex Ante Regulation of Digital Markets*, OECD Competition Committee Discussion Paper, 2021, p. 42.

合规成本的承担方,[①]据美国信息技术与创新基金会(Information Technology and Innovation Foundation,ITIF)预计,履行数据可携带义务所对应的年度合规成本高达5.1亿美元。[②] 可预见的是,对于物联网或云服务等用户多归属需求高的特定领域的"守门人",合规成本可能高于其他领域的"守门人"。

具体而言,"守门人"为履行数据可携带义务而采取的合规和技术方案直接关系到其合规成本的高低。首先,在技术层面,ITIF指出,"守门人"就海量的企业用户和终端用户数据提供有效实时权限需要通过高质量的API接口实现,需要大量算力支撑,"守门人"不一定具备所需算力。[③] 为了履行数据可携带义务,算力不足的"守门人"可能需要提升算力。其次,在企业用户请求携带数据的场景下,若涉及个人数据,"守门人"需征得终端用户的同意,若相关个人数据包含关于其他数据主体的个人数据,那么还需征求其他数据主体的同意,若其他终端用户不同意,"守门人"可能需要对相关个人数据采取切割或分隔措施,这些额外措施都将在不同程度上提升"守门人"合规成本。

对于接收用户数据的第三方企业(以下简称接收方),用户携带的数据到底有多大的价值以及能发挥多大作用需要进行个案判断。OECD明确指出,在市场先入者已建立起来的收集数据这一竞争优势面前,用户携带的个人数据集可能价值有限,数据可携带措施并不适合于所有市场,只有在个体层面的数据能够为接收方提供巨大竞争价值的市场,或数据集能被直接使用的情况下,数据可携带措施才能有效促进竞争,如受个体数据驱动的定向广告市场。[④] 因此,用户数据对于接收方的价值和数据可携带的影响需要结合有关市场的竞争特点和接收方的需求和业务情况进行具体评估。

在实践中,"守门人"和接收方之间由于存在直接利益冲突,已触发竞争执法。2022年7月14日,意大利竞争执法部门对谷歌启动调查,指控谷歌阻碍与

---

① See Commission Staff Working Document Executive Summary of the Impact Assessment Report Accompanying the document Proposal for a Regulation of the European Parliament and of the Council on contestable and fair markets in the digital sector (Digital Markets Act), 15 December 2020, p.2.

② See Ashley Johnson and Daniel Castro, *Maintaining a Light - Touch Approach to Data Protection in the United States*, 8 August 2022, p.4 -5; Alan McQuinn and Daniel Castro, *The Costs of an Unnecessarily Stringent Federal Data Privacy Law*, 5 August 2019, p.11.

③ See Aurelien Portuese, *The Digital Markets Act: European Precautionary Antitrust*, 24 May 2021, p.69.

④ See OECD, *Data portability, interoperability and digital platform competition*, OECD Competition Committee Discussion Paper, 2021, p.25 -26, 49.

其他平台（尤其是意大利运营商 Hoda 开发运营的 Weople App）之间的互操作性，而 Hoda 正开发一家创新数据投资银行。意大利竞争执法部门认为，谷歌的行为可能抑制了数据可携带权，限制消费者从其数据中获取经济利益，还限制替代性运营商开发创新数据服务的能力，限制了竞争，涉嫌构成滥用市场支配地位，违反《欧盟运行条约》第 102 条。① 在该案中，Hoda 主张谷歌强化个人数据倡议的行为产生了负面影响。② 作为回应，谷歌以保护用户隐私为由提出抗辩。谷歌表示其为用户提供的数据可携带工具是为了帮助用户管理个人信息，并不是为了供其他公司或中介访问数据后进行出售，为外部提供访问权意味着将为用户隐私带来风险，对欺诈活动起到鼓励作用。③

上述案件显示，除平台外的其他经营者（一般为中小企业）对数据有实际需求，基于数据的创新离不开平台上积累沉淀的用户数据，平台履行数据可携带义务、为外部提供数据访问权限有利于促进创新。同时，数据跨平台携带传输后，用户隐私可能面临来自以下两个方面的风险：其一，不排除数据接收方滥用平台提供的数据访问权限、倒卖用户数据的可能；其二，平台和数据接收方的数据安全合规能力可能存在客观差异，加上 GDPR 对大型企业和中小型企业的合规要求也不同，数据接收方可能达不到平台放心开放数据访问权限的标准，数据携带后可能发生个人数据泄露事件。平台作为数据控制者或处理者，可能难以免除法律责任。④

（三）数据可携带制度的局限

结合数据可携带制度的理论与实践及其对产业的潜在影响，可以看出数据可携带制度植根于 GDPR 这一个人数据保护法，突出用户视角、赋予用户权利是其核心目的和关键特征，将该制度放置在竞争维度下可能产生错配效果，并不必然能促进竞争。从本质上来看，数据保护和竞争属于不同的维度，追求截然不同

① See AGCM (Autorità Garante della Concorrenza e del Mercato), A552 – Italian Competition Authority, investigation opened against Google for abuse of dominant position in data portability, 14 July 2022, https://en.agcm.it/en/media/press-releases/2022/7/A552.

② See AGCM (Autorità Garante della Concorrenza e del Mercato), A552 – Italian Competition Authority, investigation opened against Google for abuse of dominant position in data portability, 14 July 2022, https://en.agcm.it/en/media/press-releases/2022/7/A552.

③ See Reuters, *Italy's competition watchdog probes Google over data portability*, https://www.reuters.com/technology/italys-competition-watchdog-opens-probe-into-google-over-data-portability-2022-07-14/.

④ 参见《通用数据保护条例》第 4(7) 条、第 4(8) 条和第 82 条。

的目标和效果，数据可携带制度无法同时承载实现个人数据保护和促进竞争双重目标。毕竟，用户既不是参与市场竞争的主体，也不是对数据有实际创新研发需求的主体。

真正有潜力挑战“守门人”市场地位、改变市场竞争结构、提升市场可竞争性的关键主体为“守门人”的竞争对手，也就是其他平台与中小企业，因此，有必要跳出数据可携带权，脱离用户视角，转从数据真正需求方的视角来看待市场竞争。取决于发展阶段和业务情况，其他平台和中小企业对数据的具体需求存在差异，各自所面临的市场情况也不同，有必要开展行业调研，对它们进入市场、参与竞争、创新产品或服务以及扩张的困难和痛点进行考察，识别数据层面的市场壁垒和创新障碍，包括技术、法律和经济等不同维度的问题。然后在调研基础上，再判断用户数据集在竞争和创新过程中所扮演的角色及潜在价值，不排除用户数据集不构成影响数字市场竞争的重要因子、数据价值被高估的可能性。

实际上，自 GDPR 数据可携带条款出台以来，产业、研究机构、专家学者等从不同角度对该条款提出了意见，这些意见在不同程度上体现了“守门人”竞争对手的视角，强调其他平台和中小企业作为数据接收方获取数据的困难以及面临的障碍和顾虑。其主要包括：携带数据以获得用户同意为前提，且用户一旦将其数据从原始平台携带至新平台，这些数据将失去上下文①；GDPR 项下促进数据分享的数据可携带权和限制数据分享的数据最小化原则之间存在直接冲突②；数据可携带义务的复杂程度和高成本削弱中小企业成为“守门人”的动力，减少中小企业与“守门人”之间的竞争。③

三、中国、美国相关规定

自欧盟 GDPR 创设用户数据可携带权、DMA 升级数据可携带条款以来，中美均加以借鉴，在个人信息或隐私保护和竞争领域引入类似制度。但是，当前中国法下没有数据可携带权的实际案件，美国法中也暂时没有生效的数据可携带

① See Luis M. B. Cabral, Justus Haucap *et al.*, *The EU Digital Markets Act: A Report from a Panel of Economic Experts*, in The EU Digital Markets Act, Publications Office of the European Union, 2021, p. 22.

② See Center on Regulation in Europe (CERRE): *Making data portability more effective for the digital economy*, June 2020, p. 6.

③ See Aurelien Portuese, *The Digital Markets Act: European Precautionary Antitrust*, 24 May 2021, p. 69.

规则。

在我国,个人信息保护领域借鉴欧盟 GDPR 制定了数据可携带权。《个人信息保护法》①第 45 条规定:“个人有权向个人信息处理者查阅、复制其个人信息;有本法第十八条第一款、第三十五条规定情形的除外。个人请求查阅、复制其个人信息的,个人信息处理者应当及时提供。个人请求将个人信息转移至其指定的个人信息处理者,符合国家网信部门规定条件的,个人信息处理者应当提供转移的途径。”根据这一规定,经过个人提出转移请求这一授权行为,掌握个人信息的企业负有提供转移途径的义务,向个人指定的第三方转移个人信息。这意味着《个人信息保护法》通过将用户授权作为第三方获取用户信息的依据的方式,为第三方获得用户信息开辟了通道,这一条款具有潜在的促进竞争效果。然而,《个人信息保护法》暂未出台配套条例或指南,虽制定了相应国家标准,②但转移的个人信息范围、转移机制和技术标准(包括数据格式、转移要求)等关键问题仍有待明确,该条款未真正进入实施。在司法实践中,《个人信息保护法》数据可携带条款暂无相关案例。③

竞争领域,我国现阶段没有制定 DMA 这种向平台施加数据可携带义务的竞争规范。国家市场监督管理总局在《互联网平台落实主体责任指南(征求意见稿)》中借鉴了一些 DMA 规则,但未明确地提及面向企业用户的数据可携带。《互联网平台落实主体责任指南(征求意见稿)》第 3 条“开放生态”规定:“超大型平台经营者应当在符合安全以及相关主体权益保障的前提下,推动其提供的服务与其他平台经营者提供的服务具有互操作性。超大型平台经营者没有正当合理的理由,应当为符合条件的其他经营者和用户获取其提供的服务提供便利。”该部门规章未正式出台,其中“其他经营者和用户获取其提供的服务”的含义和范围以及与数据可携带权的关系有待进一步明确。

和我国类似,美国受 GDPR 影响,数据可携带条款最早见于州隐私规范。例如,加利福尼亚州《消费者隐私保护法案》(2020 年版)第 3. A. 3 条赋予消费者

① 《个人信息保护法》于 2021 年 8 月 20 日发布,自 2021 年 11 月 1 日起实施。

② 《信息安全技术 个人信息安全规范》第 8.6 条“个人信息主体获取个人信息副本”规定:“根据个人信息主体的请求,个人信息控制者宜为个人信息主体提供获取以下类型个人信息副本的方法,或在技术可行的前提下直接将以下类型个人信息的副本传输给个人信息主体指定的第三方:a)本人的基本资料、身份信息;b)本人的健康生理信息、教育工作信息。”国标编号 GB/T 35273—2020,2020 年 3 月 6 日发布,2020 年 10 月 1 日起实施。

③ 截至 2022 年 9 月 8 日,在威科数据库内,《个人信息保护法》第 45 条第 3 款项下暂无相关案例。

将其个人信息从一个企业带到另一个企业的权利，第 12(3)(B)(iii)条规定数据可携带应"以一般消费者容易理解的格式，并在技术可行的情况下，以结构化的、常用的、机器可读的格式，提供从该消费者处获得的特定个人信息，并可应消费者请求将该特定个人信息不受阻碍地传送给另一个实体"①。该法案将于 2023 年 1 月 1 日生效。

联邦层面，在数字平台经济反垄断背景下，多项竞争立法提案借鉴了 DMA 数据可携带条款，将自然人用户数据可携带扩展到企业用户数据可携带。例如，众议院提出的《美国选择与创新在线法案》第 2(b)(4)条明确，主导平台限制或阻碍平台内企业用户访问自身相关数据、通过合同或技术手段阻止企业用户将自身相关数据携带至其他经营者的行为违法。② 在该法案基础上，参议院版《美国创新与选择在线法案》对禁止性行为的范围进行了限缩，第 3(a)(7)条明确，只有主导平台实质性阻碍或限制平台内商业用户访问自身相关数据、通过合同或技术手段阻止商业用户将自身相关数据携带至其他经营者的行为才构成违法。③ 不同于上述两个法案的禁止性规定，另一法案《通过启用服务交换增强兼容性和竞争性法案》(ACCESS 法案)向主导平台施加了积极义务，第 3(a)条要求主导平台维持一套透明、第三方可获取的界面，以确保向用户传输数据，或在用户同意下，以结构化、通用、机器可读的格式向用户指定的企业用户传输数据。④ 虽然上述法案均处于引入但未通过的状态，但这显示出美国拟借鉴欧盟 DMA 强化平台义务、扩大数据可携带范围的趋势。

四、对国内的启示

不论是 GDPR 还是 DMA，数据可携带均涉及用户、实际掌握数据的经营者(数据控制者或"守门人"，以下合称在先平台)以及经用户授权的第三方经营者这三方主体，这三方主体对于用户数据的权益明显不同。其中，用户对其提供或生成的个人数据享有类似所有权的利益，⑤可以占有、使用、收益和处分相关本

① 参见 California Privacy Rights Act of 2020, Sections 3. A. 3 and 12(3)(B)(iii)；丁道勤、姜文等编译：《国外数据保护法律选编》，中国法制出版社 2021 年版，第 3、10 页。

② See H. R. 3816 – American Choice and Innovation Online Act, Section 2(b)(4).

③ See S. 2992 – American Innovation and Choice Online Act, Section 3(a)(7).

④ See H. R. 3849 – ACCESS Act of 2021, Section 3.

⑤ 关于用户对于数据享有的权益属性的问题存在不同观点。参见王锡锌：《个人信息可携权与数据治理的分配正义》，载《环球法律评论》2021 年第 6 期。

人数据,授权是用户行使此等权益的重要方式。在先平台和第三方在取得用户授权的情况下,对数据享有同等的类似使用权的利益,进而能对用户数据从事收集、处理等活动。从权利渊源的角度来看,在先平台和第三方对于数据的权利由用户权利衍生而出,属于派生权利,应严格受到用户权利的限制。因此,数据可携带制度从本质上清晰地传达出“用户对其个人数据的权利是决定性的”这一基本理念,不仅数据处理和使用等行为需以取得用户同意为前提,数据的转移也应充分尊重用户意愿。

近年来,中国司法实践中出现了不少企业抓取用户数据引发的反不正当竞争案件,企业在用户数据上享有多大的权益问题成为争议焦点。[①] 数据可携带重视用户作为数据主体的根本地位、认可用户通过授权转移数据的理念将为这些案件带来启示。以(2021)京民终 281 号案为例,在该案中,被告指控原告通过歧视性的 robots 协议限制被告抓取数据的行为构成不正当竞争,一审法院判被告胜诉,但二审法院推翻一审判决,支持了原告主张,认定原告限制被告抓取数据的行为是经营自主权的体现,没有给被告造成实际损害,因此不构成不正当竞争行为。[②] 在论证部分,二审法院强调原告的自主经营权、原告行为未损害消费者利益,原告行为未损害被告利益等,与一审法院认定的被告利益受损、被告用户的体验被降低、被告用户正常使用平台受到影响[③]等截然不同。

若从数据可携带涉及的三方关系视角看待上述案件,可以看出二审法院强调在先平台的利益,一审法院强调抓取数据的企业的利益,竞争关系和利益是关注点,但用户作为真正的数据主体的存在和利益却被隐去,这直接导致一个关键事实被忽略——被告抓取原告处的用户数据,并在抓取后根据是否取得用户的授权来决定删除还是保留。[④] 对于被告已取得用户授权这一事实情况,法院没有作出任何评价或判断。实际上,该案被告抓取数据后根据是否取得用户授权来决定删除还是保留的行为已落入数据可携带权的范围,用户授权是判断原告和被告行为正当性的关键标准。从用户的角度来看,被告抓取数据后保留下来

① 参见北京淘友天下技术有限公司等与北京微梦创科网络技术有限公司不正当竞争纠纷二审案,北京知识产权法院民事判决书,(2016)京 73 民终 588 号;上海复娱文化传播股份有限公司与北京微梦创科网络技术有限公司不正当竞争纠纷二审案,北京知识产权法院民事判决书,(2019)京 73 民终 2799 号;淘宝(中国)软件有限公司诉安徽美景信息科技有限公司不正当竞争纠纷案,杭州铁路运输法院民事判决书,(2017)浙 8601 民初 4034 号。

② 参见北京高级人民法院民事判决书,(2021)京民终 281 号。

③ 参见北京知识产权法院民事判决书,(2017)京 73 民初 2020 号。

④ 参见北京高级人民法院民事判决书,(2021)京民终 281 号。

的数据均取得了用户授权,也就是说,用户明确允许被告使用其个人数据,用户授权为被告通过抓取+剔除的方式获得个人数据的行为提供了正当依据,而用户授权的存在也表明,原告作为在先平台限制被告抓取数据的行为可能违背了用户授权被告使用数据的意愿。

美国法院在数据竞争案件中也强调用户授权的重要性,将用户授权作为数据分类的基础,进而判断第三方抓取数据行为的正当性,以及在先平台拒绝其他经营者访问自身平台上数据这一行为的合法性。近期最典型的例子是 hiQ 与 LinkedIn 案,该案的基本事实和争议焦点与我国(2021)京民终 281 号案类似,均涉及互联网平台作为用户数据的控制者是否有权限制其他经营者收集、使用其平台上的用户数据的问题,但与我国案件不同的是,该案所涉的数据为公开的用户数据。

在该案中,美国第九巡回上诉法院(以下简称第九上诉法院)认为,在《反计算机欺诈和滥用法案》(Computer Fraud and Abuse Act,CFAA)项下禁止"未经授权"访问计算机这一规定中,"未经授权"的概念不适用于公开网站的情形,因为这类对公众开放的网站一般公众即可访问,不需要获得事前授权,在此基础上,法院认定 hiQ 抓取 LinkedIn 服务器上可公开访问的用户数据的行为不构成违反《反计算机欺诈和滥用法案》,并禁止 LinkedIn 拒绝 hiQ 访问 LinkedIn 网站上的公开用户数据。① 在论证过程中,第九上诉法院根据访问是否需要用户授权和是否实际取得授权作为标准,将 CFAA 涉及的计算机系统分为对公众开放且无须授权的计算机、需要授权但已获得授权的计算机以及需要授权但未获得授权的计算机三类,并将 LinkedIn 网站上的公开用户数据认定为第一类,即任何互联网用户都可以访问。② 这一案件表明美国法院重视用户视角,对于用户选择公开并已公开的数据,第三方的抓取行为不构成违法。也就是说,对于谁可以使用、处理用户的个人数据,用户授权代表了用户的选择,应当成为判断企业使用、处理、抓取数据等行为正当性的出发点和基础。

数据可携带制度"用户对其个人数据的权利是决定性的"这一理念更新了看待我国数据竞争案件的眼光,为我国处理这些案件提供了新视角——应全面考察用户、在先平台以及经用户授权的第三方之间的关系,尤其是用户对相关个人数据所享有的优先权益及其在竞争场景下所扮演的角色,有必要在竞争分析

① See HiQ Labs, Inc. v. LinkedIn Corp., 31 F.4th 1180 (9th Cir. 2022).

② See HiQ Labs, Inc. v. LinkedIn Corp., 31 F.4th 1180 (9th Cir. 2022).

中补充并重视用户视角。这一新思路有利于构建以用户为中心的数据市场,对外释放出重要信号,长远来看将产生正面影响。这种正面影响主要体现在用户、竞争和产业三个方面:第一,重视用户对数据的权利和意愿对用户选择产品或服务的自由和权利的尊重和保护,让用户用脚投票,决定市场的赢家,这是建立公平竞争、充分开放的市场的重要制度设计之一。第二,在用户选择自由的基础上,用户能决定其数据的使用和流动方向,这将引导广大经营者回归到用户身上,聚焦用户需求,为吸引用户、争取用户授权而创新产品,提升服务,推动市场形成自发秩序。第三,从产业的角度来看,用户自由携带数据将释放出鼓励用户授权多个经营者使用其个人数据的信号,数据作为数字化转型的中心、数字经济的关键要素,更普遍的用户授权将有助于解锁数据价值,促进数据流动和重复使用,激发数据相关的创新研发,推动数据助力产业数字化升级。

实际上,数据可携带权与我国司法实践形成的三重授权原则之间存在直接冲突。北京知识产权法院在(2016)京 73 民终 588 号案中首次提出三重授权原则时强调,用户信息是社交软件提升企业竞争力的基础和核心,新浪微博在对外提供用户信息时坚持的三重授权原则(用户授权 + 新浪授权 + 用户授权)在保护用户隐私的同时维护了自身核心竞争优势,第三方通过 API 获取用户信息也应坚持三重授权原则,第三方在未经用户同意、未取得新浪授权的情况下获取利用用户信息的行为构成不正当竞争。① 三重授权原则重视在先平台对于用户数据的利益,强调对数据流动的限制,而数据可携带权关注的是用户对其数据的权利,突出数据的自由流动,两者在价值理念层面的分歧直接导致司法领域数据流通规则方面的冲突。② 为了调试这一冲突,一种思路是严格区分数据类型,考察数据特征。例如,对于可识别的个人数据这种原始数据,尤其是已公开的个人数据,数据流动或第三方爬取经用户同意即可,无须取得在先平台的同意或授权,不适用三重授权原则。③

综上所述,DMA 数据可携带条款是对 GDPR 数据可携带条款的升级和创新,是提升数字市场可竞争性的重要制度设计之一。虽然数据可携带制度具有

---

① 参见北京淘友天下技术有限公司等与北京微梦创科网络技术有限公司不正当竞争纠纷二审案,北京知识产权法院民事判决书,(2016)京 73 民终 588 号。

② 参见刘辉:《个人数据携带权与企业数据获取“三重授权原则”的冲突与调适》,载《政治与法律》2022 年第 7 期。

③ 参见刘辉:《个人数据携带权与企业数据获取“三重授权原则”的冲突与调适》,载《政治与法律》2022 年第 7 期。

促进竞争的潜力，但 GDPR 的实施经验显示这一制度的实施面临实施范围有限、合规水平参差不齐、用户认知不足等挑战。从数字市场的实际情况来看，数据可携带制度能够发挥的效果可能有限，因为当前数字市场的竞争已上升为生态层面的竞争，生态内数字产品或服务具有独特性，导致市场内通常缺乏替代品，用户面临“无处可携”的局面，有意切换产品或服务的用户面临高转换成本。一旦 DMA 数据可携带条款进入实施，“守门人”将承担合规成本，成本高低取决于具体合规和技术措施、是否需额外投资算力等多方面因素。而对于接收方来说，用户携带的数据究竟能带来多大价值需要进行个案分析。欧盟以外，美国拟在联邦层面的竞争立法中引入类似 DMA 的数据可携带规则，这些法案后续能否获得通过、落地有待观察，中国现阶段暂时没有制定类似 DMA 此类面向超大型平台的升级版数据可携带条款。

数据可携带条款为我国处理数据抓取案件带来了新的思路。我国部分数据竞争案件聚焦竞争关系，未全面考察用户、在先平台以及经用户授权的第三方之间的关系，尤其是用户对相关个人数据所享有的优先权益及其在竞争场景下所扮演的角色，有必要在竞争分析中补充并重视用户视角。这一思路上的更新有利于构建以用户为中心的数据市场，对外释放出重要信号，长远来看将对用户、竞争和产业带来正面影响。

第八章

“守门人”平台 FRAND 接入义务评析

许如清*

在数字经济的多边市场中，守门平台连接并促进了来自市场不同方面经济主体（通常包括消费者或最终用户与商业用户）的互动，是在线经济活动的核心。因此，公平的数字市场涉及多维度的交易关系，特别是平台与其商业企业的关系，以及平台与最终消费者的关系。然而，由于大型数字平台的超级市场地位和企业、消费者对数字平台的依赖性，守门平台利用市场力量对其他主体施加不公平条件的现象屡见不鲜。《数字市场法》（DMA）作为数字经济反垄断法的一个范本，创制了许多新的规则来保障数字市场的公平性。其中一个维度，就是通过保障守门平台和其他经营者的公平交易（包括接入）。而 DMA 第 6(11)条与第 6(12)条，即 DMA 中着重强调“守门人”与其他经营者交易时（提供接入时），应当遵从 FRAND（公平、合理、非歧视）义务的两款。

* 许如清，广东财经大学智慧法治研究中心研究员。

一、条文介绍

DMA 第 6(11)条,要求"守门人"以公平、合理、非歧视方式提供排名、搜索、浏览数据的义务。其条款全文为:"对于最终用户以免费或付费方式通过'守门人'线上搜索引擎所产生的排名、查询内容、点击率和网页浏览等方面的数据,只要第三方线上搜索引擎服务商提出要求,'守门人'应向其提供上述数据,但前提是要对其中所涉及的个人数据进行匿名化处理。"

DMA 第 6(12)条规定,"守门人"应按照 DMA 第 3 条规定并在公平、合理、无歧视的前提下向其他经营者开放"守门人"软件应用商店、在线搜索引擎以及社交网络服务。为此,"守门人"应当将接入的通用条件进行公示,包括争议解决机制。欧盟委员会应当审查,该等接入条件是否符合本条的规定。

(一)立法渊源

1. DMA 第 6(11)条

在 DMA 的起草过程中,欧盟委员会对于 DMA 潜在的影响做了较为全面的评估,并于 2020 年 12 月发布了《数字市场法影响评估报告》①,作为推进 DMA 立法的依据之一。在报告中,列出了所观察到的搜索引擎的几项现有的实践,其中一项是在线搜索服务提供者由于拥有大量搜索数据,利用其相较于竞争者的数据优势来提高市场进入的门槛。在报告中列出的观察,通常是有现实中的案例与之对应,而这一条对应的就是 2017 年欧盟处罚的 Google 搜索比较购物案。该案中主要规制的是 Google 将自身的比较购物服务优于其他比较购物服务展示,被认定为滥用市场支配地位下的歧视待遇。②

该报告还充分参考了其他法域的相关实践,如美国司法部连同美国 11 个州的检察官于 2020 年诉 Google 案。该案主诉 Google 通过反竞争及排除行为在在线搜索市场上非法维持其垄断地位。其中,在起诉状③中,美国司法部提出,搜索引擎的原理就是利用复杂的算法持续地获取数据学习,而数据的数量、多样性以及获取的速度都将影响算法学习的速度。当 Google 的前 CEO 被问到 Google

---

① See European Commission, *Impact assessment of the Digital Markets Act*, https://digital - strategy. ec. europa. eu/en/library/impact - assessment - digital - markets - act.

② See case details on Google Search (Shopping) (Case AT. 39740) Commission Decision notified under document number C(2017) 4444 final [2017] accessed 16 September 2022.

③ See Complaint, United States v. Google, Case No. 1:20 - cv - 03010 (D. D. C. Oct. 20, 2020), https://www. justice. gov/opa/press - release/ file/1328941/download.

最大的优势时,其回答:“规模。我们承载的数据规模非常大”。美国司法部认为,Google 通过分发协议将规模锁定,并拒绝向其他竞争者开放,是其非法维持垄断地位的重要手段。

该报告也引述了其他法域反垄断机关的报告,其中就包括英国反垄断机关(CMA)2020 年发布的《在线平台与数字广告市场报告》①,其通过实证研究认为,对于搜索引擎而言,用户点击及搜索(click - and - query)的数据越多,其获得的规模效应就越强,其算法能够更好地学习并不断优化,使其能够为用户提供较之竞争者更有相关性的搜索结果。而由于相关性对于搜索服务而言至关重要,其他竞争者由于缺少点击及搜索的数据,将限制其与 Google 竞争的能力。

2. DMA 第 6(12)条

此前的版本中,此条中只要求“守门人”以 FRAND 原则向其他经营者开放应用商店的接入,而在最终的版本中,添加了在线搜索引擎和在线社交网络,展现出了欧盟委员会扩大 FRAND 义务适用范围的意图。DMA 的起草,耗时两年有余,而就在 2022 年 3 月,接近尾声的三方沟通中(欧盟委员会、欧洲议会与欧洲理事会),对此款进行了修改。

这一修订的一大动力源于欧洲的出版商,出版业界曾提出建议,希望能将 FRAND 义务推广适用于确定在线内容的对价,但被拒绝。② 而其提出的将 FRAND 义务在 DMA 第 6(12)条下扩展到搜索引擎和社交网络,最终在 DMA 即将出台的最后时刻得到了通过。

欧洲出版商协会的执行董事代表协会评论道:“由于‘守门人’及其核心平台服务,包括浏览器,其社交媒体内容在互联网上被看到、被找到和分发是如此至关重要,我们欢迎三方沟通中最终决定将 FRAND 接入的义务从仅仅适用于应用商店,扩大到包括搜索引擎和社交网络。”③

在 DMA 的“鉴于条款”第 62 段中,对于立法的渊源进行了详细的解释:

---

① See Competition & Markets Authority, *Online Platforms and Digital Advertising*, 1 July 2020, https://assets. publishing. service. gov. uk/media/5fa557668fa8f5788db46efc/Final_report_Digital_ALT_TEXT. pdf.

② See DMA: *EU Negotiators Split on Whether Text Covers Remuneration For Rightsholders*, https://www. euractiv. com/section/digital/news/dma - eu - negotiators - split - on - whether - text - covers - access - conditions - for - rightsholders/.

③ See EPC Welcomes Finalization of Trialogue Negotiations on a Digital Markets Act, https://www. epceurope. eu/post/epc - welcomes - finalization - of - informal - trialogue - negotiations - on - a - digital - markets - act.

对于软件应用商店、在线搜索引擎以及在线社交网络服务,“守门人”应当公布接入的条件,而且条件应当是符合 FRAND 原则的。“守门人”还应当为经营者提供位于欧盟的,可获得的、公正的、独立的且免费的第三方争议解决方式(但不涉及经营者自身的开支),以及为了避免经营者滥用争议解决机制而采取的适当的措施。但这类第三方争议解决方式,并不会影响经营者根据欧盟法或者本国法向司法机关寻求赔偿。

“鉴于条款”强调,“守门人”向第三方开放软件应用商店,是其他经营者触达最终用户的重要门户。此处,“鉴于条款”再次提到第 6(11)条所提到的有关“公平”的理解。《欧盟数字市场法经济专家组的报告》(The EU Digital Markets Act A Report from a Panel of Economic Experts)指出,第 6(11)条与第 6(12)条是 DMA 中仅有的两款明确提出 FRAND(公平、合理、非歧视)义务的条款。“鉴于条款”指出,“守门人”和需要使用其软件商店的第三方之间存在谈判力量上的不平衡,因此“守门人”的接入条件,包括定价规则,不能是不公平的,或者将导致不正当的差别待遇。而何为不公平的条件,则是上面曾提到过的,定价或者其他接入方面的条件,如果将会使其他经营者的权利与义务失衡,或者赋予“守门人”与其提供的“守门人”服务不成比例的优势,或者导致其他经营者在提供与“守门人”类似或一样的服务中处于劣势。

(二)立法原意

1. DMA 第 6(11)条

根据 DMA“鉴于条款”第 61 段所述,在线搜索引擎对于其商业用户以及最终用户而言的价值,随着用户数的增加而增加。提供在线搜索引擎服务的经营者收集并储存了聚合的数据集,其中包含了用户搜了什么、用户的互动以及搜索的结果等信息。这类经营者不但收集了在其自身平台上搜索的数据,也可能收集了在其下游商业伙伴平台上搜索的数据。这些“守门人”对于这类排名、搜索、点击和浏览数据的接入权,构成了对于市场进入和扩张的重要阻碍,破坏了在线搜索引擎服务市场上的竞争。因此,要求这类经营者共享这类数据,其他搜索引擎经营者就能够优化其服务,并对“守门人”的服务发起挑战。立法者也注意到了在这一数据共享的过程中需要注重用户个人数据的保护,但要求应当以适当的方式来进行个人数据保护,避免实质上减损该类数据的质量或者效用。

简单来说,DMA 第 6(11)条要求提供搜索引擎服务的“守门人”与其竞争者共享数据:给其搜索引擎市场上的竞争者提供排名、搜索、浏览数据(不论是自然排序结果,还是广告排序搜索结果),除非数据保护相关法规另有规定。

2. DMA 第6(12)条

《数字市场法影响评估报告》对本条的举例是,“守门人”对于不同的经营者接入其软件应用商店,收取了不同的费用,却无法提出清晰的正当理由。

而在第6(12)条背后的案件是欧盟委员会对于 Apple App Store 多年来的一系列关注和调查。据报道,从 2020 年开始,欧盟便展开了对苹果公司的多项反垄断调查,其中就有三项调查与苹果手机的应用商店垄断行为有关,分别涉及音乐流媒体 App,电子书 App 以及其他所有 App。

上述提到的收取不同的费用,可以认为是指向引发业界不少举报与争议的“苹果税”。目前,苹果公司对其他公司通过 App Store 平台获取的销售额抽取 15% ~30% 的佣金,这也被业内称为“苹果税”。

欧盟发起的调查涉及几起企业投诉。2020 年,乐天 Kobo 电子书向欧盟委员会投诉,①苹果对 Kobo 在苹果设备上发生的电子书交易抽成 30%。这意味着如果 Kobo 想通过其应用销售图书,每售出 1 本书就要支付 30% 的佣金。然而同时,苹果公司还在推广自家产品 Apple Books,与 Kobo 等类似产品竞争。这意味着不用缴纳所谓佣金的 Apple Books,其销售成本实质上是更低的。

欧盟委员会在其《对〈数字市场法影响评估报告〉的支持性研究报告》的附件 4② 中,对与本条相关的案例进行了解读。欧盟委员会认为与此相关的是苹果商店限制其他经营者接入和使用用户数据。

经过一系列的分析,欧盟委员会认为,苹果公司的多种行为可能对第三方 App 提供者产生不利的影响。欧盟调查若能确认有消极影响,将设置限制性条件以增强第三方 App 提供者在应用商店层面与苹果公司的谈判优势。欧盟委员会认为,苹果手机与苹果应用商店的纵向融合如果能得到限制,如果能够限制苹果公司在其应用商店供应其自产的 App,苹果公司的“守门人”地位以及向其他市场传导其市场力量的能力将受到限制。但欧盟委员会认识到这将对公司的业务模式产生过强的干涉。欧盟委员会提出了多种其他方案,包括将苹果的手机业务与应用商店业务进行拆分以阻止交叉补贴,以及对苹果应用收取的“苹

① See Apple Faces Twin Antitrust Probes in Brussels, https://www.ft.com/content/9c847838 - ca25 - 43cf - a962 - 0d3588d8d34d.

② See European Commission, *Digital Markets Act Impact Assessment Support Study Executive Summary and Synthesis Report*, p. 268 - 288.

果税"进行规制等。

通过这份研究报告,可以看出欧盟委员会对于苹果公司结合上游的市场力量,在应用分发市场上的反竞争行为的深刻忧虑以及希望能从各个层面尝试击破的愿景。

欧盟委员会还提到,荷兰反垄断机构也曾对应用商店展开调研,并提出在 iPhone 上,除苹果应用商店之外,App 提供者没有太多触达用户的选择。虽然在安卓手机上,技术上 App 提供者可以绕开限制来触达用户,但这一选项也只对于已经通过其他渠道拥有了一定用户基础的公司有现实意义。

(三)重要创新

1. 跨平台的数据共享

在《欧盟数字市场法经济专家组的报告》①中,对此在 6.3 章专门做了论述,其认为这一类条款是直白地要求"守门人"与平台外的商业用户共享数据。专家们指出,DMA 第 5 条、第 6 条中的不少条款所规制的是"守门人"与经营者在平台内共享数据的问题。而第 6(11)条,与 DMA 第 5(2)(b)条中所要求的,"守门人"不得跨平台融合个人数据,是两项有关在平台外进行数据共享的义务。专家们指出,平台获得最终用户的个人数据是有利有弊的:一方面,平台获得用户的个人数据能够提高服务的效率、产品的多样性、个性化的推荐等;另一方面,平台获得了大量的用户个人数据后将提高市场进入的门槛,会导致市场上的竞争变少,而用户将变相地支付由竞争减少所带来的成本。

2. FRAND 义务

《欧盟数字市场法经济专家组的报告》指出,第 6(11)条与第 6(12)条是 DMA 中仅有的两款明确提出 FRAND(公平、合理、非歧视)义务的条款。但 DMA 并未对何为 FRAND 义务作出明确的定义。在 DMA 的立法序言(para. 33)中,对于何为不公平(unfairness)有一些模糊的描述:如果对商业用户施加的权利和义务不平衡给予了"守门人"竞争上的优势,那就是一种不公平。

在序言的第 62 段中,欧盟委员会再次强调:定价或者其他接入方面的条件,如果将会使其他经营者的权利与义务失衡,或者赋予"守门人"与其提供的"守门人"服务不成比例的优势,或者导致其他经营者在提供与"守门人"类似或一样的服务中处于劣势。序言中列出了集中判断定价或者其他接入方面的条件是

① European Commission, *The EU Digital Markets Act: A Report from a Panel of Economic Experts*, p. 4.

否公正的考量因素:(1)其他软件应用商店服务商收取的价格或者交易条件;(2)软件应用商店服务商收取的不同但相关服务或类似服务或向不同最终用户收取的价格或者交易条件;(3)软件应用商店服务商就同一服务在不同地区收取的价格或交易条件;(4)软件应用商店向其自身提供的相同服务所收取的价格或交易条件。

虽然在《欧盟数字市场法经济专家组的报告》中,专家对 FRAND 条款持有不同的意见,其认为 DMA 没有详细说明 FRAND 条款的内涵,也未说明可能会如何实施这一条,并且这些考量因素在序言中论述时主要针对的是软件应用商店服务商,但笔者认为,这种具体的考量因素的列举,体现了 DMA 如何论证公平与否的立法意图,也就是通过不同角度的比较,通过检验在这类场景下,"守门人"对于其他人有没有歧视、区别对待,或者给予自身优待,来确保公平。这也为企业在合规中判断自己有没有达到公平提供了一些判断的思路。

二、潜在影响

(一)DMA 第 6(11)条

在《欧盟数字市场法经济专家组的报告》中,专家们认为,第 6(11)条剑指 Google。专家们指出,对于搜索引擎而言,数据的积累以及规模效应在搜索引擎的效率中起到至关重要的作用。数据共享可能会降低 Google 的市场份额,并且在较小的搜索引擎中重新分配用户,即削弱网络效应的规模。但专家们认为第 11 款未必能起到设想中的成效,因为 Google 已经早就度过了额外数据聚合和用户群增长的收益递减点,因此即使通过数据共享让较小的搜索引擎进入市场,对 Google 的市场份额的冲击也是轻微的。①

如上所述,专家们似乎对于本条款对 Google 的冲击并不抱有很大的希望。但从本条款设置的义务本身来看,它实际上是完全突破了传统反垄断的分析框架,是一项对企业拥有的数据做相当程度的"干预"的高要求。

《数字市场法影响评估报告》中,欧盟委员会对于每一条义务的影响都作出了描述,但都非常宽泛和正面。针对该条款,欧盟委员会认为,对"守门人"的影响是,将增加在线中介服务市场以及在线搜索引擎市场上的竞争。而加剧的竞

① European Commission, *The EU Digital Markets Act: A Report from a Panel of Economic Experts*, p. 23.

争将使“守门人”更有动力来进行创新和提供更高质量的产品。而对于竞争者和市场的新进入者，他们将能够凸显出其提供的服务与“守门人”的区别，并且展示出其产品或服务的质量。对于其他经营者和消费者而言，报告中只是泛泛地表示，竞争增加将可能会使用户的选择增加了，从而获得更低的价格以及更高质量的产品。

（二）DMA 第 6（12）条

《数字市场法影响评估报告》中，欧盟委员会也对本条款的影响做了宽泛的描述。其认为，当“守门人”无法在平台上对第三方进行区别对待时，它们将无法阻止第三方从公平的接入条件中获益。但欧盟委员会也强调，只要是公平的、无歧视的，“守门人”还是能够决定具体的接入条件，做到一视同仁就可以。而对于其他竞争者而言，其将终于获得更平衡的谈判地位。对于第三方 App 提供者来说，其将能够把更好的服务和产品提供给消费者。

2021 年 5 月，美国信息技术与创新基金会（ITIF）发布《〈数字市场法〉：欧洲的预防性反垄断法》报告①，对于第 6（2）条提出了类似于第 6（11）条的批评。该规则也属于免费“搭便车”的情况。诚然，不可否定的是，苹果公司是苹果应用商店的搭建者，投入了一定的资源和力量。其他方是否应当享受商店的流量和展示空间，搭上苹果公司的东风，苹果公司能否优待自身的 App，是一个尚有争议的问题。一部分报道中的观点认为，尽管苹果公司在“苹果税”和 Apple Pay 上的处理行为的确对 iOS 生态系统内的开发商产生不公，“但这是一个你情我愿的行为，开发商也能利用苹果的生态系统便利地向广大消费者销售，付出佣金理所当然”。

再者，ITIF 的报告指出，欧盟对苹果和谷歌两家公司应用商店垄断行为的认定需考虑到一个事实，即应用商店和手机系统甚至手机硬件的关联性。例如，以往市场上有微软、黑莓等手机厂商时，它们均有各自的应用商店。因此，新的应用商店会随着新的智能手机厂商进入市场竞争而出现。笔者认为，ITIF 认为，这个市场的竞争是激烈的（因为智能手机市场的竞争是激烈的），因此市场进入的门槛并不是不可跨越的。

---

① See ITIF, *The Digital Markets Act: European Precautionary Antitrust*, https://itif.org/publications/2021/05/24/digital - markets - act - european - precautionary - antitrust.

三、潜在问题

FRAND 义务的设置是否过于严苛？虽然从全世界范围来看，DMA 的横空出世被认为是欧盟委员会走在数字市场监管前列的创新，值得借鉴和学习，但全球市场上也有一些不同的声音。

ITIF 发布的《〈数字市场法〉：欧洲的预防性反垄断法》报告整体上从批判的角度审视了 DMA 的条款，直白地预判 DMA 将阻碍创新，抑制中小企业的发展并最终损害经济发展。其中，针对第 6(11) 条，也提出了具体的批评。

该报告中对于第 6(11) 条首先提出的质疑是"搭便车"的问题。由于其他经营者可以接入"守门人"的大量搜索数据，那么其他经营者很有可能利用这类接入，来提供"守门人"花费许多年建立起来的搜索引擎服务的其他辅助服务。该报告还指出，在《欧盟数字市场法经济专家组的报告》中也指出所谓的"公平"到底是什么，DMA 并没有给出明确的答案，而只是在序言中模糊地提出：定价或者其他接入方面的条件，如果将会使其他经营者的权利与义务失衡，或者赋予"守门人"与其提供的"守门人"服务不成比例的优势，或者导致其他经营者在提供与"守门人"类似或一样的服务中处于劣势。

该报告表示，虽然支持 FRAND 接入的要求，但不管是第 6(11) 条还是第 6(12) 条，既然规定了义务，就应该保证准确。这里的公平究竟是保证效率，还是保证平等。如果公平意味着效率，那么可能会伤害到效率低下的竞争对手，但对于整体社会有意义。如果公平意味着平等，那么低效的行为反而会受到法规的保护。该报告认为，搜索引擎的定义就决定了不存在平等的问题，因为搜索引擎就有结果排序，排序就代表着有前有后，有的受益，有的就会受损。这种不平等的待遇是正当的，因为它对于竞争对手的效率做了区分，而且遵从了消费者的偏好。因此，该报告认为，强行要求平等，漠视了消费者的偏好和牺牲了效率，会导致社会福利的降低，会使低效的经营者反而受益。

该报告继续指出，欧盟提出分享数据的逻辑依据之一是，它认为搜索引擎服务及其背后的算法属于"标准必要专利"（Standards - Essential Patents, SEP），而 SEP 适用于"基础设施原则"。上述争论的焦点是搜索引擎的算法及其产生的数据是否应归类为 SEP。而报告显然认为鉴于市场上还存在其他的搜索引擎，因此搜索引擎的算法并不构成 SEP。报告中举例，即使是 Google，在市场上也不是不可替代的，因为市场竞争非常激烈。由此可见，"标准必要专利"和"基础设施原则"的推论并不成立，FRAND 承诺在这种竞争环境中是不合适的。

总体而言，上述的报告认为，DMA 中的诸多规定仍显抽象，其含义和界限尚需进一步具体化。

四、数据相关的风险与挑战

除 FRAND 义务之外，DMA 在第 6(11) 条中的另一重要创新是实质上要求数据跨平台的共享。由于数据领域的不少法律问题本身也尚未厘清，存在争议，而本条款由于涉及数据领域的问题，自然也导致其设置过于超前。举例而言，以下的风险是实际操作中要求"守门人"向其他方开放搜索数据可能需要面对的问题。

第一，数据权属方面的问题。由于数据确权仍是一个未有定论的问题，"守门人"开放数据遇到的第一个问题就是，这些搜索的数据归于谁。在整个平台体系中，哪些数据属于企业自身，哪些属于用户，由此可能会带来数据权属不清的挑战。从个人信息保护角度来看，对第三方使用该等数据目的有没有进行限定，有没有在最小范围内进行平台数据的融合？作为个人，是否可以对融合提出限制或者否定的权利？数据融合有没有做到透明化处理，是否让用户知情或者有拒绝甚至删除、转移数据的权利？

此外，国家、政府对重要数据、核心数据等是否有所有权？在某些情况下，数据本身只是一般的非个人信息，但由于数据量非常大，以及包括一些衍生的信息或经加工以后的统计性数据，就可能会演变成重要数据，这是一个动态过程。此外，两个企业之间同一数据是否会产生权属竞合，企业何时丧失数据权利等问题也值得留意。

第二，数据汇集、开发和数据传输、存储安全风险。DMA 中并没有对搜索数据如何向第三方开放作出明确的规定，有待在将来的规定和实践中进一步厘清。如果涉及数据的传输，那么在不同平台之间，传输数据的时候也会存在敏感数据的暴露，甚至可能涉及主体责任不清，以及在进行相应的安全处理的时候，在不同安全域之间数据的流通和传输过程中会有强度降级的情况。

第三，用户信息方面的问题。在某些情况下，由于平台级别越来越高、规模越来越大，安全措施和能力没有及时跟上，甚至没有进行数据隔离或单独存储。如果把所有平台的数据都进行打通，并且没有权限设置，还有可能被第三方通过外部侵入或攻击、密码被盗用、里应外合窃取等方式进行恶意或错误访问，而造成用户的人身财产损失。

五、对国内的启示

（一）DMA 第 6(11)条

有一部分观点认为，DMA 是预防性的反垄断法，是对垄断行为进行的前置性的预防，而不是传统的反垄断法的事后处罚。但在笔者看来，DMA 在许多方面已经突破了传统反垄断法的框架，如反垄断法最基础的相关市场界定，垄断地位判断标准等概念。笔者倾向于认为 DMA 创设了一套新的针对数字平台的规制体系，而这一体系已不再立足于反垄断法植根的经济学原理和市场观察，而是基于欧盟对现有市场竞争状况和数字平台的判断。这套新的体系能否有效地规范平台的行为，同时不减损市场主体的活力，还有待于实践的检验。

但这套体系由于已经脱离了反垄断的判断框架，其中，就会存在与现存的反垄断规则的冲突之处。以 DMA 第 6(11)条为例，根据世界通行的竞争规则，竞争者之间不得进行敏感数据的交换，敏感数据的范围很广，包括价格、客户、成本、策略等。那么，如果要求"守门人"向第三方引擎服务提供商，也就是"守门人"在搜索引擎市场上的直接竞争对手，提供排名、搜索、浏览数据，如何避免竞争者利用这一制度交换数据以实现协同，达成横向上的垄断协议，将是一个复杂的问题。

以上的例子带来的思考是，DMA 中设定的义务是否已经走得太远，是否与现行有效的竞争法规产生了脱离，在实践中，DMA 将带来怎么样的冲突。因此，反观国内对数字平台的约束，正在逐步地通过小幅修订现行法律法规，如《反垄断法》《反不正当竞争法》，以及出台参考性的国务院反垄断委员会《关于平台经济领域的反垄断指南》，逐步温和地推进。

我国与欧盟在数字领域发展存在巨大差别，即我国的互联网行业发展走在国际的前沿，并且中国互联网企业纷纷出海国际化，而欧盟则在美国互联网巨头的扩张下，鲜有突出的本地互联网企业。考虑到这一现实的差别，我国应该继续观察 DMA 在实践中的运用与完善。尤其是 DMA 第 6(11)条涉及甚广，包括竞争规则、数据权属、个人信息保护等，在 DMA 中也是"需进一步确认的义务"，即根据 DMA 第 8 条，将可能会通过起草一项实施细则，来进一步对第 6 条中的义务进行确认和细化。因此，本条在实践当中的应用，可能还需要很长时间方能落地。

（二）DMA 第 6(12)条

欧盟委员会在最终成文的 DMA 中，将社交网络服务加入第 6(12)条的规制,与美国反垄断机关FTC诉Facebook案的方向异曲同工。相比于起软件应用商店和搜索引擎,社交网络服务有巨大的差异。其天然的社交属性决定了其更强大的网络效应和高转换成本。

网络效应发生在用户与用户之间,即用户越多,该个人社交网络服务价值越大。网络效应对于社交网络服务市场进入壁垒的影响十分显著。具体而言,由于社交网络的核心目的就是连接,连接用户并与其互动,因此一旦人们在一个社交网络服务平台上建立了自身的社交网络,那么其转换平台的成本将会变得非常高,市场的新进入者很难吸引用户从一个平台转换到另一个平台。同时,用户在长时间使用一个社交平台的过程中创建了大量的历史记录和数据,改用其他个人社交网络服务平台将丢失这些信息,而且转换成本也将随着时间的推移不断提高。

与其不同的是,正如上述讨论中所指出的,对于应用商店而言,由于智能手机的市场竞争十分激烈,如果用户更换手机,那么其将很有可能转换应用商店。而用户对于搜索引擎也不存在如同社交网络服务的黏性。

也正因如此,在社交网络中,如果其他经营者在接入时遭遇差别对待,或者彻底被拒绝接入,那么对于其他经营者触达用户,参与市场竞争的影响是巨大的。

笔者认为,也正是这样的认知,加之上述提到的业界的呼声,才让欧盟委员会、欧洲议会和欧洲理事会决定就在DMA即将出台的最后时刻,对第6(12)条作出修改,足见这一改动的重要性。

在国内市场中,社交网络服务提供商实际上寥寥无几,个人社交网络市场的份额几乎被某一两款软件应用占据,在这一市场结构下,消费者或者其他经营者可能没有其他更多选择或替代品,再加上显著的网络效应,或许可以借鉴DMA上述规定要求社交网络服务商以FRAND原则向其他经营者提供接入。如若不然,无法接入社交网络的经营者,或者接入条件劣于社交网络平台自身或关联产品的经营者,将无法在“公平”的竞技场上参与竞争。换言之,将构成DMA下所述的“不公平”:其他经营者的权利与义务失衡,或者赋予“守门人”与其提供的“守门人”服务不成比例的优势,或者导致其他经营者在提供与“守门人”类似或一样的服务中处于劣势。

笔者认为,在这一点上,DMA的设置值得借鉴。首先,正如DMA第6(12)条所规定的,应当要求“守门人”通过将通用的接入条件进行公示,以证明其遵守了 FRAND 原则。这一步首先解决了部分实践中平台规则模糊不清、平台黑盒操作的问题,让相关的规则接受监管以及公众和申请接入者的检验。其次,DMA 要求“守门人”提供第三方争议解决的选择也值得学习。在实践中,平台间有关接入及接入的争议、纠纷不断。然后由于平台规则的复杂性,以及在我国数字市场相关配套法律法规尚不完善的情况下,不论是法院审理,还是监管机关判定,都需要漫长的程序和复杂的论证过程,花费不菲。而在瞬息万变的数字世界,不能及时地解决纠纷,往往将使一部分中小经营者不堪重负,甚至严重时可能就此衰败。因此,DMA 对“守门人”提出的这一要求,实质上是要求“守门人”积极地回应第三方的接入申请,如果有不能接入或接入条件不同的正当原因,应当作出及时的反馈,以此来促进沟通。如果仍然不能解决问题,应当通过调解、仲裁等更高效的争议解决机制来解决纠纷。这为我国实践中,平台间没有高效的沟通机制,接入受阻或接入条件不公平的现状迟迟得不到有效解决,提供了一个思路。

第九章

“守门人”平台互操作性义务评析

翟　巍*

欧盟创设《数字市场法》的宗旨是促使欧盟数字行业的发展呈现“更加公平并具有可竞争性”的特征。基于此，欧盟立法者在《数字市场法》中设定一套严格的关于“守门人”企业的认定标准。如果大型在线平台企业符合关于“守门人”企业的认定标准，那么这些企业就必须遵循《数字市场法》为其量身定做的积极性义务与禁止性义务。①

在数字经济领域，共享是数据伦理的基本原则之一，唯有开放与共享才能最大限度发挥数据的价值。② 而没有正当理由拒绝互操作性（interoperability）的行为势必阻碍数据的开放与共享，损害欧盟数字行业的健康发展态势，并侵蚀社会公众的福祉。由于这一原因，欧盟立法者在《数字市场法》中设置了若干促进互操作性的法条，以从外部治理的视角防范与规制“守

* 翟巍，华东政法大学经济法学院副教授，华东政法大学竞争法研究中心执行主任，德国美因茨大学法学博士。

① See European Commission, *Digital Markets Act (DMA)*, https://competition-policy.ec.europa.eu/sectors/ict/dma_en.

② 参见赵刚：《数据要素：全球经济社会发展的新动力》，人民邮电出版社2021年版，第239页。

门人”企业采取的恶意拒绝互操作性行为。其中,《数字市场法》第 7 条是针对“‘守门人’企业在不占用号码资源的人际通信服务领域实施拒绝互操作性行为”予以规制的专项法条。

一、《数字市场法》第 7 条的立法渊源与功能定位

在欧盟法律制度架构下,关于互操作性要求的条款散见于多部法律。不过,新近出台的《数字市场法》对互操作性的要求显著高于欧盟《电子通信法》(Electronic Communications Code)、《欧盟运行条约》中竞争法律条款的同类要求。①

从立法宗旨角度分析,欧盟立法者希望通过设立《数字市场法》第 7 条的方式,在不占用号码资源的人际通信服务领域推进实施互操作性标准,确保该领域的市场竞争机制不被扭曲,并相应增加消费者的福利。具言之,在 2022 年 3 月对《数字市场法》文本内容的最终讨论中,欧盟立法者及政策制定者决定在《数字市场法》文本中植入一项新的要求,即要求“守门人”企业确保其人际通信服务领域的横向互操作性,从而使新生服务能够更加容易地与既有服务展开竞争,并相应降低终端用户使用替代性服务的转换成本。② 这项新的要求构成设立《数字市场法》第 7 条的基础性立法渊源。

确立“守门人”企业的互操作性义务是《数字市场法》的重要内容之一。其中,《数字市场法》第 6 条规定了与软件、硬件有关的互操作性义务,而《数字市场法》第 7 条则规定了“在不占用号码资源的人际通信服务领域‘守门人’企业承担的互操作性义务”。其中,“不占用号码资源的人际通信服务”概念是由欧盟第 2018/1972 号指令第 2 条所界定的一项概念。它是指不与公共交换电话网络联结的人际通信服务,也就是说,这类人际通信服务的供给不依赖于国内或国际电话编号资源的分配。在迄今为止的实践层面,不占用号码资源的人际通信

① See Jacqueline Rowe, *The EU Digital Markets Act: Is Interoperability the Way Forward*? https://www. gp – digital. org/the – eu – digital – markets – act – is – interoperability – the – way – forward/#: ~ :text = Article% 207% 20requires% 20gatekeepers% 20to% 20make% 20basic% 20functionalities, sharing% 20of% 20images% 2C% 20voice% 20messages% 2C% 20videos% 20and% 20files.

② See Jacqueline Rowe, *The EU Digital Markets Act: Is Interoperability the Way Forward*? https://www. gp – digital. org/the – eu – digital – markets – act – is – interoperability – the – way – forward/#: ~ :text = Article% 207% 20requires% 20gatekeepers% 20to% 20make% 20basic% 20functionalities, sharing% 20of% 20images% 2C% 20voice% 20messages% 2C% 20videos% 20and% 20files.

服务类型包括 WhatsApp、Zoom、Skype、Signal、Threema、Telegram、iMessage、Facebook Messenger、E－mail 等。

在当今域内外社会人际交往领域，不占用号码资源的人际通信服务已经逐步取代传统占用号码资源的人际通信服务（如手机通话、固定电话通话）而占据主导地位。提供不占用号码资源的人际通信服务的“守门人”企业不仅实质掌控广大用户的数据资源、流量资源，而且可能滥用平台内部治理权限，没有正当理由排斥互操作性与互联互通要求，进而借助网络效应、规模效应等经济效应，将自身在不占用号码资源的人际通信服务市场的垄断势力传导到若干相邻市场，以致形成双轮、多轮垄断的格局。① 基于此，《数字市场法》第 7 条的预设功能可以作如下界定：在不占用号码资源的人际通信服务领域，经由监管机关的外部治理措施，纠正“守门人”企业内部治理行为的偏差，以防范市场公平竞争机制的倾覆风险。依据《数字市场法》第 7 条的细则性规定，“守门人”企业应当在各种子类型的不占用号码资源的人际通信服务领域分阶段、分类型履行互操作性义务。

在《数字市场法》框架下，互操作性是指计算机系统、软件程序之间相互交换与利用信息的能力。② 互操作性要求包括纵向与横向互操作性要求。所谓纵向互操作性要求，是指“守门人”企业的服务应当与第三方主体服务之间实现互操作性。所谓横向互操作性要求，是指“守门人”企业的服务应当与竞争对手的服务之间实现互操作性。其中，《数字市场法》第 7 条是关于横向互操作性要求的专项法条。该项法条设定的这项新型互操作性义务具有严格性与苛刻性，它势将产生深远影响。具体来说，依据该条规定，在特定条件下“守门人”企业必须与具有竞争关系的消费服务提供商协同合作。例如，在不影响端对端通信加密的情形下，“守门人”企业用户应当有权向“守门人”企业的竞争对手的用户发送消息或通知。③ 基于体系解释视角，《数字市场法》第 7 条规定的是“易受具化规则影响”的“守门人”企业的行为义务，而该法第 5 条规定的是“自动执行”的

---

① 参见翟巍：《超大型数字平台企业双轮垄断的规制范式》，载《财经法学》2021 年第 1 期。

② See Akin Gump, *Digital Markets Act—The New Era of EU Digital Regulation for Big Tech*, https://www.akingump.com/en/news－insights/digital－markets－actthe－new－era－of－eu－digital－regulation－for－big－tech.html.

③ See Alexander Schmalenberger, Stephan Manuel Nagel, Parsa Tonkaboni, *Der Digital Markets Act－eine neue Regulierung für digitale Märkte*, https://www.taylorwessing.com/de/insights－and－events/insights/2022/04/the－digital－markets－act, besucht am 31.08.2022.

"守门人"企业的行为义务。具言之,"守门人"企业必须依据《数字市场法》第7条设定的义务内容,自主制定一套精细化与具体化的履行义务规则,以确保充分履行法定义务。而该法第5条已经规定具体化的"守门人"企业的行为义务,"守门人"企业只需严格遵循该法条要求履行义务即可。①

二、《数字市场法》第7条的立法理由与条款解读

在不占用号码资源的人际通信服务领域,厘定"守门人"企业的互操作性义务被视为确保新兴企业能够进入市场并提供竞争性服务的重要工具。② 具言之,《数字市场法》第7条的实施目标是改善不同"消息平台"之间的互操作性,从而使大型平台与小型平台的用户能够通过消息应用程序相互交换信息、发送文件或进行视频通话。该项法条不仅有助于促进技术创新、经济增长与市场竞争,而且能够帮助中小企业、初创企业与大型平台企业进行公平竞争。③

(一)立法理由

互联互通是网络经济与数字经济基本属性,而互操作性是互联互通的一种表现样态。基于广义界定,互操作性是指系统、产品、服务与在技术层面不同的其他系统、产品、服务进行通信和兼容的能力。例如,Palfrey 和 Gasser 将互操作性界定为"跨越系统、应用程序、组件而传输和呈现有用数据与其他信息的能力"。④ 在数字经济领域,互操作性通常与信息交换或数据流通产生关联。它是更具内涵模糊性和外延宽泛性的概念"兼容性"(compatibility)下属的一项子概念。⑤

---

① See Alexander Schmalenberger, Stephan Manuel Nagel, Parsa Tonkaboni, *Der Digital Markets Act – eine neue Regulierung für digitale Märkte*, https://www. taylorwessing. com/de/insights – and – events/insights/2022/04/the – digital – markets – act, besucht am 31. 08. 2022.

② See Tambiama Madiega, *Regulating digital gatekeepers: background on the future digital markets act*, p. 7, https://www. europarl. europa. eu/RegData/etudes/BRIE/2020/659397/EPRS _ BRI (2020)659397_EN. pdf, last visited: September 7, 2022.

③ See European Parliament, *EU Digital Markets Act and Digital Services Act explained*, https://www. europarl. europa. eu/news/en/headlines/society/20211209STO19124/eu – digital – markets – act – and – digital – services – act – explained.

④ See European Parliament, *EU Digital Markets Act and Digital Services Act explained*, https://www. europarl. europa. eu/news/en/headlines/society/20211209STO19124/eu – digital – markets – act – and – digital – services – act – explained.

⑤ See Wolfgang Kerber, Heike Schweitzer, *Interoperability in the Digital Economy*, http://www. jipitec. eu/issues/jipitec – 8 – 1 – 2017/4531.

在关于互操作性的条款设计层面,欧盟立法机关设定《数字市场法》第 7 条的主要理由如下:(1)互操作性的缺乏将使提供不占用号码资源的人际通信服务的"守门人"企业受益于强大的网络效应,而这将削弱市场的可竞争性;(2)无论终端用户是否具有多宿主性,"守门人"企业通常都将以其提供的不占用号码资源的人际通信服务作为其平台生态系统的一部分,这将进一步强化此类服务的替代供应商进入市场的壁垒障碍,并增加终端用户的转换成本。①

欧盟立法机关设定《数字市场法》第 7 条的立法理由借鉴与映射了理论界及实务界的主导性看法。参照域外理论界主流观点,设定《数字市场法》第 7 条,在不占用号码资源的人际通信服务领域确保互操作性,可以产生以下正向的经济、社会效应:其一,互操作性有助于塑造统一的市场标准,激发更大规模的产品生产,并降低市场中产品变种的数量,由此产生的规模经济效应、范围经济效应与网络外部性将带来巨大的成本优势;其二,互操作性有助于促进产品组件的模块化,这使消费者可以更加便捷地组合来自不同企业的产品,并能够在不同的设备或平台上与其他消费者分享这些组合产品,由此消费者福祉将得到提升;其三,互操作性有助于塑造开放标准与开放平台,这不仅可以促进互补性产品与服务的创新,而且能够增强互补性产品与服务之间的竞争。②

(二)条款解读

《数字市场法》第 7 条包含 9 款规定。在不占用号码资源的人际通信服务领域,这 9 款规定为提供此类服务的苹果公司、元宇宙公司等"守门人"企业设置了分类别、分阶段的横向互操作性义务。在商业层面,这种强制性的横向互操作性义务可以为"守门人"企业的竞争对手保有公平竞争空间。在用户层面,这种强制性的横向互操作性义务可以防止用户(消费者)被锁定在"守门人"企业的核心平台服务(如元宇宙公司的社交网络与 WhatsApp 等核心平台服务)之中。也就是说,根据《数字市场法》第 7 条的规定,用户(消费者)可以自由选择相互具有替代性的各类不占用号码资源的人际通信服务,而不必被迫放弃他们在特

① *See Regulation of the European Parliament and of the Council on contestable and fair markets in the digital sector and amending Directives* (*EU*) 2019/1937 *and* (*EU*) 2020/1828 (*Digital Markets Act*), whereas clause, (64).

② See Wolfgang Kerber, Heike Schweitzer, *Interoperability in the Digital Economy*, http://www.jipitec.eu/issues/jipitec-8-1-2017/4531, last visited: August 31, 2022.

定平台领域建立的朋友圈或群组网络。[①]

1.《数字市场法》第7(1)条解读

追根溯源,在欧洲议会、欧盟委员会、欧盟理事会等欧盟法律、政策制定机关中,欧洲议会对于《数字市场法》第7(1)条的出台居功至伟。依据欧洲议会力推的《数字市场法》第7(1)条,如果“守门人”企业提供基于第3(9)条规定而在指定决定中列出的不占用号码资源的人际通信服务,那么它应当根据请求免费提供必要的技术接口或类似的解决方案来促进互操作性,以使其提供的不占用号码资源的人际通信服务与在欧盟内提供或准备提供不占用号码资源的人际通信服务的另一个供应商服务在基本功能层面实现互操作性。

在《数字市场法》第7(1)条中,欧盟立法机关明确厘定“守门人”企业在基本功能层面的横向互操作性义务。基于此,由于“守门人”企业“画地为牢”而导致的不占用号码资源人际通信服务行业的“龟裂分割”局面将被终结,用户将可以跨越不同通信服务供应商的设施界限而相互通信。在不占用号码资源的人际通信服务行业,用户选择使用由“守门人”企业提供的一项服务的原因可能并非该项服务具有优良质量或创新因素,而是该项服务联结用户的核心朋友圈或群组网络。因此,厘定“守门人”企业在基本功能层面的横向互操作性义务,不仅可以防止“守门人”企业利用用户的高强度黏性而损害用户选择替代性服务的权利,而且能够通过促进互联互通的方式营造“守门人”企业与中小企业公平竞争的市场格局。

2.《数字市场法》第7(2)条解读

依据欧盟及各成员国法律,通信自由权属于欧盟境内社会民众的基本权利。而社会民众自由选择通信服务类型与自由交换信息的权利就属于通信自由权范畴。就功能定位而言,《数字市场法》第7(2)条规定了“守门人”企业在基本功能层面横向互操作性义务的细化内容,以保障社会民众的通信自由权,确保终端用户能够自由选择自身所中意的不占用号码资源的人际通信服务应用程序,而不是被迫使用自身的主要联系人所使用的同类应用程序。也就是说,一个终端用户可以自由选择使用WhatsApp、iMessage、Messenger、Signal以及市场上其他类型的不占用号码资源的人际通信服务应用程序,这不会影响这个终端用户与

① See Jonathan Todd, *European consumers confirm need for effective interoperability in DMA*, https://interoperability.news/2021/04/european-consumers-confirm-need-for-effective-interoperability-in-digital-markets-act/, last visited: September 7, 2022.

使用不同类型的不占用号码资源人际通信服务应用程序的联系人之间进行通信的能力。①

依据《数字市场法》第7(2)条,如果"守门人"企业自身向其终端用户提供第7(1)条所述及的基本功能,那么"守门人"企业应当至少确保这些基本功能的互操作性,从而使终端用户可以自由选择与更换不占用号码资源的人际通信服务应用程序。这些基本功能包括以下三大类别:

(1)基于第3(9)条规定而列入指定决定的下列功能:其一,两个个人终端用户之间的端到端短信;其二,两个个人终端用户之间的端到端通信中共享图像、语音消息、视频和其他附件。

(2)在指定后2年内,下列功能:其一,个人终端用户组内的端到端短信;其二,在群聊和个人终端用户之间的端到端通信中共享图像、语音消息、视频和其他附件。

(3)在指定后4年内,下列功能:其一,两个个人终端用户之间的端到端语音通话;其二,两个个人终端用户之间的端到端视频通话;其三,群聊和个人终端用户之间的端到端语音通话;其四,群聊和个人终端用户之间的端到端视频通话。

3.《数字市场法》第7(3)条解读

依据《数字市场法》第7(3)条的规定,若可适用,则"守门人"企业应当在可互操作服务层面保留向其终端用户提供的安全级别(包括端对端加密)。该条款禁止"守门人"企业实施自我优待与差别待遇行为。也就是说,在一般情形下,"守门人"企业应当按照对自己终端用户提供的安全标准,在互操作服务层面保留同样的安全标准。由于不占用号码资源的人际通信服务通常属于免费服务,因而经营者在该领域的竞争通常聚焦于服务质量、安全标准等维度,而非价格维度。鉴于这一情况,如果一家"守门人"企业对自己终端用户提供的安全标准高于在互操作服务层面的安全标准,那么它实质上是在对自身服务进行自我优待,同时又对与自身平台进行互操作的竞争对手的服务施行歧视。依据以"事后规制"为特征的传统欧盟反垄断法条款(如《欧盟运行条约》第102条),"守门人"企业实施的这类行为涉嫌构成滥用市场支配地位行为。依据以"事前

① See IGS, *Bigtech Unenchanted by the DMA and Its Forced Interoperability*, https://www.informationgovernanceservices.com/bigtech－unenchanted－by－the－dma－and－its－forced－interoperability/.

防范”为特征的《数字市场法》,“守门人”企业负有强制性与积极性义务,它们应当在条件许可前提下,在可互操作服务层面保留向其终端用户提供的安全级别。除了以上所述,依据欧盟及各成员国法律,通信加密保护也属于通信自由权的固有内容。因此,基于通信安全标准视角,《数字市场法》第7(3)条亦具有督促“守门人”企业维护终端用户通信自由权的效用。

4.《数字市场法》第7(4)条解读

依据《数字市场法》第7(4)条,“守门人”企业应当发布一份参考性要约,其中规定与其不占用号码资源的人际通信服务的互操作性相关联的技术细节、一般条款与条件,这一规定应当包括关于安全级别和端到端加密的必要细节。“守门人”应当在第3(10)条规定的期限内发布该参考性要约,并在必要时进行更新。

如上文所述,《数字市场法》第7条规定的是“易受具体化规则影响”的“守门人”企业的行为义务,该法条并没有规定关于“守门人”企业履行横向互操作性义务的具体细则与操作标准。因此,依据《数字市场法》第7(4)条,“守门人”企业应当依法自主制定履行横向互操作性义务的细化标准、技术细节与合同条款,并将其公之于众,从而构筑起横向互操作性义务的落地实施机制。在规制拒绝互操作性行为层面,由“守门人”企业依法发布参考性要约,进而厘定在具体应用场景下法定互操作性义务的表现形式,这有助于实现企业内部治理与监管机关外部治理的系统化嵌合与契合。通过适用《数字市场法》第7(4)条,欧盟监管机关还可以依法合理限制“守门人”企业实施内部治理行为的自由度,防止“守门人”企业滥用内部治理权限,尤其是防范“守门人”企业在没有正当理由的情形下,借由技术标准、合同条款、平台规则等限制竞争手段而恶意拒绝互操作性。举例来说,“守门人”企业在对所属移动即时通信、社交媒体等底部生态平台进行内部治理过程中,不得混淆私权利和公权力的固有界限;这类平台企业施行内部治理的私权利必须奠基于法律法规基础之上,它们须遵循《数字市场法》第7(4)条等规定,设定关于推进互操作性的透明化、可查验的标准、规则与方式。

5.《数字市场法》第7(5)条解读

《数字市场法》第7(5)条的适用将显著提升作为“守门人”企业竞争对手的中小企业的竞争能力。在不占用号码资源的人际通信服务领域,由于中小企业未达到“守门人”企业的认定标准,因而它们无须承担《数字市场法》对“守门人”

企业附加的积极性义务与禁止性义务。进一步而言，由于“守门人”企业需要承担互操作性义务，这有利于保障用户在多宿主之间自由移转的权利，确保用户能够放弃使用“守门人”企业核心服务转而使用中小企业竞争性服务，因而中小企业将由此获益，获得较为充足的市场竞争空间。①

依据《数字市场法》第7(5)条，在“守门人”企业根据第7(4)条发布参考性要约后，若任何提供不占用号码资源的人际通信服务的供应商在欧盟境内提供或准备提供这类服务，则它们可以请求实现其服务与“守门人”企业提供的不占用号码资源人际通信服务之间的互操作性。这类请求的内容可以涵盖第7(2)条中列出的部分或全部基本功能。“守门人”企业应当在收到请求后的3个月内，通过使被请求的基本功能实现可操作的方式，以满足任何合理的互操作性请求。举例来说，如果欧盟一个具有“守门人”属性的超大型数字平台企业掌控大数据资源，而这一大数据资源成为我国企业进入欧盟某一相关市场经营的“必要设施”，但该“守门人”企业禁止我国企业访问、获取、利用这一大数据资源，那么我国企业可以考虑借助即将生效的欧盟《数字市场法》来主动维权。

6.《数字市场法》第7(6)条解读

依据《数字市场法》第7(6)条，在例外情形下，欧盟委员会可以根据“守门人”企业的合理请求，延展本条第2款或第5款规定的合规时限，而延展的预设前提是：“守门人”企业能够证明这一延展对于确保有效的互操作性和维持必要安全级别而言是必需的。若可适用，此处所述的安全级别包括端到端加密。

数据安全是数字经济发展的前提，互操作性标准的施行应当匹配相应的高规格数据安全标准。长期以来，端到端加密既是若干类型的不占用号码资源人际通信服务吸引用户的关键因素，又是保障社会公众通信自由权的重要技术手段。在实施互操作性层面，“守门人”企业为了维持必要的安全级别，需要制定相对复杂的新型技术标准，以确保在横跨多个用户组之间实现可靠的端到端加密通信。例如，“守门人”企业亟待解决的一项问题就是“基于互操作性要求，如

---

① See Axel Gutermuth, Alexander Italianer, Laurent Thiry, *Europe's New Law Regulating Digital Gatekeepers in the Platform Economy: Digital Markets Act Now Effectively Final*, https://www.arnoldporter.com/en/perspectives/advisories/2022/06/europes-new-law-regulating-digital-gatekeepers.

何在不同应用程序之间设定共享加密密钥的标准”。[①] 因此,欧盟立法机关在考虑到技术应用场景复杂性的情形下,准许“守门人”企业依据《数字市场法》第7(7)条适当延迟达到互操作性要求的期限。不过,这类延迟请求应当发生在例外场景,它们必须具有合理性,并且由“守门人”企业承担关于合理性的举证责任。

7.《数字市场法》第7(7)条解读

依据《数字市场法》第7(7)条,“守门人”企业提供的不占用号码资源的人际通信服务的终端用户与提出互操作性请求的不占用号码资源人际通信服务供应商的终端用户应当自由决定是否使用由“守门人”企业根据本条第1款而可能提供的具有可互操作性的基本功能。

在不占用号码资源的人际通信服务领域,施行互操作性标准的重要目标是确保用户的通信自由权,以使他们可以自由转换使用或交互使用不占用号码资源的人际通信服务。在这一应用场景下,不占用号码资源的人际通信服务的终端用户应当享有足够的选择自由度,它们既可以选择使用具有可互操作性的基本功能,又拥有拒绝使用具有可互操作性的基本功能的权限。基于此,欧盟立法机关为了防止互操作性标准的适用导致矫枉过正的后果,因而设定《数字市场法》第7(7)条,赋予“守门人”企业及其竞争对手的终端用户自主选择空间。也就是说,“守门人”企业及其竞争对手的终端用户享有获得具有可互操作性的基本功能的法定资格,但并不承担必须使用这类功能的法定义务。监管机关、“守门人”企业及其竞争对手也不应越俎代庖,代替终端用户作出是否使用具有可互操作性的基本功能的决定。

8.《数字市场法》第7(8)条解读

依据《数字市场法》第7(8)条,只有在终端用户的个人数据对于提供有效的互操作性而言是绝对必要的情形下,“守门人”企业才应当收集这些数据,并与提出互操作性请求的不占用号码资源的人际通信服务供应商交换这些数据。任何此类收集和交换终端用户个人数据的行为应当完全符合欧盟第2016/679号条例与欧共体第2002/58/EC号指令。

《数字市场法》第7(8)条内容实质上是对欧盟《一般数据保护条例》关于个

① See Andrew Daly, *The Digital Markets Act proposes messaging interoperability, but this is easier said than done*, https://www.analysysmason.com/contentassets/dbe8d6f83e7f4b9489b3783601ee6d45/analysys_mason_dma_messaging_interoperability_apr2022.pdf, p.3.

人数据自决权内容的映射与反馈。依据欧盟《一般数据保护条例》的相关规定，除例外情形外，企业收集、使用、交换个人数据需要获得个人同意，并且企业收集数据应当符合"数据最少化"原则。依据《数字市场法》第7(8)条，对于提供有效互操作性而言，"守门人"企业收集的终端用户个人数据应当是"绝对必要的"，也就是说，"守门人"收集的这类个人数据不得超过适用互操作性标准所需的最少化数据额度。这一文本表述恰恰精准复制与阐释了《一般数据保护条例》"数据最少化"原则的内涵。

9.《数字市场法》第7(9)条解读

依据《数字市场法》第7(9)条，"守门人"企业可得采取措施，以确保请求互操作性的提供不占用号码资源人际通信服务的第三方主体不会危及"守门人"企业服务的完整性、安全性与隐私性；若这类措施具有绝对必要性和相称性，并由"守门人"企业证明具有适当性，那么这类措施的施行不应被阻止。

就功能定位而言，《数字市场法》第7(9)条是防止"个别企业滥用横向互操作性请求权限，以致损害'守门人'企业合法权益"的预防性条款，它试图赋予"守门人"企业在一定范围内采取限制横向互操作性措施的权利，从而在"守门人"企业与提出互操作性请求的第三方主体之间达致利益平衡。不过，为了防止"守门人"企业滥用这一预防性条款"逃逸"自身所应承担的横向互操作性义务，欧盟立法机关在该条款中厘定非常苛刻的适用前提。具言之，"守门人"企业采取的限制横向互操作性措施不仅必须满足绝对必要性和相称性的标准，而且应当由"守门人"企业证明其适当性。鉴于这一适用前提的严苛性与复杂性，"守门人"企业将很难在营商实践中依法启用《数字市场法》第7(9)条。

三、关于拒绝互操作性外部治理路径的域外经验

《数字市场法》第7条所涉及的拒绝互操作性外部治理问题属于世界法治前沿问题之一。迄今为止，欧、美、德等域外国家联盟或国家均在探索针对拒绝互操作性行为的外部治理路径，并在立法、施法层面取得阶段性成果。

在域外移动即时通信、社交媒体等数字经济细分行业，"守门人"企业构成信息交换中心与交易中介中心，因此这类细分行业也成为"守门人"企业实施恶意拒绝互操作性行为的高发性行业。在这类细分行业中，"守门人"企业提供的通信服务基本属于不占用号码资源的人际通信服务范畴。在"守门人"企业控制的底部生态平台架构下，用户相互交换信息并实现双向链接，而平台架构下供

给端与需求端用户数量的递增都将提升平台本身的使用属性与吸引力，这就在不占用号码资源的人际通信服务领域引发显著的网络效应。基于此，在不占用号码资源的人际通信服务相关市场及其相邻市场，天然容易形成较高市场集中度与资源聚集效应。在这一预设场景下，“守门人”企业实施的拒绝互操作性行为会进一步弱化、消解市场竞争机制，进而导致联合垄断、寡头垄断乃至独占垄断状态。

在欧盟制度架构下，互操作性标准已经被适用于电信（如接入指令）、金融科技（如经修订的支付服务指令）、软件（如微软案件）等行业。[①] 不过，在促进互操作性层面，《数字市场法》无疑是欧盟立法的里程碑。虽然它的适用对现实生活的影响还有待观察，但它毫无疑问将显著改变当今欧盟数字市场的运作方式。[②] 尤其需要关注的是，《数字市场法》将总体推进“守门人”企业与其他企业之间的互操作性进程，并为用户建构可以自主切换不同替代性服务的市场格局。譬如，根据《数字市场法》第 7 条，用户应该可以通过 Signal 和 Telegram 等即时通信服务向苹果公司的 iMessage 或元宇宙公司的 WhatsApp 发送短信。[③] 这不仅将推进数字平台企业之间的互联互通，防范“守门人”企业将自身控制的通信服务平台异化为排斥竞争对手的“围墙花园”，而且可以保障用户（消费者）在不同数字平台、系统、应用程序之间自由“迁徙”的权利。

2020 年 10 月 6 日，美国众议院司法委员会发布《数字市场竞争状况调查报告》（Investigation of Competition in Digital Markets）。[④] 这一报告重点调查与解析以 GAFA（谷歌、苹果、脸书、亚马逊）为代表的超大型数字平台企业的新型垄断行为。由于这类企业在美国经济与社会生活领域扮演至关重要角色，因而它们被视为交互通信、信息交流、交换商品与服务的底层基础设施。[⑤] 在不占用号

① See Tambiama Madiega, *Regulating Digital Gatekeepers: Background on the Future Digital Markets Act*, p. 7, https://www.europarl.europa.eu/RegData/etudes/BRIE/2020/659397/EPRS_BRI(2020)659397_EN.pdf.

② See Tambiama Madiega, *Regulating Digital Gatekeepers: Background on the Future Digital Markets Act*, p. 7, https://www.europarl.europa.eu/RegData/etudes/BRIE/2020/659397/EPRS_BRI(2020)659397_EN.pdf.

③ See Jacqueline Rowe, *The EU Digital Markets Act: Is Interoperability the Way Forward?* https://www.gp-digital.org/the-eu-digital-markets-act-is-interoperability-the-way-forward/.

④ 参见陈永伟：《美国众议院〈数字市场竞争状况调查报告〉介评》，载《竞争政策研究》2020 年第 5 期。

⑤ See House Judiciary Committee, *Investigation of Competition in Digital Markets*, 2020, p. 10.

码资源的人际通信服务领域，脸书公司（现元宇宙公司）等企业长期占据主导地位。在尚在进行中的美国“脸书公司反垄断诉讼案”中，双方争议焦点即为“作为主导性平台企业的脸书公司是否具有向竞争对手实施互操作性的义务”。[①]在美国传统反垄断法体系之外，美国立法机关亦在进行立法探索，准备构筑新型反垄断法律制度，以规制恶意拒绝互操作性等新型垄断行为。例如，2021 年 6 月，美国众议院司法委员会通过 6 项反垄断法案，它们包括《通过启用服务交换法案》（Augmenting Compatibility and Competition by Enabling Service Switching Act of *2021*）、《终止平台垄断法案》（Ending Platform Monopolies Act）、《并购申报费用现代化法案》（Merger Filing Fee Modernization Act of 2021）、《州反垄断执法场所法案》（State Antitrust Enforcement Venue Act）、《平台竞争与机会法案》（Platform Competition and Opportunity Act）、《美国选择与创新在线法案》（American Choice and Innovation Online Act）。其中，《通过启用服务交换法案》第 4 条规定，主导性平台企业应当在合理必要程度上为其他企业的访问设置隐私与安全标准。这一规定不仅有助于保护用户的数据安全，而且具有增强主导性平台企业与其他企业的数据互操作性，减少双方之间数据竞争差距的效应。[②]

德国是大陆法系国家的立法翘楚。最新版德国《反限制竞争法》包含关于主导性平台企业负有互操作性义务的条款，这些条款可以用于规制由“守门人”企业实施的恶意拒绝互操作性行为。例如，最新版德国《反限制竞争法》第 19（2）（4）条规定：“如果一家具有市场支配地位的经营者是某种商品或商业服务的供应商或购买商，而它拒绝以适当价格向其他经营者提供此类商品或商业服务，特别是拒绝授予其访问数据、网络或其他基础设施的权限，而这种提供行为或授权访问行为客观上是其他经营者在上游或下游市场经营所必需的，并且该拒绝行为会产生消除所在市场上有效竞争的威胁，那么除非该拒绝行为在客观上存在正当理由，否则这一行为就构成滥用行为。”[③]这一项规定是关于“必要设施原则”的规范性规定。基于此规定，除了例外情形，如果“守门人”企业控制的不占用号码资源的人际通信服务平台构成其他经营者进入特定市场的“必要设施”，那么“守门人”企业应当确保这一平台的互操作性，并向其他经营者开放

---

① 王健、李星：《反垄断视野下的数据互操作》，载《经济法论丛》2022 年第 1 卷。

② 参见王健、李星：《反垄断视野下的数据互操作》，载《经济法论丛》2022 年第 1 卷。

③ 参见宋迎、翟巍、刘莹译：《德国〈反对限制竞争法修正案〉（GWB－数字化法案）》，载今日头条 2021 年 3 月 10 日，https://www.toutiao.com/i6937993133636633125/。

API 接口或采取其他互操作性措施。

此外,最新版德国《反限制竞争法》还增设第 19a 条。这一法条确立了一种新型的经营者滥用市场力量垄断行为,即由“在多元市场具有至关重要竞争影响力的经营者”施行的滥用市场力量行为,此处所述的“在多元市场具有至关重要竞争影响力的经营者”基本同于欧盟定义的“守门人企业”概念。因此,由“守门人”企业实施的恶意拒绝互操作性行为亦可被纳入最新版德国《反限制竞争法》第 19a 条的规制范畴。

四、对国内的启示

拒绝互操作性的外部治理问题是我国平台经济领域延宕已久的焦点问题。在不占用号码资源的人际通信服务领域,引发社会关注的“3Q”大战、“头腾大战”都属于涉及互操作性的反垄断司法诉讼案例。2021 年下半年,作为行业监管部门的工业和信息化部(以下简称工信部)针对“屏蔽网址链接”这一互联网行业痼疾召开行政指导会。在这次会议上,工信部要求即时通信软件企业逐步推进互联互通,消弭恶意封禁等违法行为。工信部这一推进互联互通的举措就是以外部治理的方式,督促即时通信软件企业履行《反垄断法》以及行业监管法规设定的互操作性义务。在工信部的监管督导下,多家超大型数字平台企业遵循互操作性要求,在不占用号码资源的人际通信服务领域开始初步解除封禁竞争对手措施,这在一定程度上推进了我国数字平台经济领域的互联互通进程。[①]

2021 年年初,国务院反垄断委员会《关于平台经济领域的反垄断指南》正式发布。国务院反垄断委员会制定这一指南性文件的目的是根据数字平台经济特性与发展阶段,设定契合数字平台经济规制需求的反垄断法施行原则、标准与方式。具言之,该指南性文件第 14 ~ 17 条均可能适用于规制在不同场景下由主导性平台企业实施的恶意拒绝互操作性行为。2022 年 8 月,新修改的《反垄断法》生效施行。新《反垄断法》第 9 条、第 22 条等条款均可适用于规制由主导性平台企业实施的恶意拒绝互操作性行为。

不过,与欧盟《数字市场法》相比较,我国立法、执法机关依旧是在传统反垄断法框架下,通过“事后规制”方式,矫正在不占用号码资源人际通信服务领域出现的恶意拒绝互操作性行为。这种个案导向的“事后规制”方式固然有弥补

① 参见翟巍:《互联互通助力平台经济规范有序发展》,载《法治日报》2021 年 9 月 23 日,第 5 版。

监管资源不足的明显优势,但它也不可避免地衍生出预防性、系统性不足的问题。我国立法、执法机关可以参照欧盟《数字市场法》及美国若干新型反垄断法案的创设宗旨与设计理念,在现有以《反垄断法》为核心的市场监管法律体系之外,逐步构筑以"事前防范"为特征的本国版本数字平台经济管制制度。譬如,我国立法、执法机关可以参照《数字市场法》第 7 条,在不占用号码资源的人际通信服务领域,为呈现"守门人"属性的超大型数字平台企业建章立制,事先设定横向及纵向互操作性义务清单,从而系统性防范这类企业实施恶意拒绝互操作性、拒绝互联互通等新型垄断行为,确保新兴企业能够进入此类服务市场并参与公平竞争。

在我国新《反垄断法》业已生效,其配套法律文件亟待制定的背景下,我国立法机关、施法机关也有必要根据我国数字经济发展的阶段、特征、趋势,借鉴欧盟《数字市场法》第 7 条等域外法律条款中内置的新型监管原则、标准、方法,系统建构涉及新《反垄断法》第 9 条、第 22 条等条款适用的配套法律文件体系。具体来说,在不占用号码资源人际通信服务领域,我国反垄断立法机关、执法机关与行业监管机关可以借鉴《数字市场法》第 7 条模式,赋予相关企业向超大型数字平台企业提出互操作性请求的法定权限,并厘定超大型数字平台企业在基本功能层面履行横向互操作性义务的细化内容,同时为这类平台企业设定分场景、分阶段推进互操作性的明确时间表。

第十章

市场调查工具的狭义适用与监管启示

葛奕尘*

为了弥补认定特定市场的支配行为和反竞争行为执法的事后性,《数字市场法》(DMA)引入了一种具有事前性的监管手段——市场调查。DMA 第四章集中规定了有关市场调查工具的相关规则,包括市场调查的启动、认定"守门人"的市场调查、系统性违规的市场调查及对新服务和新实践的市场调查。[①]市场调查工具将主要在三个方面发挥作用:第一,可以通过市场调查手段认定所涉市场主体是否应纳入"守门人"范畴进行监管;第二,可以通过市场调查手段认定所涉市场主体是否触发"系统性违规"行为;第三,可以通过市场调查手段补充确定特定市场主体行为是否应被纳入新的法定"守门人"义务。因此,市场调查工具从义务主体认定、补充措施救济和新型义务证成三个方面,根本性推动了 DMA 的落地。

引入市场调查工具的目标在于补充现有的竞争规则,完善

* 葛奕尘,辽宁大学民生法治研究中心研究员。

① See Council Regulation (EU) 2022/... on contestable and fair markets in the digital sector and amending Directives (EU) 2019/1937 and (EU) 2020/1828 (Digital Markets Act), Chapter 5.

对欧洲市场不公平竞争的规制。因此，市场调查工具的适用不仅具有特殊性，也受到一定的限制。一方面，在某些市场特征和在相关市场经营的公司行为对竞争构成威胁的情况下，应允许采取预防性干预措施；另一方面，它并不针对个别经营者的违法行为，而是侧重于识别阻碍竞争的市场特征，因此市场调查针对的市场行为并不具有“准犯罪”性质，基本不会涉及实质性处罚后果。①

关于在 DMA 中引入市场调查工具一直引发讨论。比如，“守门人”认定中需要考量哪些实质性和程序性调查内容？数字经济市场的竞争规制应适用广义的市场调查概念还是狭义的市场调查概念？伴随着 DMA 的最终出台，新的立法争议和法律解释需求也如期而至。

一、“守门人”的认定与系统性违规

市场调查工具首先适用于明确市场主体是否应纳入“守门人”或“核心平台服务”监管。DMA 基于义务条款的指引，规定了相应的程序性要求，也提示了相应的实质性要求。与此同时，DMA 还赋予了欧盟委员会较为灵活的裁量权，可以对尚未完全构成“守门人”的市场主体施加“限定义务”。

（一）认定“守门人”的要件与争议

在程序规定方面，市场调查的程序将根据两类不同的可能性结果，引导至两类不同的程序性要求（见图 10－1）。第一类，调查结果认定被调查对象符合“守门人”或“核心平台服务”要求。这类情况下，DMA 要求欧盟委员会在 6 个月内将其初步调查结果传达给提供相关核心平台服务的企业，并初步解释在已有基础上的认定判断。同时，需要在 12 个月内完成市场调查。第二类，调查结果否定调查对象符合“守门人”或“核心平台服务”要求。这类情况下，DMA 要求欧盟委员会在 3 个月内将其初步调查结果传达给提供相关核心平台服务的企业，并初步解释在已有基础上的认定判断。同时，需要在 6 个月内完成市场调查。

---

① See Massimo Motta, Martin Peitz & Heike Schweitzer, *Market Investigations: A New Competition Tool for Europe?*, Cambridge University Press, 2022, p. 91.

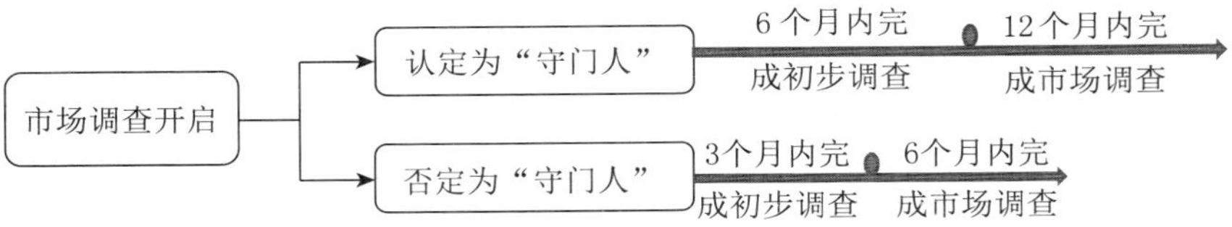

图 10－1　市场调查过程

在上述基础上，DMA 还在这一章节将对"守门人"认定的市场调查区分了层次。一般情况下，当市场主体完全符合"守门人"的认定标准时①，则按照一般性审查标准确定其为义务主体。特殊情况下，如果企业尚未在其运营中享有稳固和持久的地位，但可以预见其将在不久的将来享有这样的地位，委员会则可以在相关决定中指定宣布该"守门人"仅适用于第 5(3)条～第 5(6)条和第 6(4)条、第 6(7)条、第 6(9)条、第 6(10)条、第 6(13)条中的一项或多项义务。这实际上为委员会提供了较强的自由裁量权，让不完全符合法定"守门人"要求的市场主体也可能受到特定义务要求的限制。

在实质要求方面，对"守门人"义务主体的评估也需要通过市场调查工具开展，兼顾定性和定量标准。根据 DMA 的指引，评估时委员会应追求保护市场秩序、促进数字产品创新、完善数字服务质量的目标，充分考量价格的公平性和竞争程度，衡量企业对用户服务的质量水平，考核用户对同类数字服务的选择程度等。在定性层面，需要评估提供相关核心平台服务的企业相关的若干要素。例如，是否具有极大的规模效应或极强的网络效应；是否具有数据驱动优势，具有能通过服务的多边性将许多企业用户与终端用户联系起来的能力和锁定效应；相关数字服务是否缺乏多归属、集团公司结构或垂直整合。在定量层面，极高的市值或极高的股权价值与利润比，或者单一核心平台服务的终端用户产生的极高的营业额等都可以用作指标，来衡量此类企业潜在的杠杆能力和以有利于自己的方式倾覆市场的能力。企业市值和高的相对增长率都是动态参数的示例，可用于识别那些提供核心平台服务或预计将变得稳固和持久的企业。②

然而，在"守门人"认定的实质性要求的执行中，存在不少争议。比如，欧盟的静态定义法是以牺牲动态定义法为代价；欧盟的定量标准是量化假设，而非标

① 参见《数字市场法》第 3 条。
② 参见《数字市场法》。

准定义;欧盟在“守门人”认定方面随意性较大等。①

一方面,“守门人”的概念需要更明确的定义,DMA 条文中虽然给出了一些参考标准,但仍需要更明确的合规引导和执法参照。在信息科学领域,华盛顿大学信息学院的卡琳娜·芭兹莱-纳昂(KarineBarzilai-Nahon)教授最早将“守门人”的概念引入了网络领域,并建构了“网络‘守门人’”理论。在平台监管领域,最早引入“守门人”概念的是奥拉·林斯基(Orla Lynskey)。在 2017 年的一篇论文中,他建议用“守门人”来代替“平台力量”作为监管的主要对象。欧盟起草《数字市场法》时,曾邀请很多学者起草了一个长达 100 多页的背景报告。在这个报告中,就专门介绍了林斯基的观点。因此,《数字市场法》中数字“守门人”责任制度的引入,应该在很大程度上受到了以上观点的影响。② 目前,对于“守门人”的认定形成了一些共通的基本原则。一是规模标准③,即“守门人”主要针对规模大、用户多的大型企业,各国现有的相关法案中明确的用来评估规模的指标包括了营业额、平台交易总额、市值、用户数、用户使用时长等。二是控制力标准,即控制了关键的渠道,从而成为某个行业的“瓶颈”。三是生态影响力标准,即“守门人”可以凭借某种市场优势地位对相关的生态产生显著的影响。

另一方面,“守门人”认定的任意性会减损企业的经济贡献,抑制企业家的创新激情,削弱企业竞争力。与反垄断背后的理念相反,大型企业在工资和福利、工人健康和安全、生产力提升、研发和创新、出口等方面常常为社会作出重要贡献。因此,对大型企业的监管应该是相对谦抑的,这也是反垄断领域基本遵循事后监管原则的原因。DMA 用事前监管干预替代了反垄断责任的事后参与,这种范式转变所固有的事前预防性干预对企业家的创新构成了寒蝉效应。更令人担忧的是,对一些尚不能完全构成“守门人”的企业作出“限制义务”的约束,将极大地扩张“守门人”义务的作用范围,极大地限制科技企业的创新与良性竞争。

因此,有专家认为负责市场调查规则的机构需要与反垄断执法者分开;他们

---

① 参见美国信息技术与创新基金会(ITIF)发布的《〈数字市场法〉:欧洲的预防性反垄断法》报告。

② 参见陈永伟:《数字守门人:从概念到实践》,载经济观察网,http://m.eeo.com.cn/2021/0712/494523.shtml。

③ 在美国近年出台的几部法案中,采用了用户数和市值这两个指标来评定“主导平台”:即只有当过去 12 个月在美国境内的用户数超过 50 万,并且市值达到 6000 亿美元以上,才有可能被认定为“主导平台”。

需要循证事实调查的指导和能力，动态地分析竞争问题，着眼于长远。① 因此，目前委员会选择的认定门槛忽略了在市场调查和实况调查之后认定“守门人”的动态方法，更依赖于一些事前（定性、定量或两者兼有）标准。而在实际的执法行动中，DMA 给出的定量标准的任意性也很容易使定性标准付之阙如。“守门人”认定中潜藏的问题最大的隐患是增加了市场主体被纳入监管的不确定性，如果没有进一步的更明确的规则指引，市场主体极可能因为对“守门人”义务的担忧而陷入创新“瓶颈”。

（二）系统性违规与补充措施的批判

DMA 第 18（3）条规定，如果欧盟委员会根据第 29 条，在作出开启市场调查的决定之前的 8 年内，任何核心平台服务作出了至少三项违反第 29 条的决定，那么这一“守门人”可能被认为参与了第 5 条、第 6 条、第 7 条义务规定的系统性违规行为。而被认定为“系统性违规”的市场主体，委员会应依据第 18（1）条对此类“守门人”施加适当且必要的行为性补救措施或结构性补救措施。

DMA 第 18 条规定的这种多步骤框架与竞争规则下的执法权力形成对照（参见第 1/2003 号条例第 7 条）。在竞争法规则下，执法者为有效制止违规行为，可以对执法对象施加与所犯违规行为相称的任何行为性补救措施或结构性补救措施。在适用优先性上，只有在没有同等有效的行为补救措施，或任何同等有效的行为补救措施比结构补救措施对相关企业造成更大负担的情况下，才能实施结构补救措施。为了防止这种措施的滥用，条例在引述中言明，应明确规定委员会只有在考虑到相称性原则的情况下，才可以实施任何补救措施。②

至此，结合 DMA 第 18 条和第 29 条的规定，DMA 对多次违规的市场主体将按照以下执行路径进行执法：

第一次违规：罚款，以及要求企业遵守法律的决定；

第二次违规（第一次违规后的 8 年内）：罚款，并提高罚则上限；

第三次违规（第一次违规后的 8 年内）：罚款，在第三次违规之后，委员会可以展开市场调查，如果委员会可以证明“守门人”“进一步加强或扩大了‘守门人’的地位”，则可以实施行为补救措施，或者在没有同样有效的行为补救措施

---

① See Aurelien Portuese, *The Digital Markets Act: European Precautionary Antitrust*, https://witif.org/publications/2021/05/24/digital-markets-act-european-precautionary-antitrust/.

② See Aurelien Portuese, *The Digital Markets Act – The Path to Overregulation*, CPI Columns (June 12, 2022), https://www.competitionpolicyinternational.com/the-digital-markets-act-the-path-to-overregulation/.

时施加结构补救措施。

然而，系统性违规的认定和补充措施的应用也引起了诸多挑战。

1. 补充措施适用的不确定性

DMA 第 18(1)条规定的补充措施的启动标准比较模糊，留下了较多的争议空间。比如，对于系统性违规的认定，三次违规行为是否必须针对相同的义务或相同的核心平台服务？对于已经判定了系统性违规的企业，是否有可能证明行为性补救措施和结构性补救措施哪个更有效？如果行为性补救措施失败，是否可以在 8 年内基于同样的三项违规行为实施结构性补救措施？这些文义上的两可之间会导致市场主体强大的不安全感，同时也会导致执法者存在选择性执法的空间。因此，关于系统性违规的判定、补充措施的适用以及相关市场调查的具体依据还需要委员会通过一系列的配套性解释文件进行补充和澄清。同时，应当尽量避免相关指引可能引发的启动标准过低的问题。

2. 结构性补充措施可能轻易导致业务拆分

对补充措施的另一个批判在于其可能导致企业被拆分的结果。“系统性违规”可能导致针对“守门人”的结构性补救措施，而拆分则是结构性补充措施的重要类型，这使拆分的威胁比欧洲立法者在希望安抚美国同行时所承认的大得多。① 首先，违反 DMA 义务的行为多次发生概率较高，很容易认定“系统性违规”。其次，三次“违规行为”不但可以先后发生，也可以同时发生。这意味着“守门人”可能会因三种不同的违规行为同时接受三项调查，并在几个月内收到三项违规决定。此外，这三种违规行为可能发生在同一产品上。例如，如果 Facebook 将个人数据和 Outlook 捆绑在一起，以便用户可以在查阅电子邮件收件人时了解他们的社交媒体个人信息，这种将数据与数据相结合的处理方式很可能同时违反了 DMA 第 5(2)条(b)(c)(d)三项义务。

3. 补充措施的适用应遵守谦抑原则

结构性补充措施基于其颠覆性的纠错结果，一般在反垄断领域被认为是最后的措施。DMA 第 18(2)条规定了可以实施结构性补救措施的两种情况：缺乏可用的行为补救措施；行为补救措施过于繁重。这两类标准很容易将结构性补充措施的适用引向随意。因为结构性补充措施的适用显然对监管机构的人力、

① See Aurelien Portuese, *The Digital Markets Act – The Path to Overregulation*, CPI Columns (June 12, 2022), https://www.competitionpolicyinternational.com/the-digital-markets-act-the-path-to-overregulation/.

物力投入的要求更低一些。比如，在判断搜索引擎是否对其搜索结果进行排名，推广其相邻服务而不是第三方服务时，通过经常性检验算法更新合规性的执法手段显然要比一次性命令拆分公司的搜索引擎功能和相邻服务更容易。对于监管机构来说，持续的微观管理大概率要比一次性的公司拆分更麻烦。然而，不论监管的难易程度如何，补充性措施的适用都应该是谨慎的。因此，监管机构有必要在法律适用伊始便提高警惕性，认识到行为补救措施比极具争议的结构性补救措施更为适当。

二、市场调查在 DMA 中的狭义适用与制度竞合

市场调查的概念在欧盟地区并不新颖，在 DMA 进入人们视野之前，市场调查工具已经作为竞争领域的补充措施在各个国家适用。在 DMA 指定的初期，其对市场调查工具的运用就曾有两条路径被讨论：适用于所有经济部门的广义版本和仅适用于数字平台的狭义版本。广义版本与世界多个司法管辖区存在的市场调查类似，介于标准竞争法和特定行业监管之间；狭义版本是为特定行业量身定制的监管工具，因此更明确地属于特定行业监管。2020 年 12 月，欧盟委员会选择了狭义版本的 DMA 提案，这是一个适用于“核心平台服务”的“守门人”的特定行业工具，其中包括前文提到的三种被称为“市场调查”的类型。如今，DMA 已经全面通过，未来在欧盟竞争法中整合这两类市场调查将成为重要课题。

（一）DMA 选择适用狭义的市场调查

DMA 立法调研之初，欧盟委员会设想提出一种新的市场调查工具，以解决某些结构性竞争问题：(1)市场特征的固有缺陷；(2)市场行为对竞争产生不利后果，并最终导致选择和创新更少等低效市场结果；(3)标准竞争法工具无法解决或无法以最有效的方式解决的问题。这些无法有效解决的问题具体可分为两类：一类竞争是由某些市场特征导致的，或是由于相关市场经营的市场主体的行为对竞争构成威胁，如网络和规模效应、缺乏多归属和锁定效应。另一类是市场运行不畅并且由于其结构而无法提供有竞争力的结果时，就会出现结构性缺乏竞争，如高度集中和进入壁垒、消费者锁定、无法访问数据或数据积累；也包括寡头垄断市场结构，隐性勾结风险增加，如由于基于算法的技术解决方案而增加透

明度的市场。①

尽管 DMA 第 19 条在文义上对新业务和产业实践的市场调查仅提出了程序层面的适用指引，但结合 DMA 采纳市场调查工具的目标，其法律宗旨是在结构性竞争问题出现时，通过市场调查而提出的补救措施可以对企业施加某些义务。当然，由于引起结构性竞争问题的市场特征或失灵不能在调查阶段归咎于任何特定的公司，因此不应该以侵权行为责任来追究具有某些结构性问题的市场主体的责任，也不能因此类结构性问题对市场主体处以罚款。除提出补救措施之外，市场调查工具还可能导向向立法机构提出的建议、向行业监管机构提出的建议、向企业提出的非约束性建议（如以行为准则的形式提出）或由企业自愿作出的承诺。

欧盟委员会在 DMA 中对市场调查的狭义适用仅仅旨在使 DMA 适应数字技术和市场的演变，其适用范围很窄，仅限于数字“守门人”，并根据委员会的执法经验进行更新。这与其他司法管辖区现有的市场调查有所区别。欧洲部分地区传统的市场调查工具并不单一适用某一特定行业（如 DMA 所针对的数字经济领域），且更多地适用在非数字化市场中。② 事实上，DMA 对单一类型市场调查工具的采纳也引发不少质疑，比如在全社会数字化转型的今天，是否能在数字市场和非数字市场之间划出一个清晰的界限仍未可知。但是，DMA 的顶层设计思路是建立一个专属于欧盟级别的竞争执法机制，各个成员国的执法功能并不被充分释放。鉴于这方面的考虑，作为横向工具的市场调查工具显然在政治上并不可行，只能将此类工具的使用限制在数字行业。③

（二）DMA 与欧盟竞争法的竞合

当市场调查工具被引入欧盟经济治理法律制度中，必须平衡其与现有法律制度的关系及可能引发的竞合。一系列法律适用问题亟待解决方案。潜在的监管不确定性可能会对一个充满活力和竞争的行业的发展产生严重影响。

在欧盟竞争法领域，执法权由欧盟委员会和各成员国的国家竞争管理局共享。鉴于自 2004 年竞争法分散化以来，国家竞争监管机构的重要性日益增加，欧盟法律对这些国家竞争监管机构加强了制度要求——特别是在独立性、问责

① See Massimo Motta, Martin Peitz & Heike Schweitzer, *Market Investigations: A New Competition Tool for Europe?*, Cambridge University Press, 2022, p. 160 – 175.

② 比如英国、冰岛、希腊等国的监管实践。英国近期的一项市场调查适用在殡葬行业。

③ See Massimo Motta, Martin Peitz & Heike Schweitzer, *Market Investigations: A New Competition Tool for Europe?*, Cambridge University Press, 2022, p. 160 – 175.

制、专业知识、程序保障和补救权力方面。[1] 各成员国也逐步建立起与欧盟竞争法广泛趋同的国家竞争法,由国家竞争管理局和国家法院执行。除竞争法外,欧盟经济监管还包括许多更具体的制度,通常涉及单一的经济部门。竞争法主要关注的是供给侧的市场失灵,而具体调控往往延伸到供给侧和需求侧的失灵。[2] 具体监管往往是比竞争法更详细的规定,相应的实施和执行往往更侧重于单一行业的问题。与竞争法相比,具体监管制度的补救手段往往不依赖罚款,而是在市场强加行为义务。

1. 市场调查工具与现有欧盟经济监管之间的竞合

为了分析新市场调查工具与现有欧盟经济监管之间的关系,需要厘清市场调查工具与其他现有经济治理制度(包括消费者保护法)之间的关系,即这些制度之间的边界和等级问题。

在欧盟,竞争法和行业监管追求相似目标,但采用了不同手段,互为补充,两者都具有特定的优势。竞争法是全面经济监管体系的组成部分;具体监管则是通过处理问题来实现欧盟经济监管的总体目标,这些问题要么位于一般竞争法的权限之外,要么是反复出现的系统性问题,竞争法不能有效作用。因此,在管辖范围上,二者不免有所重叠。在法律优先性层面,竞争法是欧盟的基础法律,标准竞争法(TFEU 第 101 条和第 102 条)理论上凌驾于部门监管之上,因此比部门监管享有优先权,部门监管是次级法律。一个新的欧盟市场调查工具本身并不是首要法律,而市场调查工具和特定行业的监管应该同时适用。

2. DMA 市场调查与欧盟竞争法之间的相互作用

DMA 是一项新的欧盟特定行业法规,旨在弥补竞争法的“漏洞”,或者说在竞争法无法有效或充分发挥作用时对企业间的公平竞争环境进行干预。因此,与其他欧盟特定行业法规一样,DMA 是对传统竞争法的补充而非替代。

在系统层面上,欧盟经济法的不同组成部分(竞争法和部门监管制度)彼此之间保持着互补的关系。在理论层面,竞争法和部门监管制度具有共同的理论基础,通常都要遵循公共利益原则。在执行层面,竞争法和部门监管制度都由一套复杂的欧盟和国家机构实施和执行:欧盟委员会、国家竞争主管机构、国家监

---

① 2018 年 12 月 11 日欧洲议会和理事会指令 2019/1,授权成员国竞争主管部门成为优先执法者,以确保内部市场的正常运作。

② See Massimo Motta, Martin Peitz & Heike Schweitzer, *Market Investigations: A New Competition Tool for Europe?*, Cambridge University Press, 2022, p. 4.

管机构和欧洲法院各自发挥作用，相关协调机制也比较完备。因此，新的市场调查工具可以很容易地被整合到现有的欧盟经济法体系中。

将 DMA 中提出的狭义的市场调查版本纳入欧盟经济法要更容易一些，因为它更接近于部门监管和竞争法之间更传统的关系。在系统层面，DMA 是对竞争法的补充，它弥补了竞争法在解决数字市场竞争问题方面的不足。在实务层面，尽管 DMA 市场调查的标准、准则和指标并不局限于竞争领域，但应可以以合理的经济分析加以应用和解释。在机构层面，委员会将获得并行的监督权力，其可以解释在处理数字"守门人"的行为时，如何在这些不同的权力之间进行选择。当然，当 DMA 和竞争法的平行适用导致不相容的义务时，需要建立冲突规则。

三、对国内的启示

（一）"守门人"的认定标准需要依据具体的市场发展阶段

欧盟 DMA 所体现的竞争市场监管思路正在潜移默化地影响世界的主要国家。咨询公司 Morning Consult 的一项调查发现，尽管美国民众对 DMA 的立法进程知之甚少，但其内容中许多条款规则和立法精神得到了广泛支持。在接受调查的人群中，近 70% 的美国人赞成让消费者在新智能手机中选择他们的搜索引擎和电子邮件提供商；80% 的美国人表示，他们支持允许用户卸载预装应用程序的计划；50% 以上的成年人赞成加强消息应用程序的互操作性。① 与此同时，"守门人"的概念也在越来越多的国家被采纳，比如美国的"主导平台"；我国在制定《个人信息保护法》的过程中，在二审阶段也引入了类似的概念，并最终通过。② 然而，我国是否要在竞争法领域引入"守门人"的监管思路需要充分考虑我国数字经济的发展阶段和成长需求。对比欧美，我国数字经济的发展有自身的独特性：一方面，相较于欧盟，我国的数字经济发展程度很高，规模以上平台的数量较多。如果像欧盟一样，把数字"守门人"的标准定得较低，就可能把过多的平台纳入此列，从而对整个行业的发展产生严重的负面影响。另一方面，我国

① See The E. U. 's Digital Markets Act Could Be a Template for U. S. Antitrust Push. Its Measures Are Popular Here and Abroad, https://morningconsult. com/2022/06/13/digital - markets - act - data - eu - survey/.

② 参见《个人信息保护法》第 58 条，提供重要互联网平台服务、用户数量巨大、业务类型复杂的个人信息处理者，应履行特殊义务。

的市场状况也和美国不同。相比于美国,我国数字市场的竞争更为激烈,头部平台的迭代速度也更快。在这种情况下,如果和美国一样,只把少数几个平台列为重点监管对象,就可能对现有的头部平台造成竞争上的不公平,反而阻碍了正常市场竞争的开展。鉴于以上两点,我国如果要引入“守门人”制度,就应该根据实际,更为科学地研究界定标准,既不能过宽,也不能过窄。“守门人”的范围应该谨慎控制在“在整个生态系统中的特定领域具有主导地位乃至控制权的,同时具有极大的经济规模和极强的网络效应的组织”①。

(二)通过市场调查工具确立新的事前监管程序需遵守审慎原则

DMA 通过市场调查工具确立的事前监管程序是对传统竞争规则的一种挑战,因此应保持足够的谦抑。就 DMA 已经确定的市场调查工具的适用场景而言,其执法尺度也有很大的讨论空间。以对系统性违规的市场调查为例,从最为激进的结构性拆分到相对温和的行为干预和补偿性措施都是执法者的选项。结合我国竞争市场的发展阶段和现状,我们也应该谨慎采纳这类事前监管的手段。首先,针对具有特殊市场地位的市场主体的特殊规制和认定要细化市场调查类工具的认定标准,以防形成执法者执行标准不明确、合规方进行合规建设无据可依的局面。其次,对于系统性违规一类的加重处罚的启动标准,应避免出现“一事再罚”等不公平情况,应当明确各梯度处罚体系的标准、交叉关系等。最后,针对新型市场结构性风险的系统监管的确认,需要经过多主管机关的交叉验证,充分确认其市场危害性。避免轻易将不具有代表性市场竞争问题提升到事前监管的程度,破坏既有的竞争监管体系。根据欧洲地区的监管经验,市场调查会对受影响的企业产生重大影响。市场调查涉及大量人员和数据资源,将对所涉业务实施严格审查。② 与此同时,扩大竞争监管机构的执法权力将是对现有竞争制度的重大改变,并可能对所有行业的企业产生重大影响。因此,市场调查工具的采用需要始终坚持审慎原则。

(三)应及时调试市场结构性风险的监管手段

数字市场不是一成不变的,甚至是变幻莫测的,其产业模式的更迭速度明显超越了传统行业。有专家呼吁应当改善传统的反垄断规制体系,进一步加强对

---

① 张新宝:《互联网生态“守门人”个人信息保护特别义务设置研究》,载《比较法研究》2021 年第 3 期。

② See Alexandre de Streel, *How Europe Can Enforce the Digital Markets Act Effectively*, https://www.promarket.org/2022/05/11/europe-digital-markets-act-effective-enforcement/.

平台经济领域的监管。[①] 但并非所有的数字市场都遭受了同样的竞争问题，而且解决不同竞争问题的方案和规则也不尽相同，比如"守门人"的制度设计就不一定适合所有的数字市场。例如，英国数字市场部（Digital Markets Unit，DMU）仅将拟议的数字市场法案限定到规范由数字广告资助的在线平台这一类数字服务，未来是否要将监管范围扩展到其他数字市场，还需要对目标市场进行详细调查再最终决定。[②] 我国数字经济发展是在建立和完善社会主义市场经济这一大目标之下进行的[③]，因此在对数字经济市场结构性风险的治理中，应平衡多方关系，充分调动执法主体、市场主体的参与度，动态治理。实施包容性监管政策框架，鼓励平台经济创新发展；注重大型互联网平台关联性，着力系统性风险防范化解；有效应对平台垄断风险，健全垄断监管长效机制。[④]

---

① 参见戚聿东、杨东、李勇坚：《平台经济领域监管问题研讨》，载《国际经济评论》2021 年第 3 期。

② 参见杨婕：《透视"数字守门人"制度：对大型平台的事前监管机制》，载微信公众号"CAICT 互联网法律研究中心"2021 年 5 月 25 日，https://mp. weixin. qq. com/s/nrsCij – feZ6jKck1vvdcxw。

③ 参见袁嘉：《德国数字经济反垄断监管的实践与启示》，载《国际经济评论》2021 年第 6 期。

④ 参见胡滨、郑联盛：《大型互联网平台的市场行为、监管挑战与政策应对》，载中国金融新闻网，https://www. financialnews. com. cn/if/jgzc/202108/t20210816_226064. html。

第十一章

数字市场法的实施机制评析

姜 文*

《数字市场法》得以在如此短的时间内快速通过，与欧盟立法者解决网络领域监管漏洞的强烈政治意愿有很大关系。相较于与《数字市场法》同期进行的其他法案，《数字市场法》本身指向的适用对象也相对“小众”，这使《数字市场法》能够抢先“上岸”。然而，成功立法以后，《数字市场法》也同样难逃“到底能落地多少”的拷问。本章将着眼于《数字市场法》实施机制本身，尤其是赋予欧盟委员会独家执法权这一非常罕见的欧盟做法，结合欧盟竞争法执法体系的演进历史与逻辑，尝试寻找可能影响《数字市场法》后续执法的制度细节。本章将先梳理《数字市场法》第五章规定的梯度性罚款、要求企业增设专门的合规职能部门等具体制度，再介绍《数字市场法》在执法有效性方面面临的质疑具体为何，最后尝试对“独家执法权”这一方案的背后考量与影响进行探究，并浅谈几点认识。

* 姜文，陕西省法学会人工智能与大数据法学研究会研究员。

一、《数字市场法》执法机制概览

（一）确立四类行政罚款

《数字市场法》总共确立了四类罚款机制，都以企业全球营业额为计算基准，从高到低分别是20%、10%、5%和1%。其中，前两者对应企业全球年度总营业额，后两者对应企业全球平均日营业额。具体而言，违反《数字市场法》规定的“守门人”企业，欧盟委员会可对其处以最高为“守门人”上一年度全球总营业额10%的罚款；如在8年内重复违规的，部分行为的罚款最高可达全球总营业额的20%。更进一步，为强制企业及时遵守欧盟委员会发布的处罚决定，《数字市场法》还授权欧盟委员会对企业（包括“守门人”）和企业协会处以不超过上一财政年度全球平均日营业额5%的定期罚款。与此同时，未能满足某些透明度和执法配合要求的企业可能会被处以最高上一年度全球总营业额1%的罚款。对于上述罚款，《数字市场法》在确定罚款和征收罚款两个环节都设定了时效期限，均为5年，即确定罚款应从侵权行为发生之日起计算，5年后不得再施加罚款，执行罚款决定应从决定确定为最终决定之日起5年后不得再执行。除罚款外，更严重的制裁手段是欧盟委员会可采取结构性补救措施，如暂时性地禁止企业合并或要求其撤资，但这种情况只在“守门人”存在系统性违规行为时适用。系统性违规是指欧盟委员会对其发布了三项及以上违规决定，需要进行市场调查后发布正式的决定文书，适用条件严苛。

《数字市场法》对上述罚款机制适用的违规行为做了逐一列举。以全球总营业额10%的罚款为例，其适用的行为包括几大类。除最主要的“守门人”特殊义务外，如《数字市场法》第7条专门针对不占用号码资源的人际通信服务类（可理解为即时通信软件）“守门人”需要履行互操作性义务，这一10%的高额罚款还可适用于其他四类情形。这四类情形分别是：违反欧盟委员会根据《数字市场法》第8(2)条在合规指令中要求“守门人”必须遵守的合规措施；违反《数字市场法》第18条规定的针对系统性违规的市场调查结果而提出的行为性或结构性补救措施；违反根据《数字市场法》第24条规定提出的临时措施；违反根据《数字市场法》第25条提出的承诺事项。上述五类情形与欧盟委员会有权作出的违规决定事项（《数字市场法》第29条规定）是一一对应的，按照该条规定，违规决定应当尽可能在调查程序启动后12个月内通过。前文提到的“透明度”和“执法配合要求”则特别提到了企业在面对欧盟委员会要求提供相关数据、算法和信息访问权限时，应当在规定期限内提供，否则将处以最高上一年度全球总营业额 1% 的罚款。罚款决定在下发当日起,欧盟委员会即可按日计算和收缴定期支付罚款,即前文提到的全球平均日营业额的 5%,其目的是敦促企业尽快履行欧盟委员会发布的违规决定。

(二)赋予欧盟委员会唯一执法权

《数字市场法》的执法机制为欧盟委员会集中执法制,欧盟各成员国仅在调查等环节起协助配合义务。《数字市场法》序言第 91 段和第 38 条明确规定,欧盟委员会是唯一执行机构,处罚决定只能由欧盟委员会发布。其他成员国负责竞争规则执行的主管机构可以就可能的违反《数字市场法》行为进行调查,但调查结果应上报给欧盟委员会,由欧盟委员会启动程序。成员国竞争规则执法机构是本国内竞争规则和《欧盟运行条约》第 101 条和第 102 条的执法机构,考虑到这一点,《数字市场法》特别强调,如果成员国针对"守门人"企业开展上述法律调查,也应当在开始采取第一次正式调查措施之前或之后立即书面通知欧盟委员会。这是《数字市场法》规定的信息机制,目的是强制成员国机构在相关调查中发现有可能违反《数字市场法》的行为时应及时向欧盟委员会提供相关信息,以便欧盟委员会可以及时采取措施。相应地,成员国也没有必要开展调查,已开展的应终止调查程序。成员国打算对"守门人"企业采取进一步措施的,需要提前向欧盟委员会通报措施决定草案。这一信息交流机制也适用于各成员国机构之间,因此执法人员的职业保密义务不限于欧盟委员会执法人员,同样也适用于成员国主管机构。

欧盟委员会将建立《数字市场法》高级别小组,为《数字市场法》实施与执行、监管手段一致性提出建议或提供咨询意见,数字市场咨询委员会在关键行动上出具书面意见。高级别小组成员不应超过 30 人,由欧洲电子通信监管机构的机构、欧洲数据保护监督员和欧洲数据保护委员会(European Data Protection Board,EDPB)、欧洲竞争网络(European Competition Network,ECN)、消费者保护合作网络以及欧洲视听媒体监管机构的监管小组组成,以确保所提供的专业意见足以应对数字经济领域复杂的法律问题。在多个关键行动上,欧盟委员会需要获得数字市场咨询委员会这一专门委员会的协助,如确定"守门人"履行"守门人"义务而必须采取的措施决定、指定企业为"守门人"的决定、采取临时措施的决定、"守门人"确定违法的决定、定期支付罚款的决定等。

(三)要求"守门人"自建合规职能部门

除罚款这一外部监督机制外,《数字市场法》同时强制要求企业建立内部合规职能部门,并对组织独立性、专业性等事宜提出要求,其组织性质和安排类同《一般数据保护条例》(GDPR)项下的数据保护官(DPO)。从整体来看,合规职能部门的建立与维护需要相当程度的人力与资源,无疑会给企业增加合规成本,因此《数字市场法》只要求被认定为"守门人"的企业必须引入合规职能(第 28 条)。从组织独立性来看,《数字市场法》要求该合规职能至少要有一名高管在列,且必须指定负责人,能够进入"守门人"企业的管理机构,并且直接向管理机构报告,其任免也必须经过管理机构的批准。此外,"守门人"应主动向欧盟委员会通报该职能部门负责人的姓名和联系方式。从组织专业性来看,该合规高管应当具备完成相应职务所需的专业资格、知识、经验和能力,配合"守门人"授予的权力、资源和地位,应当能够完成监测"守门人"合规情况、提出合规建议以及与欧盟委员会合作等任务。《数字市场法》提出的"守门人"合规职能部门是近年来出现的新治理手段,反映的是数字经济行业引起的合规强需求背景下的一种公私合作治理模式新探索。这一模式的效果似乎在以 GDPR 为代表的企业数据治理与合规领域得到了印证,因此得以扩展至更多领域。

(四)"守门人"可提供不违法承诺

除发布执法决定文书外,欧盟委员会还可以发布临时措施(interim measures)和承诺生效决定文书,提前要求企业采取相应措施或停止违规行为。临时措施的使用场景一般为正式决定出台之前,但也仍然需要基于初步决定,这一措施的意义在于避免不可挽回的严重损害。欧盟委员会根据《数字市场法》适用临时措施,需要注意三个限定条件:一是必须情况紧急;二是不可挽回的风险是指可能对"守门人"的企业用户或终端用户造成严重损害;三是仅适用于指定时间段且应当已经根据《数字市场法》第 29 条规定认定违规且启动程序后采取。第三个条件意味着这一临时措施只能发生在执法进行中,而不得在执法调查之前,相当于只承认国内诉中行为保全,不承认诉前行为保全。承诺生效决定是指欧盟委员会可通过发布决定,将"守门人"在面对系统性违规行为市场调查时所作出的承诺事项上升为具有法律约束力的要求。对于"守门人"而言,该决定将保护其暂时不受欧盟委员会进一步调查或行动,除非发生法定情形。

(五)允许提起消费者代表诉讼

《数字市场法》明确规定可提起代表诉讼,并为"守门人"企业不法行为的举报人提供保障措施。如果"守门人"违反《数字市场法》规定尤其是可能损害消费者集体利益时,可适用欧盟第 2020/1828 号指令提起代表诉讼。欧盟第 2020/

1828 号指令是欧盟层面关于消费者代表诉讼的指令文件,该指令授权成员国指定组织或公共机构代表消费者向行政机构或法院寻求禁令或补救措施,如胜诉可获得赔偿。按规定,该指令必须在 2022 年 12 月之前转换为成员国法律,并从 2023 年 6 月开始正式适用,时间与《数字市场法》的生效与适用时间基本吻合。

欧盟法院可受理"守门人"企业就罚款决定提起的诉讼,而各成员国法院可受理消费者集体利益相关的代表诉讼。这是因为罚款决定只能由欧盟委员会发布,所以关于这一决定文书的审查也只能由欧洲法院进行,无法由各成员国法院进行。欧洲法院对此拥有无限管辖权,可以审查罚款决定也可以审查定期支付罚款决定,可以取消、减少或增加所施加的罚款或定期罚款数额。对于成员国法院来说,它可以受理代表诉讼,而且在诉讼中可要求欧盟委员会转交其掌握的信息或条例适用有关意见。成员国法院作出的裁决不得与欧盟委员会决定相抵触,如通过的裁决有可能产生冲突,成员国法院最好进行评估以确定是否有必要中止程序。成员国法院一旦作出判决,则需要及时向欧盟委员会移交判决副本。

(六)提供吹哨人保护

举报作为反垄断调查中非常重要的一种民间助力,《数字市场法》明确规定将按照欧盟第 2019/1937 号指令要求对举报人进行保护。欧盟第 2019/1937 号指令又称"吹哨人"指令,其目标就是为吹哨人提供保障措施,鼓励个人举报公司不法行为,其领域包括但不限于税务欺诈、洗钱、公共采购、数据保护等。根据《数字市场法》这一规定,"守门人"企业的雇员、求职者、前雇员或记者都可以受到欧盟法律保护,该指令目前已经生效。

(七)要求企业提供算法等资料

在发布处罚决定之前,欧盟委员会应启动和推进一系列前置调查程序,充分行使和运用《数字市场法》赋予的调查权力,其中特别规定了信息索取权,以适应数字平台的数字化特征。除发起面谈、要求企业进行陈述,以及进入企业场所对资料、文档等进行检查等常规调查权力外,《数字市场法》授权欧盟委员会信息索取权力(第 21 条),并对算法、数据和信息的访问权限和程序进行了详细规定。欧盟委员会之所以会特别强调企业应提供算法、数据和信息这一配合义务,与当前数字经济领域的执法难点有关。《数字市场法》作为数字经济领域的专门立法,其适用主体大多为数字企业,企业业务与活动多以数字化形式开展,也因此在法律适用上需要考虑数据、算法等企业资产的特点与作用。我国国务院反垄断委员会《关于平台经济领域的反垄断指南》就在多处提到数据和算法在垄断行为中的作用。例如,企业可通过算法、数据等实现协调一致行动或纵向垄断协议甚至是轴辐协议,又或者会对构成必需设施、限定交易、差别待遇的认定产生影响。因此,为充分实现调查目的,欧盟委员会还可以要求企业同时提供解释。

同时,为保护企业权益,《数字市场法》要求欧盟委员会必须通过决定发送信息索取请求,并说明请求的法律依据和目的,提示不遵守请求决定将面临的法律后果。最后,针对欧盟委员会提出的信息索取请求,企业认为不合理的,还可以要求法院进行复审。"守门人"企业在收到欧盟委员会发布的初步决定和初步调查结果时,可以行使陈述权,还可以行使档案查阅权。

二、《数字市场法》面临执法有效性质疑

《数字市场法》和《数字服务法》这两项具有里程碑意义的立法举措目标远大,这一点从它们设置的处罚措施的严厉程度可见一斑。与此同时,公众也普遍担忧仅欧盟委员会一家能否独立承担起如此严峻的执法任务。本部分将在前一部分内容的基础上,揭示《数字市场法》授予欧盟委员会独家执法权这一"史无前例"的规定引发担忧的原因,主要通过梳理欧盟竞争法执法体系的演变历史及《数字市场法》与之如何互动。

(一)欧盟竞争执法体系不再坚持欧盟集中执法

欧盟在2004年对竞争执法机制进行了重大改革,由初期的欧盟集中化执法向分散执法转变。欧盟近几年倾向于分权制执法,即由各成员国内部的执法机构各自进行监督和执法,欧盟机构的执法权限主动收缩。2018年生效实施的欧盟《一般数据保护条例》(GDPR)采用的正是这种方式。然而,欧盟竞争法执法并非一直如此,是2004年颁行的欧盟第1/2003号条例正式开启了欧盟竞争执法体系改革之路。该条例的目的是废除潜在限制性协议的事前通知制度,这一关键举措意味着各成员国可以就反垄断规则的执行享有实质的直接管辖权,最终通过增加执行主体来提高欧盟内部竞争法案件执法力度。该条例同时配套成立了新的欧洲竞争网络(ECN),该机构负责竞争案件的商讨和具体案件分派,是竞争执法机构之间的协调机制。此次改革发生后的第十年,即2014年,欧盟委员会发布了一份通讯文件,专门评估了这10年以来的执法表现。总体评估结果是,执法数量和力度有显著的提升,没有偏离改革预期目标,并对成员国竞争

执法机构的独立性尤其是调查和决策权提出了更高的期许。[①] 因为这种独立性对于反垄断执法和促进欧盟内部市场统一的效果得到了实践检验。

有学者用金字塔来形容欧盟经济监管执法机制。[②] 欧盟委员会位于整个金字塔的顶端,在各项欧盟经济监管制度中发挥不同程度的作用。不同之处在于,在欧盟竞争法中,欧盟委员会拥有与成员国竞争主管机构共享直接执法权限。欧盟委员会执法权限的实现方式是,获权颁布执行文书(implementing acts)或立法文件,发布非强制效力的协调文件(如建议、指南),审查、否决或接管成员国的工作,以及在欧盟成立的成员国机构重组机构中担任成员或观察员。欧盟各成员国则位于金字塔的底部,每个成员国都设有竞争主管机构负责处理竞争法执法事宜。在司法层面,成员国一般设置一个或多个法院负责对以上机构决定进行司法审查,同时法院对竞争法的适用也享有原始管辖权,可直接受理竞争法诉讼案件。在金字塔的中间,一般会成立欧盟级别的论坛,如欧洲竞争网络(ECN),充当欧盟委员会与成员国机构和法院之间的协调者,通过这类机制交流信息、分配执法任务,有些还可以制定最佳做法或发布建议和其他指导性文书。总体结论是,相比于更依赖成员国监管的行业规制(sector regulation),竞争法确实能够通过金字塔式的组织结构实现更高的执法质量。

这种金字塔式的执法机制架构能够照顾到欧盟层面和成员国主管机构的两方利益,作为一种基本范式,可以为两方架设利益协调机制。与此同时,这种基本范式并不是僵化的,金字塔的顶端和底部在整个金字塔中的占比会发生阶段性或领域性的波动。竞争法执法机制在2004年的改革则远超出了比例层面的变动,直接对基本范式的结构进行了调整。这种改革可归因于竞争法的独特性,也可能与当时所处的特定阶段有很大关系。比如,有国内学者就认为,欧盟此举与竞争规则的自我逻辑完善并无太大关系,更多的是欧盟超国家治理机制中的国际机制对国际合作的适应性变化。[③]

(二)《数字市场法》与欧盟现有竞争法体系有承继

欧盟立法者期待《数字市场法》能够补足现有欧盟竞争法体系缺陷,尤其是

---

① See European Commission, *Ten Years of Antitrust Enforcement under Regulation* 1/2003: *Achievements and Future Perspectives*, https://eur - lex. europa. eu/legal - content/EN/TXT/PDF/? uri = CELEX:52014DC0453&from = EN.

② See Massimo Motta, Martin Peitz, Heike Schweitzer, *Market Investigations. A New Competition Tool for Europe*?, Cambridge University Press, 2022, p. 184.

③ 参见彭心倩:《论欧盟竞争法执行机制的变迁》,载《湖南行政学院学报》2011年第2期。

近年来数字经济和平台经济对竞争法规则的冲击。例如,《数字市场法》在序言开头明确提道,“由于‘守门人’在竞争法项下并不必然占支配地位,现行的欧盟法律没有解决或未能有效解决‘守门人’的行为给内部市场有效运作带来的挑战”。理论界的讨论也非常多,如学者已普遍认可反垄断法中的传统相关市场的界定方法受到了平台网络效应的冲击①。《数字市场法》源于竞争法,但《数字市场法》本身是否能被定性为竞争法工具还存在争议。有观点认为,《数字市场法》是一种前置的竞争规制手段,②补足的恰恰是传统竞争法只能事后监管这一天然缺陷(合并审查除外),因此二者应是相互补充的。欧盟竞争法体系首先分为欧盟层面的竞争法和欧盟成员国内部竞争法规则,在欧盟层面的竞争法又可以大致概括为三大支柱,即《欧盟运行条约》第101条、第102条,以及《欧盟合并条例》。其中,《欧盟运行条约》第101条禁止限制性协议和协同行动等做法,第102条禁止滥用支配地位,而《欧盟兼并条例》是对欧盟层面(跨成员)的集中行为进行事先审查。从禁止性规定来看,“守门人”不得从事的行为很大概率上也会触犯欧盟竞争法规定,因此理论上本是相互补充的两部分规定在实践中会出现重叠。欧盟立法者已经意识到了这种可能性,在《数字市场法》多处做了制度安排与协调,如“鉴于条款”第10段。

虽然《数字市场法》能否被纳入竞争法治理工具箱尚存争议,但它与成员国竞争执法机构(包括行政主管机构和司法机构)之间必然会有互动甚至会有摩擦。《数字市场法》的执行机构(欧盟委员会)与成员国竞争规则主管机构之间的权力冲突与协调非常关键,因为成员国主管机构可独立执行竞争法大部分规则。从法律性质来看,二者都属于欧盟经济治理工具,都关注市场中的不公平竞争问题,都直接对企业施加义务和责任,冲突很难避免。从执行机制来看,欧盟竞争法存在两套执法机制,分别对应欧盟内部的两套竞争法体系。以《欧盟运行条约》为主体内容的欧盟竞争法适用于所有成员国,而成员国又各自拥有自己的竞争法体系。相应地,欧盟竞争法由欧盟委员会下设的竞争总司(DG Competition)负责执行,而各成员国也会配备自己的反垄断执法机构。一般情形下,二者的分工相对明确,前者只适用于损害欧盟共同利益的行为,而只发生在一国

① 参见赵莉莉:《反垄断法相关市场界定中的双边性理论适用的挑战和分化》,载《中外法学》2018年第2期;林秀芹:《论数字经济反垄断的范式转变——以欧盟〈数字市场法〉为镜鉴》,载《知识产权》2022年第7期。

② See Aurelien Portuese, *The Digital Markets Act: European Precautionary Antitrust*, https://witif.org/publications/2021/05/24/digital - markets - act - european - precautionary - antitrust/.

境内且对欧盟共同利益无损的行为由成员国自行处理。只有在两套法律体系发生冲突时,会按照欧盟法优于成员国法的判例法原则,优先适用欧盟竞争法。因此,如果不预先作出安排,文本层面的逻辑自洽就可能会经不起现实世界的法律运行逻辑的检验,很可能会导致立法心血付诸东流。

(三)《数字市场法》单一执法权与竞争法改革方向不一致

《数字市场法》和《数字服务法》是在欧盟 GDPR 的影响下制定的,而 GDPR 的“分立式”执法使 GDPR 没有发挥出符合人们原本期待的威慑力。GDPR 的主要执法工作留给了欧盟 27 个成员国的数据保护监管机构,但许多人认为成员国监管机构的执法团队普遍资金和人员不足,在 GDPR 的适用上存在诸多不一致。以爱尔兰数据保护机构为例,过去几年德国、法国等强势国家指责其怠于行使数据保护监管职责,对科技巨头企业的执法力度明显不足。除爱尔兰之外,奥地利等国数据执法机构也曾被“My Privacy is None of your Bussiness”(NOYB)数据隐私保护民间组织提起多起司法诉讼,“强行”通过司法机构来监督所在国的行政执法机构履行职务。的确,GDPR 从 2018 年生效实施至今已有四年,欧盟数据保护委员会(EDPB)每年都会出具年度报告,而几乎每一笔涉及科技巨头企业的高额罚款都需要经历漫长的拉扯。从牵头执法的成员国主管机构草拟决定文书,到与其他成员国主管机构之间磋商意见,再到上报到 EDPB 等待最终裁决意见,历时数年是常态。决定文书草案的关键内容如罚款数额往往也会几度更改,内部意见很难快速达成一致,导致许多案件一拖再拖,如 2022 年 6 月本应公布的 Meta 数据跨境传输案就未能如期公布。

为避免陷入分散执法引发的执法困境,《数字市场法》转身选择了集中执法,但仍然需要面对公众担忧,尤其是成员国们的质疑。英国监管机构 Ofcom 前在线标准主管莎拉·安德鲁曾坦率地表达过她对两部新立法的担忧。她指出,《数字市场法》和《数字服务法》这两部新的法律有可能会像欧盟数据保护法一样,沦为下一个“美丽的政治作品”。① 不过,脱欧后的英国本身并不适用《数字市场法》,因此这更多是一种“外部”评价。然而,在欧盟内部,也的确有一些成员国对这种集中式执法提出了质疑。例如,德国、比利时、荷兰就认为这种集中式执法并不可取。相反,它们认为成员国机构应当在《数字市场法》执法方面

① See Jillian Deutsch, *Europe Passed New Tech Rules. That Was the Easy Part*, Bloomberg, https://www.bloomberg.com/news/newsletters/2022-08-02/europe-will-face-challenges-enforcing-new-tech-bills-dma-and-dsa.

发挥更大的作用。从《数字市场法》的规定来看,成员国有诸多配合义务,但没有实质执法权。成员国在执法层面能够发挥的最大作用应该是作为数字市场咨询委员会成员,在欧盟委员会具体执法时提供建议。根据《数字市场法》第50条的规定,该委员会的设立程序应当遵守欧盟第182/2011号条例,该条例规定了欧盟成员国对欧盟委员会执法权力控制的规则和一般原则,欧盟委员会由各成员国代表组成,在出具书面意见时采用的是多数决机制。尽管如此,数字市场咨询委员会职权本身有限,只在欧盟委员会出具系统性违规的市场调查决定、违规决定、以公共健康和公共安全为由豁免"守门人"义务等决定时,才会需要获得该咨询委员会的同意。

三、授权欧盟委员会独家执法的具体考量

(一)《数字市场法》制裁手段严苛,执法质量大于案件数量

法律适用分公力救济和私力救济两大类,而《数字市场法》明确规定公力救济的执行者只有欧盟委员会,成员国主管机构不直接参与执法。对于这种有限的救济手段设计,反对的声音主要是担忧这可能会降低执法效率。直接将成员国的执法资源拒之门外意味着欧盟委员会必须要在短时间内快速组建一支合格的执法队伍,毕竟2023年6月就得确定"守门人"名单了。从预期控制来看,收缩行政执法权限有利于稳定市场主体的预期,因为享有法律解释权的执法主体数量有限,则市场主体无须与多个成员国机构打交道。而且,《数字市场法》"举大力办大事"的立法基因也要求它的适用应当克制、谨慎。一方面,《数字市场法》本身的杀伤力非常大:一是它安排了非常明确、清晰的逐级递升罚款机制,最高可按照全球年度营业额20%收缴罚款;二是《数字市场法》同样还兼具启动结构性救济的功能。可以说,《数字市场法》更像是一部具有"反垄断威慑力的事前市场规制法律"。另一方面,《数字市场法》面对的是游说能力和专业能力同等强悍的少数几个大企业,但需要越过反垄断法在短期内实现规制大型数字平台的任务。如前所述,欧盟竞争法执法体系去中心化改革的方向是通过纳入更多的执法主体来加强执法力度,目标是能够发现更多的违法主体和违法行为。然而,《数字市场法》的执法不求数量(由"守门人"数量有限决定)。相反,《数字市场法》的有效施行应当更看重执法机构的论证能力,对专业知识、信息处

理、综合协调要求更高。[①] 因此,对执法主体的唯一性和权威性要求很高。正因如此,欧盟委员会成立的新团队非常强调专业知识上的多学科、复合型,涉及社会、技术和经济多领域。

《数字市场法》在法律适用手段上的克制还体现在私力救济上并不鼓励私主体提起诉讼,以通过法院寻求司法救济。首先需要澄清的是,《数字市场法》并没有明确禁止私人诉讼,但也没有明确规定私主体可以自行提起诉讼(直接规定的是,可由指定机构发起消费者代表诉讼)。欧洲学者就此展开过一些讨论和分析,或许能有所启发。比如,有学者基于《数字市场法》与欧盟竞争法体系之间的承继关系,认为《数字市场法》并没有排除私力救济。其推导过程大致是,欧盟层面的条例(regulation)对成员国和私主体(包括自然人和法人)具有直接适用(directly applicable)效应,且《数字市场法》的核心条款即第 5 条和第 6 条足够精确(sufficiently precise),因此私主体对此可无条件享有权利。[②] 基于此,按照欧盟 2014 年《损害赔偿指令》,如私主体因为"守门人"企业未能遵守第 5 条和第 6 条规定而遭受损害的,可以向成员国提起诉讼以寻求损害赔偿。事实上,欧盟官网关于《数字市场法》的问答页官网也是这一观点。[③] 另一类观点则认为《数字市场法》并不承认私力救济,其依据主要是《数字市场法》整体谋求"集权式执法",因为欧盟委员会作为唯一执法机构也是史无前例。支持此类观点的,一般也会认为《数字市场法》独立于现有的欧盟竞争法体系,因此不必遵循竞争法的"分散式执法"的改革思路。这种行政监管层面的集权思路也应映射到《数字市场法》的私力救济层面。以上两种解释的关键分歧点在于,在私人诉讼问题上,有关机构会如何处理《数字市场法》与传统竞争法之间的关系。基于此,本文的观点是,《数字市场法》至少对私主体自行提起的损害赔偿诉讼并不鼓励。

(二)按全球营业额收缴罚款,裁决权不宜分散

从《数字市场法》与欧盟竞争法执法体系的协调机制来看,欧盟委员会在

---

① 参见孙晋:《〈反垄断法〉修订背景下设立竞争法庭的理据和进路》,载《法律科学(西北政法大学学报)》2022 年第 3 期。

② See Komninos, Assimakis, *The Digital Markets Act and Private Enforcement*: *Proposals for an Optimal System of Enforcement* (August 31, 2021). Eleanor M. Fox Liber Amicorum, Antitrust Ambassador to the World (Concurrences, 2021), Forthcoming, SSRN: https://ssrn. com/abstract = 3914932 or http://dx. doi. org/10. 2139/ssrn. 3914932.

③ See European Commission, *Questions and Answers*: *Digital Markets Act*: *Ensuring Fair and Open Digital Markets*, https://ec. europa. eu/commission/presscorner/detail/en/QANDA_20_2349.

《数字市场法》公力执行上的唯一主导性地位是非常明确的。按规定,《数字市场法》虽然并不会影响成员国竞争规则和欧盟竞争法的适用,但如果在"守门人"身上发生冲突时,《数字市场法》将优先适用,其他机构须让步于欧盟委员会,履行信息传递义务并完成案件交接。关于私力救济,具体解释则取决于欧盟司法机构后续对《数字市场法》的理解与当时的执法状况与需求。在法案没有正式施行之前,立法参与者的说明、发言或解释容易被公众用来作为解释依据,但目前看来,欧盟立法并没有提供完整、明确的权威解释。事实上,这一问题的权威解释应看司法机构尤其是欧盟法院在具体案件上的态度和倾向。因为这类管辖问题的受理者往往是成员国法院,而按照欧盟统一法律适用的原则,成员国法院最终很可能会向欧盟法院转移案件审理权。在《数字市场法》施行前几年,如果欧盟委员会对几大目标公司执法顺利,则短期内不太可能会触发成员国有无受理私人诉讼这一问题。后续如触发,欧盟法院基于当时的国际、政治和经济环境以及欧盟整体执法情况,最终会得出何种答案并不好预测。

在公力救济作用凸显的全球背景下,全球营业额占比罚款机制的适用效果值得反思与进一步研究,尤其是在问题新颖而复杂的数字经济领域。这种罚款机制近年来在不断扩张适用领域,原先只在反垄断法领域适用,但前几年被借鉴到数据保护法领域(典型示例是 GDPR 和我国的个人信息保护法),如今《数字市场法》和《数字服务法》也采纳了这一机制。从结果来看,GDPR 施行以来,小额罚款数量不少,但针对几大科技巨头公司的重大执法决定往往容易拖延或停滞,目前最大一笔罚款仍然是法国数据保护执法机构在 2019 年对谷歌作出的 5000 万欧元罚款决定。我们可以从 GDPR 的执法历史中吸取的教训是,按照全球营业额占比来设置罚款,要尽量避免裁决权分散,否则最终可能会演化成只规制中小企业。分散执法体系在确定大额罚款时容易受阻,因为大型跨国企业往往牵涉多个成员国主管机构,相应地,处罚决定的成员国意见协调工作周期容易超出预期。尽管设置了牵头主管机构,但是在重大案件上,欧盟 GDPR 规定其他成员国主管机构的意见也非常重要,从而导致案件推进效率非常低。主管机构面临的现实考虑是,全球性公司的营业额高,罚款数额也会水涨船高,往往数额惊人。从企业法人代表所在国的牵头主管机构到其他主管机构再到欧盟数据保护主管机构,大家各有各的考虑,很难达成折中意见。例如,爱尔兰数据保护执法机构负责的亚马逊案件可能会触发 GDPR 最高罚款纪录,但也正因为罚金高昂,成员国机构就具体数额分歧很大,目前未再见到进一步的公开信息。

（三）“守门人”业务必然跨境，欧盟委员会可直接执法

从组织架构来看，由欧盟委员会来统一行使行政执法权，便于其统合欧盟竞争总司的执法资源。在法理层面，《数字市场法》与竞争法的关系不一定能有定论，但就执法部分，二者的联系是非常明显的。有观点指出，《数字市场法》的执法机制可能更接近行业监管方式（如银行业监管），因为它需要的是持续的市场监督，而不是偶尔介入的反垄断执法。① 然而，《数字市场法》的许多规则又的确受到诸多反垄断案件的启发，未来新的监管机构需要从反垄断执法机构获得帮助，以实现平稳有效的交接。《数字市场法》执法制度本身相比于竞争法体系有非常明显的创新和突破之处，但在具体落实上，仍然还是需要承继竞争法的执法资源，包括成员国的一些审判经验。纵向来看，相对于成员国竞争规则主管机构，除了专业知识和人才上的相对优势，成员国执法机构也更接近市场和企业。由于按照《数字市场法》的规定，所有的“守门人”企业必须在欧盟成员国设立代表处，因此成员国相对于欧盟机构拥有信息优势和地理优势。如此看来，如果欧盟委员会未能快速组建出一套强资源、强协调的执法体系，则其原先预期的集中化执法优势的确反而可能掣肘《数字市场法》的实施。从欧盟委员会的公开发言来看，针对这类质疑，一方面，欧盟委员会内部快速组建了新团队，并官宣要在2024 年之前完成 100 人的全球招聘计划；另一方面，虽然具体执法工作将由欧盟通信网络、内容和技术总局（又名 DG Connect）内下设的新团队负责，与竞争总司分立，但欧盟委员会也明确表示，将与竞争总司共同落实《数字市场法》。

从《数字市场法》的自身特性来看，天然具有跨国性质的数字平台也更适宜由欧盟机构统一执法。欧盟委员会关于《数字市场法》的问答页网站，就“谁来执行《数字市场法》”这一问题的回复中明确提到，欧盟委员会集中执法这一体制同“守门人”的业务内在具有跨境属性是契合的。虽然企业业务跨越多个欧盟成员国辖区并不必然能推导出由欧盟委员会独家执法，如 GDPR 由成员国各自执法，但其适用对象很多也是跨国企业。不过，《数字市场法》只适用于“守门人”，的确使《数字市场法》更适宜由欧盟级别机构统一执法。GDPR 原则上适用于有个人数据处理行为的所有企业，其规制对象涵盖大中小企业还有执法机

① See Alexander De Streel, Fiona Scott Morton, Jacques Cremer, Amelia Fletcher, Paul Heidhues, Giorgio Monti, Ruppercht Podszun, Monika Schnitzer, *How Europe Can Enforce the Digital Markets Act Effectively*, https://www. promarket. org/2022/05/11/europe - digital - markets - act - effective - enforcement/.

构,无论是适用对象的数量还是机构性质,都需要有更多元的执法主体参与其中。相比之下,《数字市场法》关注的是数字市场的公平和开放,而实现这一目标的抓手是盯紧“特定几个”“守门人”或潜在“守门人”的特定行为。因此,在适用对象的数量和性质上都不同于 GDPR,这就是《数字市场法》的自身特性。此外,基于《数字市场法》与欧盟竞争法在执法体系关系中的承继要素进行推导,直接规定《数字市场法》的公力执法由欧盟委员会独家执行这一结论也非常合理。按照竞争法规定,欧盟委员会竞争总司直接负责跨多个成员国管辖辖区的跨国竞争法案件,而《数字市场法》的“守门人”指定条件中明确规定满足“并在至少三个成员国提供相同的核心平台服务”应被推定满足“守门人”指定条件。因此,与《数字市场法》有关的案件一定是跨国案件,按照竞争法执法权力分配规定,也应由欧盟委员会统一执法。

四、结论

欧盟的数字治理版图能否成功与欧盟执行机构能否获得充足的资金、专业知识等有直接关系,但这些都需要靠欧盟委员会主动争取。据立法机构估计,《数字市场法》这一系列新技术规则至少需要花费 2500 万欧元从外部雇用员工来落实,在欧盟预算捉襟见肘的当下,这显然并不容易。监管机构称,为了执行这两项立法,欧盟委员会计划雇用 230 位执法人员,但成员国监管机构认为,实际要招聘的人可能要远远超过这一计划人数。德国当年在提出类似于《数字服务法》的国家内容审核法时,差不多计划招聘 200 人。德国的人口大约是欧盟的五分之一,欧盟所需的执法队伍显然需要更庞大。除了执法人数,这一执法队伍更关键的还在于保证队伍质量。欧盟委员会前首席经济学家托马索·瓦莱蒂(Tommaso Valletti)认为,欧盟需要重新招聘数据科学家、计算机工程师和在大型科技公司工作过的人,这不是简单地从反垄断案件负责团队那里派遣几位执法人员过来就可以应对的。欧盟行业负责人蒂埃里·布雷顿(Thierry Breton)也称,将配备多个团队专注于不同的问题,如风险评估、信使服务的互操作性以及在规则实施期间的数据访问。同时,监管机构还将设立欧洲算法透明度中心,以吸引数据科学和算法科学家协助执法。

在笔者看来,《数字市场法》适用的现阶段重点更可能是执法效率和质量,而非执法案件数量,短时间内放开私力救济反而可能会招致适用不一致带来的法律适用混乱。这个阶段的期限长度还应考虑到在“守门人”的指定这一关键前置问题上，欧盟委员会享有完整、单一授权。所有针对"守门人"DMA 第 5 条和第 6 条规定义务提起的诉讼的前提是，该企业已经被欧盟委员会指定为"守门人"企业，否则一般社会主体能采取的救济方式只能是向相关机构提供信息或直接举报，或者向有权发起代表诉讼的成员国指定机构请求其代为行动。公开可查新闻显示，欧盟委员会正在抓紧部署执法队伍、配置执法资源，计划在 2023 年年中能通过第一批"守门人"指定决定。从《数字市场法》与欧盟竞争法执法体系的协调机制来看，《数字市场法》虽然并不会影响成员国竞争规则和欧盟竞争法的适用，但在"守门人"身上发生冲突时，《数字市场法》优先适用，其他机构须让步于欧盟委员会，履行信息传递义务并完成案件交接。可见，欧盟委员会在《数字市场法》公力执行上的唯一主导性地位都是为了确保《数字市场法》能得到快速适用，以便欧盟能够顺利发起对几大科技巨头的规制行动。

最后，《数字市场法》在执法上坚持欧盟委员会独家执法，而集中化执法须配备高水平的成员国配合制度设计。《数字市场法》将调查权和执法权收拢在欧盟委员会手中，对成员国施加信息通报义务，要求成员国积极主动上报在调查中发现的可能违规行为，但不介入实质调查程序。根据《数字市场法》序言第 91 段，即便成员国被赋予初步调查权限，也应在采取初步调查措施之前通知欧盟委员会，欧盟委员会接手后，成员国主管机构的调查应立即停止。在执法上，《数字市场法》不得影响欧盟和成员国竞争法规则的实施，也就不得干涉与之相关的执法行动和决定。但《数字市场法》对成员国提出的要求是，当成员国基于本国内竞争法规则对"守门人"企业施加罚款决定时应当与其密切合作和协调，因此成员国主管机构应在启动程序和施加义务之前告知欧盟委员会。同时，设置高级别专家小组，为执法提供专业咨询意见。《数字市场法》已经有了非常成熟的配套制度设计，剩下需要做的是分阶段、按需求推进与落实。

附件一

《数字市场法》全文翻译

译者:谢南希[*]、夏　杰[**]、姜　文[***]

校对:夏　杰、谢南希

《2022 年 9 月 14 日欧洲议会和欧盟理事会在数字领域建立可竞争和公平的市场并修订欧盟第 2019/1937 号和第 2020/1828 号指令的第 2022/1925 号条例》(《数字市场法》)

欧洲议会和欧盟理事会,

考虑到《欧盟运行条约》,尤其是第 114 条,

考虑到欧盟委员会的提案,

在将立法草案提交至各成员国议会后,

考虑到欧洲经济和社会委员会的意见,

考虑到区域委员会的意见,

依据普通立法程序,

鉴于:

(1)数字服务尤其是在线平台,在经济中特别是在欧盟内部市场中扮演了越来越重要的角色。它们使企业能够触达整

---

* 谢南希,中国政法大学竞争法研究中心研究员。

** 夏杰,中国社会科学院大学互联网法治研究中心特聘研究员。

*** 姜文,陕西省法学会人工智能与大数据法学研究会研究员。

个欧盟内的用户，促进跨境贸易，为欧盟内大量公司开辟全新的商业机会，维护欧盟内消费者的利益。

（2）同时，在数字服务中，提供核心平台服务的企业能够利用核心平台服务所具有的诸多特征。核心平台服务的特征之一是极强的规模经济，这一特征使增加企业用户或终端用户的边际成本几乎为零。核心平台服务的其他特征还包括非常强的网络效应、具有通过平台服务的多边性将大量企业用户与大量终端用户联系起来的能力、对企业用户和终端用户的显著依赖、锁定效应、终端用户出于同一目的而缺乏多归属选择、垂直整合和数据驱动优势。所有这些特征，结合提供核心平台服务的企业实施的不公平做法，可能会实质性损害核心平台服务的可竞争性，影响提供此类服务的企业与企业用户和终端用户之间的公平商业关系。在实践中，这会快速减少企业用户和终端用户的选择，带来潜在深远影响，因此可赋予这些服务提供者"守门人"的地位。同时，应认识到，出于非商业目的身份（a non - commercial purpose capacity）提供的服务，如合作项目，不应被视为《数字市场法》项下的核心平台服务。

（3）对于个别具备相当经济实力且提供核心平台服务的大型企业，根据《数字市场法》，能将它们指定为"守门人"。通常来说，它们能通过提供服务，将大量企业用户与终端用户联系起来，并能利用这些优势（如访问大量数据的优势）跨业务领域施加杠杆。其中，一些企业控制了数字经济完整的平台生态系统，无论已有的或新的市场经营者有多创新、多高效，也极难挑战它们的地位，或与它们展开竞争。由于市场存在非常高的进入或退出壁垒（包括在退出时无法或难以轻易收回的高昂投资成本），且缺乏数字经济的关键要素（如数据），市场的可竞争性被削弱。最终，有关市场可能无法良好运转。

（4）在多数情况下，"守门人"上述特征的组合很可能导致议价能力严重失衡，从而给使用"守门人"核心平台服务的企业用户和终端用户施加不公平的做法和条件，损害数字领域的价格、质量、公平竞争、选择和创新。

（5）在此情况下，市场常常无法确保核心平台服务带来公平的经济结果。尽管《欧洲联盟运行条约》第 101 条和第 102 条也适用于"守门人"的行为，但这些条款的适用范围仅限于"守门人"在特定市场上具有支配地位、实施反竞争行为的情况，而且执法通常发生在事后（ex post），需要在个案中对复杂事实展开广泛调查。由于"守门人"并不必然具有支配地位，现行欧盟法律未解决或未有效解决"守门人"行为给内部市场有效运转带来的挑战。

(6)“守门人”对于内部市场产生了重大影响,为大量企业用户提供了触达欧盟不同市场内终端用户的通道。不公平做法对内部市场的不利影响以及特别弱的核心平台服务的可竞争性(包括这些不公平做法给社会和经济带来的负面影响)已促使成员国立法机构和行业监管机构采取行动。为了应对不公平做法,提升数字服务的可竞争性,成员国层面已通过或提出一些监管方案。这些差异化的监管方案已经导致内部市场分裂,并且由于成员国监管要求的不同,合规成本增加的风险相应提升。

(7)因此,《数字市场法》旨在通过制定规则的方式促进内部市场的正常运作,以确保整个数字领域,特别是使用“守门人”核心平台服务的企业用户和终端用户的可竞争性和公平性。应当为欧盟内使用“守门人”核心平台服务的企业用户和终端用户提供适当的监管保障,防止“守门人”的不公平做法,以促进欧盟内的成员国跨境业务,改善欧盟内部市场的正常运作,消除《数字市场法》所涵盖的特定领域现有的或可能出现的碎片化状况。此外,虽然“守门人”倾向于采用全球或至少是泛欧洲的商业模式和算法结构,但它们在不同成员国使用并且在某些情况下使用的不同的商业条件和做法,已经导致使用“守门人”核心平台服务的用户面临差异化的竞争条件,这损害了欧盟内部市场的统一。

(8)通过缩小成员国法律之间的差异,可能消除在欧盟内部市场内自由提供和接受服务(包括零售服务)的障碍。因此,对于存在“守门人”的数字市场,为确保可竞争性和公平性,应在欧盟层面建立一套有针对性的统一法律义务,以维护整个欧盟经济,造福欧盟消费者。

(9)只有阻止成员国适用落入《数字市场法》适用范围、追求相同目标的国内法,才能有效避免内部市场碎片化。这并不排除成员国将实现《欧盟运行条约》项下合法公共利益目标的其他国内法,或追求欧盟法院(Court of Justice of the European Union)判例法认可的公共利益优先理由的其他国内法,适用于《数字市场法》规定的“守门人”。

(10)同时,由于《数字市场法》旨在补充竞争法的执行,《数字市场法》的适用不影响《欧盟运行条约》第101条、第102条和相应的成员国竞争规则,以及与单方行为(unilateral conduct)相关的其他成员国竞争规则的适用。单方行为是指基于对市场地位和行为的单独评估(包括其实际或潜在影响以及被禁止行为的确切范围)且企业可能提出效率和目的抗辩理由的单方行为,《数字市场法》也不影响并购控制相关的成员国国内法的适用。但是,上述规则的适用不应影响《数字市场法》规定的“守门人”义务，及其在内部市场的统一和有效适用。

（11）《欧盟运行条约》第101条、第102条和有关多方和单方反竞争行为以及合并控制的相应成员国国内竞争规则，以保护市场竞争不受扭曲作为目标。《数字市场法》追求的目标与竞争法所界定的保护任何给定市场上的竞争都不受扭曲这一目标相辅相成但又不同，《数字市场法》旨在确保存在“守门人”市场的可竞争性和公平性，独立于《数字市场法》规定的“守门人”特定行为给市场竞争带来的实际、潜在及推定影响。因此，《数字市场法》旨在维护区别于上述竞争规则保护的不同法律利益，《数字市场法》的适用不应影响其他规则的适用。

（12）《数字市场法》的适用也不影响其他欧盟法法案的规则适用，这些法案规范《数字市场法》覆盖的服务条款的某些方面，尤其是欧洲议会和欧盟理事会第2016/679（GDPR）、2019/1150号条例和数字服务单一市场条例，欧洲议会和欧盟理事会第2002/58/EC、2005/29/EC、2010/13/EU、2015/2366、2019/790和2019/882号指令，欧盟理事会第93/13/EEC号指令，以及旨在执行或实施上述欧盟法案的成员国规则。

（13）相较于数字领域其他服务而言，某些数字服务中的弱竞争性和不公平做法更为频繁、明显。对于广泛且常用的数字服务尤其如此，这些服务大多直接介于企业用户和终端用户之间，具有极强的规模经济、非常强的网络效应、通过其服务的多边性连接许多企业用户与终端用户的能力、锁定效应、缺乏多归属或垂直整合等普遍特征。通常只有一家或极少数大型企业提供这些数字服务。这些企业频繁地成为企业用户和终端用户的“守门人”，并带来深远影响。特别是它们已获得单方轻易地设置不利于其企业用户和终端用户的商业条件条款的能力。因此，有必要聚焦那些企业用户和终端用户最广泛使用的数字服务，以及从内部市场视角看对“守门人”的弱竞争性和不公平做法的担忧更明显、紧迫的数字服务。

（14）特别是在线中介服务、在线搜索引擎、操作系统、在线社交网络、视频分享平台服务、不占用号码资源的人际通信服务（number - independent interpersonal communication services）、云计算服务、虚拟助手、网络浏览器和在线广告服务（包括广告中介服务），所有这些服务都有能力影响大量终端用户和企业，这会带来不公平商业做法的风险。因此，应将上述服务纳入核心平台服务的定义中，落入《数字市场法》的适用范围。在线中介服务也可以活跃在金融服务领域，或用于提供欧洲议会和欧盟理事会第2015/1535号指令附件Ⅱ未详尽列举的服务。为了达成《数字市场法》的目的，核心平台服务的定义应当是技术中立的，应理解为包括各种手段或设备或通过各种手段或设备提供的服务，如联网电视或交通工具中的嵌入式数字服务。在某些情况下，终端用户的概念应包括传统上被视为企业用户的用户，但在特定情况下，终端用户是指在不使用核心平台服务的情况下向其他终端用户提供商品或服务的用户，如出于终端用户的目的使用云计算服务的业务。

(15)数字服务达到核心平台服务的资格这一事实本身并不引发对可竞争性或不公平做法的严重担忧。只有在当核心平台服务构成重要通道，且由对内部市场有重大影响并具有稳固地位的企业运营，或由在可预见的未来中将享有该等地位的企业运营时，才会出现上述担忧。因此，《数字市场法》这套有针对性的统一规则应仅适用于满足上述三个客观标准的指定企业，并且仅适用于那些核心平台服务单独构成企业用户触达终端用户重要通道的企业。提供核心平台服务的企业可能不仅介于企业用户和终端用户之间，而且介于终端用户和终端用户之间，如涉及不占用号码资源的人际通信服务的情况，上述事实不应排除以下结论，即提供核心平台服务的企业是或者可能是企业用户触达终端用户的重要通道。

(16)为确保《数字市场法》能有效适用于那些提供最有可能满足这些客观要件的核心平台服务的企业，以及不公平做法削弱可竞争性最为普遍、影响最大的情形，委员会应当能够直接将那些提供满足定量标准(quantitative thresholds)的核心平台服务的企业指定为“守门人”。在任何情况下这些企业都应当经过快速的指定程序，该程序应于《数字市场法》适用后启动。

(17)一个企业在欧盟拥有非常大的营业额且在至少三个成员国提供核心平台服务这一事实是显示该企业对内部市场具有重大影响的有力标志。这同样适用于在至少三个成员国提供核心平台服务，且拥有非常高的市值或同等公允市值(equivalent fair market value)的企业。因此，如果一个企业至少在三个成员国提供核心平台服务，且在欧盟的集团营业额等于或超过一个特定的高门槛，或集团市值等于或超过一个特定的绝对高值，那么提供核心平台服务的这一企业应当被推定为对内部市场具有重大影响。对于隶属于未公开上市且提供核心平台服务的企业，应当将同等公允市值作为参考。委员会应当使用其权力来制定授权法案，以提出计算上述价值的客观计算方法。

集团在欧盟内实现的高营业额，结合核心平台服务在欧盟内用户的门槛数量,反映出用户变现能力相对较强。与相同的用户门槛数量有关的高市值反映在不久的将来相对巨大的用户变现潜力。原则上,这种变现潜力又在大体上反映相关企业的通道地位。此外,这两个指标都反映相关企业的财务能力,包括借助金融市场作为杠杆增强地位的能力。例如,利用这种接入能力来收购其他企业时可能发生上述情形,同时这种能力被证明对创新具有潜在负面影响。尽管当前营业额可能相对较低,但市值也能反映未来的预期状况以及相关企业对内部市场的影响。市值应基于反映欧盟内最大的公开上市企业在适当期间内的平均市值水平。

(18)当上一财年的市值达到或高于定量标准,应推定提供核心平台服务的企业对内部市场具有重大影响,提供核心平台服务的企业的市值持续三年或三年以上达到或高于定量标准应被视为进一步加强了上述推定。

(19)相比之下,在确定提供核心平台服务的企业是否应被视为对内部市场具有重大影响时,可能需要对许多与市值有关的因素进行深入评估。这可能是指以下情况,即提供核心平台服务的企业在上一财年的市值远低于定量标准,在观察期内其市值波动与整体股票市场波动不成比例,或其与市场趋势相关的市值波动轨迹与快速单向增长不一致。

(20)提供核心平台服务的企业拥有依赖核心平台服务以触及大量月活跃终端用户的大量企业用户,能以对自己有利的方式影响大部分企业用户的运营,原则上表明该企业是一个重要的通道。为了确定企业用户的定量标准,对于使用核心平台服务的终端用户和商业总人口的不同类别的数量标准设置,应代表欧盟内总人口的绝大多数。* 确定和计算活跃终端用户和企业用户时,应充分考虑相关具体核心平台服务的角色和触及范围的代表性。为了在法律层面为"守门人"提供确定性,应在《数字市场法》的附件中列明确定每个核心平台服务的活跃终端用户和企业用户数量应考虑的要素。这些要素可能会受到技术和其他发展的影响。因此,委员会应有权制定授权法案来修订《数字市场法》,更新用于确定活跃终端用户和活跃企业用户数量的方法和指标列表。

(21)提供核心平台服务企业在可竞争性有限的情况下,尤其会出现在运营

* 原文为:"The respective relevant levels for those numbers should be set representing a substantive percentage of the entire population of the Union when it comes to end users and of the entire population of businesses using core platform services to determine the threshold for business users."——译者注

过程中形成稳固和持久地位,或在可预见的未来将享有这种地位的情形。当该企业在至少三年内为至少三个成员国的大量企业用户和终端用户提供核心平台服务,很有可能出现上述情形。

(22)此类定量标准可能会受到市场和技术发展的影响。因此,委员会应有权制定授权法案,以明确是否达到定量标准的方法,并在必要时根据市场和技术发展进行定期调整。此类授权法案不应修改《数字市场法》中规定的定量标准。

(23)在特殊情况下,提供核心平台服务的企业应当能够证明其虽达到了《数字市场法》规定的定量标准但并不满足指定"守门人"的要求,来反驳企业对内部市场具有重大影响这一推定。对于因企业达到定量标准而作出的推定不予适用的举证责任,由该企业承担。在评估企业提交的证据和观点时,委员会应仅考虑与定量标准直接相关的因素,即提供核心平台服务的企业对内部市场具有超出收入或市值的影响。例如,绝对意义上的规模,以及有业务的成员国数量;实际企业用户和终端用户数量超出标准的程度,以及结合不同核心平台服务的整体活动规模,企业提供的核心平台服务的重要性;达到定量标准的年限。

任何从经济视角试图论证市场定义的正当化理由,或证明提供核心平台服务的企业实施的特定类型行为带来效率的正当化理由都应当被抛弃,因为这与"守门人"的指定无关。如果企业提交的观点缺乏充分证据,未能充分地对推定提出质疑,委员会应可以在为指定"守门人"所提供的45个工作日内驳回这些观点。在提供核心平台服务的企业不遵守委员会采取的调查措施,妨碍调查的情况下,委员会应能够根据与定量标准相关的可用信息作出决定。

(24)应当制定条款,对提供核心平台服务但不满足全部定量标准的企业"守门人"角色进行全面客观评估,评估要求包括这些企业对内部市场具有重大影响、构成企业用户触达终端用户的重要通道,以及受益于运营过程中形成的稳固持久地位或在可预见的未来受益于这种地位。由于《数字市场法》主要针对具有相当经济实力的大型企业,而非中小微企业,因此,当提供核心平台服务的企业为中小微企业时,评估应仔细考虑该企业是否实质性损害核心平台服务的可竞争性。

(25)上述评估只能根据市场调查进行,同时考虑定量标准。在评估时,委员会应追求以下目标:保护和促进创新、数字产品和服务质量、价格的公平性和竞争程度、企业用户和终端用户的质量水平或选择范围是否一如既往地保持高水准。可以考虑与提供相关核心平台服务的企业相关的具体要素:极强的规模或范围经济、非常强的网络效应、数据驱动优势、具备通过服务的多边性将大量企业用户与终端用户联系起来的能力、锁定效应、缺乏多归属、集团公司结构或垂直整合。此外,极高的市值、极高的股权价值与利润比,或者单一核心平台服务的终端用户产生的极高营业额可以用作指标,来显示此类企业潜在的杠杆能力和以有利于自己的方式倾覆市场的能力。市值和高的相对增长率为动态参数,可用于判断提供核心平台服务的企业将具有稳固持久地位。如果提供核心平台服务的企业不遵守委员会采取的调查措施,严重妨碍调查,委员会应能基于现有事实作出不利推断,并作出决定。

(26)对于提供核心平台服务且在可预见的未来将享有稳固持久地位的企业,应适用一套特别的细分规则。核心平台服务的相同特征使它们容易倾覆市场:一旦提供核心平台服务的企业在规模或中介能力方面获得了相对于竞争对手或潜在竞争对手的一定优势,该企业的地位可能变得无懈可击,最终很可能在不久的未来变得稳固持久。企业可以利用《数字市场法》项下的一些不公平条件和做法,来试图触发倾覆点,成为"守门人"。在此情况下,在市场被不可逆转地倾覆之前进行干预似乎更为合适。

(27)但是,这种早期干预应仅限于施加必要且适当的义务的情形,以确保相关服务保持可竞争性,避免不公平条件和做法的风险。为了更直接地实现这一目的,《数字市场法》规定了防止提供相关核心平台服务的企业在其运营中形成稳固持久地位的义务,如阻止杠杆以及促进转换和多归属的义务。为确保符合比例原则,在这些细分义务范围内,委员会应仅适用那些为实现《数字市场法》目标所必需且合比例的义务,并应定期审查是否应维持、阻止或调整这些义务。

(28)委员会应能够及时有效地进行干预,同时充分尊重所考虑措施的合比例性,以适用实现《数字市场法》目标所必需且合比例的义务。委员会还应向实际或潜在的市场参与者保证相关服务的可竞争性和公平性。

(29)就相关指定决定中列出的每一项核心平台服务,"守门人"应遵守《数字市场法》规定的义务。义务的适用应考虑"守门人"的集团地位(conglomerate position)。此外,委员会应可以通过决定的形式向"守门人"施加实施措施。实施措施的设计应当确保有效性,不仅需结合核心平台服务的特点和可能存在的规避风险,还需遵守比例原则,尊重相关企业及第三方的基本权利。

(30)核心平台服务的快速变化和复杂的技术性质要求对"守门人"的状态

进行定期审查,包括那些预计在不久的未来在运营中享有稳固持久地位的"守门人"。在法律义务方面,为了给所有市场参与者(包括"守门人"在内)提供必要的确定性,有必要限制上述定期审查的期间。定期和至少每三年进行此类审查也很重要。此外,并非事实层面的任何变化都需要对指定决定(将提供核心平台服务的企业指定为"守门人")作出修订。只有当事实的变化引发评估变化时,才有必要进行修订。是否属于上述情况应根据事实和情况进行个案评估。

(31)为了保障"守门人"提供的核心平台服务的可竞争性和公平性,有必要以清晰明确的方式为这些服务提供一套统一的规则。需要这些规则来解决"守门人"做法的有害影响和风险,以改善相关服务所处的商业环境,对用户和整个社会都有益处。考虑到数字领域的特点,这些义务对应削弱可竞争性或不公平或两者兼而有之的做法,这些做法对企业用户和终端用户具有特别负面的直接影响。《数字市场法》规定的义务应尽可能具体考虑核心平台服务的性质。《数字市场法》规定的义务不仅应确保指定决定所列出的核心平台服务的可竞争性和公平性,还应确保"守门人"利用其通道地位作为杠杆提供的其他数字产品和服务(通常与核心平台服务一同提供,或用于支持核心平台服务)的可竞争性和公平性。

(32)为了《数字市场法》的目的,可竞争性应与企业有效地克服市场进入和扩张壁垒,以及基于其产品和服务挑战"守门人"的能力有关。数字领域的核心平台服务具有网络效应、强大的规模经济和数据收益特征,限制了这些服务和相关生态系统的可竞争性。弱的可竞争性降低了"守门人"、企业用户、竞争对手和客户创新和改善产品和服务的动力,进而更广泛地对在线平台经济的创新潜力产生负面影响。如果一项核心平台服务有多个"守门人",数字领域服务的可竞争性仍然可能受到限制。因此,《数字市场法》应禁止"守门人"的某些提高市场进入或扩张壁垒的做法,并就"守门人"提高市场进入壁垒的做法向"守门人"施加义务以降低壁垒。这些义务还应解决"守门人"的地位被固化到平台间竞争在短期内失效的程度,这意味着需要创造或增加平台内竞争。

(33)为了《数字市场法》的目的,在"守门人"获得不成比例优势的情况下,不公平性应与企业用户的权利义务失衡有关。市场参与者(包括核心平台服务的企业用户,与相关核心平台服务一同提供或支持核心平台服务的替代性服务提供商)应当有能力充分获取其创新或其他努力所带来的收益。由于"守门人"的通道地位和优越的议价能力,"守门人"可能会实施不允许他人充分获取自己创造的收益的行为,单方对其核心平台服务或其他服务(与核心平台服务一同提供或支持核心平台服务)的使用设置不平衡的条件。"守门人"向特定用户群免费提供特定服务这一事实并未排除存在上述失衡情况,失衡还可能存在于"守门人"排斥或歧视企业用户(尤其是与"守门人"提供的核心平台服务竞争的企业用户)的情形。因此,《数字市场法》应向"守门人"施加解决此类行为的义务。

(34)可竞争性和公平性是相互交织的。某项服务缺乏可竞争性或弱可竞争性,可能使"守门人"采取不公平做法。类似地,"守门人"的不公平做法可以降低企业用户或其他人争夺"守门人"地位的可能性。因此,针对上述两个要素,《数字市场法》设置了一项特定义务。

(35)因此,考虑到保护公共秩序、保护隐私、打击欺诈和欺骗性商业行为的需要,在不存在能有效实现同样结果且限制性更弱的替代措施的情况下,《数字市场法》规定的义务对于解决上述公共政策担忧是必要的。

(36)当终端用户使用第三方网站和软件应用程序时,"守门人"通常会直接收集终端用户的个人数据,以提供在线广告服务。第三方还向"守门人"提供其终端用户的个人数据,以便在"守门人"核心平台服务的背景下使用"守门人"提供的某些服务,如定制化受众(custom audiences)。"守门人"为提供在线广告服务而处理使用核心平台服务的第三方的个人数据,使"守门人"在数据积累方面具有潜在优势,从而提高了进入门槛。这是因为与其他企业相比,"守门人"处理来自大量第三方的个人数据。类似优势来自以下行为:(i)将从核心平台服务收集的终端用户个人数据与从其他服务收集的数据相结合;(ii)在"守门人"单独提供的其他服务(指不与相关核心平台服务一同提供或不支持相关核心平台服务的服务)中,交叉使用来自核心平台服务的个人数据,反之亦然;或(iii)为了合并个人数据,将终端用户登录到"守门人"的不同服务。为确保"守门人"不会不公平地破坏核心平台服务的可竞争性,"守门人"应通过提供不那么个性化但等效的替代方案,让终端用户能够自由选择加入(opt - in)此类数据处理和登录做法,并且不让终端用户的同意成为使用核心平台服务或某些功能的条件。这应不影响"守门人"依据欧盟第 2016/679 号条例(GDPR)第 6(1)(c)条、第 6(1)(d)条和第 6(1)(e)条处理个人数据或终端用户登录服务,但依据 GDPR 第 6(1) 条、第 6(b)条和第 6(f) 条所采取的处理个人数据或终端用户登录服务除外。

(37)个性化程度较低的替代方案与提供给表示同意的终端用户的服务相比,不应有所不同或质量下降,除非质量下降是"守门人"无法处理此类个人数据或无法让终端用户登录服务的直接后果。拒绝同意不应该比同意更难。当"守门人"请求同意时,它应该主动向终端用户提供用户友好的解决方案,以明确、清晰和直接的方式提供、修改或撤回同意。尤其是,同意应通过明确的肯定行为或终端用户通过自由的、具体的、知情的和明确的同意指示声明来给出,如同在欧盟第 2016/679 号条例(GDPR)中的定义。在给予同意时,在适用的情况下,应告知终端用户不给予同意可能会导致个性化方案降低,但相反核心平台服务将保持不变并且任何功能都不会被抑制。在特殊情况下,如果"守门人"的核心平台服务不能直接获取终端用户的同意,终端用户应该可以通过使用该核心平台服务的每一个第三方服务的同意,来允许"守门人"以提供在线广告服务的目的处理个人数据。

最后,撤回同意应该和给予同意一样容易。"守门人"不应该以欺骗、操纵或其他方式严重扭曲或损害终端用户自由给予同意的能力。特别是,不应允许"守门人"基于当初终端用户给予同意或撤回同意的相同处理目的获取同意,每年一次以上提示终端用户。《数字市场法》不影响欧盟第 2016/679 号条例(GDPR)及其执行框架,该框架仍然完全适用于数据主体就其侵权行为提出的任何索赔该条例规定的权利。

(38)儿童个人数据值得特别保护,尤其是关于将其个人数据用于商业通信或创建用户画像。保护线上儿童是欧盟的一项重要目标,并应反映在相关欧盟法律中。在这种背景下,一部关于数字服务单一市场的法规应适当给予考虑。《数字市场法》并没有豁免"守门人"按照欧盟可适用法律规定保护儿童的任何义务。

(39)在某些情况下,如"守门人"可通过强加合同条款和条件,限制使用其在线中介服务的企业用户在更有利的条件下向终端用户提供产品或服务的能力,包括价格,这些限制可以通过其他在线中介服务或直接在线销售渠道实现。如果此类限制与第三方在线中介服务有关,它们限制了平台间的可竞争性,这反过来限制了为终端用户提供在线中介服务的替代选择。如果此类限制涉及直接在线销售渠道,则它们不公平地限制了企业用户使用这些渠道的自由。为确保"守门人"的在线中介服务的企业用户可以自由选择替代性的在线中介服务或直接在线销售渠道,并使它们向终端用户提供产品或服务的条件差异化,不应允许“守门人”限制企业用户自由选择不同的商业条件(包括价格)。这种限制应包括任何具有同等效果的措施,如提高佣金率或移除企业用户的订单。

(40)为防止进一步强化对“守门人”核心平台服务的依赖,并且促进用户多归属,那些已经获得“守门人”核心平台服务或通过其他渠道的企业用户,应当可以自由地推广和选择它们认为最适合与终端用户实现交互的分销渠道。这应该适用于优惠促销,包括通过企业用户的软件应用程序,以及任何形式的企业用户和终端用户之间的合同沟通和签订。一个终端用户是指一个已经与企业用户建立商业关系的终端用户,在适用的情况下,企业用户对于方便“守门人”初始获取终端用户的行为,已直接或间接补偿“守门人”。这种商业关系可以是有偿的,也可以是免费的,如免费试用或提供免费服务等级,并且可以在“守门人”核心平台服务上或通过任何其他渠道出现。相反,终端用户应该通过“守门人”核心平台服务或企业用户的直接分销渠道或此类企业用户使用的其他间接渠道(如适用),自由选择此类企业用户的报价,并与它们签订合同。

(41)终端用户获取“守门人”核心平台服务外的内容、订阅、功能或其他项目的能力不应受到破坏或限制。特别是,应避免“守门人”限制终端用户访问、使用在“守门人”核心平台服务上运行的软件应用程序。例如,软件应用程序、软件应用程序商店或虚拟助手之外购买的线上内容订阅者,不应该仅仅因为它们是在软件应用程序、软件应用程序商店或虚拟助手之外购买的,而被阻止访问“守门人”核心平台服务软件应用程序上的此类在线内容。

(42)为维护公平的商业环境,保护数字领域的可竞争性,维护企业用户和终端用户(包括举报人)针对“守门人”的不公平做法提出担忧的权利非常重要,即对“守门人”不遵守相关欧盟或与相关的任何行政或其他公共机构(包括成员国法院)的成员国法律的不合规行为提出担忧。例如,企业用户或终端用户可能会想要投诉不同类型的不公平做法,如歧视性准入条件、企业用户账户不合理关停或缺乏理由的产品下架。应该禁止任何抑制或阻碍这些用户提出它们的担忧或寻求可用的补救措施的行为,如通过协议中的保密条款或其他书面条款的方式。这一禁止性规定不影响企业用户和“守门人”在它们的协议中规定合法的投诉处理机制条款,包括任何替代争议解决机制的使用或分别符合欧盟和成员国法律规定的特定法院的管辖权。这应当也不影响“守门人”参与打击在线非法内容。

(43)与“守门人”相关核心平台服务一起提供或支持“守门人”相关核心平

台服务的某些服务，如身份识别服务、网络浏览器引擎服务、支付服务或支持支付服务的技术服务（应用内支付购买系统），对于企业用户开展业务和优化服务至关重要。特别是，每个浏览器都建立在网络浏览器引擎之上，这一引擎负责提供关键的浏览器功能，如速度、可靠性和网络兼容性。当“守门人”运行并加载网络浏览器引擎时，它们不仅能够决定适用于它们自有网络浏览器的功能和标准，而且能决定竞争性的网络浏览器，或网络软件应用程序的功能和标准。因此，“守门人”不应利用它们的地位来要求独立的企业用户，使用与“守门人”核心平台服务一起提供或支持“守门人”核心平台服务的任何服务，作为企业用户提供产品或服务条款的一部分。为了避免“守门人”间接地将（与核心平台服务相关，或支持核心平台服务的）它们自己的服务强加给企业用户，当企业用户使用“守门人”核心平台服务向终端用户提供的服务被强加该要求时，应禁止“守门人”强制要求终端用户使用此类服务。该禁止性规定旨在保护企业用户选择“守门人”的替代性服务的自由，但不应被解释为强迫企业用户向其终端用户提供此类替代性方案。

（44）要求企业用户或终端用户订阅或注册指定决定中列出的“守门人”的任何其他核心平台服务或满足《数字市场法》中规定的活跃终端用户和企业用户门槛的核心平台服务，作为使用、访问、注册或登录核心平台服务的条件，为“守门人”核心平台服务提供了一种捕获和锁定新企业用户和终端用户的方法，这一方法通过确保企业用户如果为了接收第二个核心平台服务的目的，不用注册或创建一个以上的其他账号，来访问第一个核心平台服务。这种行为在数据积累方面为“守门人”提供了潜在优势。这种行为可能会提高进入壁垒，因此应予以禁止。

（45）“守门人”向包括广告商和发行者在内的企业用户提供在线广告服务的条件，通常是不透明的。这种不透明部分与少数平台的做法有关，但也归因于现代程序化广告的复杂性。在引入新的隐私立法后，该部分变得更不透明了。这通常导致广告商和发行者缺乏关于它们购买的在线广告服务条件的信息和知识，并削弱了它们在提供在线广告服务的企业之间转换的能力。此外，在这些条件下，在线广告服务的成本可能会高于在更公平、更透明和可竞争的平台环境中的成本。这些较高的成本可能会反映在终端用户依赖使用在线广告服务的许多日常产品和服务支付的价格中。因此，透明度义务应要求“守门人”经请求向提供在线广告服务的广告商和发行者提供免费信息，使双方能够了解作为广告价值链相关服务的一部分而提供的每项不同在线广告服务所支付的价格。

经请求,“守门人”应向广告商提供与向该广告商收取的价格和费用相关的单个广告的信息,并且遵从拥有展示广告库存目录发行者的协议,以及表示同意的发行者收到的报酬。每天提供此信息将允许广告商接收具有足够颗粒度的信息,以便比较使用“守门人”在线广告服务的成本与使用替代企业的在线广告服务的成本。部分发行者不同意与广告商共享相关信息的,“守门人”应当向广告商提供该发行者相关广告获得的日均报酬信息。分享有关在线广告服务的相关信息的相同义务和原则应适用于被请求的内容发行者。由于“守门人”可以使用不同的定价模型向广告商和发行者提供在线广告服务,如每次展示价格、每次浏览价格或任何其他标准,“守门人”还应提供计算每种价格和报酬的方法。

(46)在某些情况下,“守门人”作为提供核心平台服务的企业具有双重角色,即它向其企业用户提供核心平台服务及其他服务(可能与该核心平台服务一起提供或支持该核心平台服务),同时也在向相同的终端用户提供相同或类似的服务或产品方面与这些相同的企业用户竞争或打算与之竞争。在这种情况下,“守门人”可以利用其双重角色,在企业用户使用核心平台服务或与核心平台服务一同提供服务或支持那些核心平台服务时,以自身服务或产品为目的,使用企业用户产生或提供的数据。企业用户的数据还包括由其终端用户的活动生成或在其活动期间提供的任何数据。例如,在这种情况下,一方面,“守门人”向企业用户提供在线市场或软件应用商店服务;另一方面,“守门人”作为提供在线零售服务或软件应用服务的经营者提供服务。为了防止“守门人”不公平地受益于其双重角色,有必要确保它们不使用任何聚合或非聚合数据,其中可能包括(对于提供类似服务的企业用户来说)不公开的匿名和个人数据。该义务应适用于整个“守门人”,包括但不限于与核心平台服务的企业用户竞争的业务部门。

(47)企业用户还可以从提供核心平台服务的企业购买在线广告服务,以向终端用户提供商品和服务。在这种情况下,可能会发生数据不是在核心平台服务上生成的,而是由企业用户提供给核心平台服务的,或者是通过相关的核心平台服务根据其操作生成的。在某些情况下,提供广告的核心平台服务可以具有双重角色,既是提供在线广告服务的企业,又是提供与企业用户竞争的服务的企业。因此,禁止具有双重角色的“守门人”使用企业用户数据的义务也应适用于,为了提供与该核心平台服务相关的在线广告服务的目的,其核心平台服务从企业收集的数据。

(48)关于云计算服务,不使用企业用户数据的义务应扩展到“守门人”的企业用户在使用“守门人”的云计算服务或通过其软件应用程序提供或生成的数据,或“守门人”的企业用户允许云计算服务的终端用户访问软件应用程序的商店提供或生成的数据。该义务不应影响“守门人”使用汇总数据提供与其核心平台服务一起提供或支持其核心平台服务的其他服务,如数据分析服务,但这些服务须遵守欧盟第2016/679号条例和欧盟第2002/58/EC号指令,以及《数字市场法》中有关此类服务的相关义务。

(49)“守门人”可以使用不同的方式在其操作系统、虚拟助手或网络浏览器上优待自己或第三方的服务或产品,从而损害终端用户可以通过其他第三方获得的相同或类似服务。例如,这可能发生在某些软件应用程序或服务由“守门人”预先安装的情况下。为使终端用户能够有所选择,“守门人”不应阻止终端用户卸载其操作系统上的任何软件应用程序。仅当此类软件应用程序对操作系统或设备的运行至关重要时,“守门人”才应对此类卸载进行限制。当这些默认设置有利于它们自己的软件应用程序和服务时,“守门人”还应允许终端用户轻松更改操作系统、虚拟助手和网络浏览器的默认设置。这包括在用户首次使用指定决定中列出的“守门人”的在线搜索引擎、虚拟助手或网络浏览器时,改善交互界面;当“守门人”的操作系统将终端用户引导至那些在线搜索引擎、虚拟助手或网络浏览器,以及当虚拟助手或“守门人”的网络浏览器将用户引导至指定决定中列出的在线搜索引擎时,允许终端用户选择替代性的默认服务。

(50)在某些情况下,“守门人”为软件应用程序的分发设置的规则,可以限制终端用户在该“守门人”的硬件或操作系统上安装和有效使用第三方软件应用程序或软件应用程序商店的能力,并限制该终端用户访问该“守门人”核心平台服务之外的此类软件应用程序或软件应用程序商店的能力。此类限制可能会限制软件应用程序开发人员使用替代分销渠道的能力,以及终端用户在来自不同分销渠道的不同软件应用程序之间进行选择的能力,这种限制不公平且可能会削弱核心平台服务的可竞争性,因此应予以禁止。为确保可竞争性,“守门人”还应允许第三方软件应用程序或软件应用程序商店提示终端用户决定该服务是否应成为默认服务,并使该更改能够轻松进行。

为确保第三方软件应用程序或软件应用程序商店不会危及“守门人”提供的硬件或操作系统的完整性,如果“守门人”证明此类措施是必要且合理的,并且没有限制性更少的方法来保护硬件或操作系统的完整性,相关"守门人"应有可能实施相称的技术或合同措施以实现该目标。硬件或操作系统的完整性应包括任何需要实施和维护的设计选项,以保护硬件或操作系统免受未经授权的访问,以确保相关硬件或操作系统指定的安全控制不会受到损害。此外,为了确保第三方软件应用程序或软件应用程序商店不会破坏终端用户的安全,"守门人"应有可能实施除默认设置外的严格必要和相称的措施和设置,使终端用户能够有效保护与第三方软件应用程序或软件应用程序商店相关的安全性,前提是"守门人"证明此类措施和设置是严格必要和合理的,并且没有限制性更少的方法来实现该目标。应防止"守门人"实施这些措施作为默认设置或预安装。

(51)"守门人"通常是垂直整合的,并通过它们自己的核心平台服务,或通过它们控制的经常导致利益冲突的企业用户向终端用户提供某些产品或服务。这可能包括"守门人"通过在线搜索引擎提供自己的在线中介服务的情况。在核心平台服务上提供这些产品或服务时,"守门人"可以为自己提供的产品或服务在排名、相关索引和爬取方面保留比同样在该核心平台上运营的第三方产品或服务更好的位置。例如,这可能发生在如下产品或服务中(包括其他核心平台服务),这些服务在在线搜索引擎的结果排名,或者部分或全部嵌入在线搜索引擎、特定主题的结果组、与在线搜索引擎的结果一起显示的结果中,某些终端用户将其视为或使用为与在线搜索引擎不同或附加的服务。

其他场景是通过软件应用商店分发的软件应用程序,或通过视频共享平台分发的视频,或在在线社交网络服务的新闻推送中突出显示的产品或服务,或在搜索结果中排名,或在在线市场显示的产品或服务,或通过虚拟助手提供的产品或服务。为"守门人"自己提供的产品或服务保留更好的位置甚至可以发生在查询排序之前,如在爬取和索引期间。例如,在发现新内容和更新内容的网络爬取过程以及需要存储和组织在爬取过程中发现的内容的索引中,"守门人"可以优待自己的内容而不是第三方的内容。在这种情况下,"守门人"具有双重角色,既是第三方企业的中介,又是直接提供产品或服务的企业。因此,"守门人"有能力直接破坏核心平台服务上这些产品或服务的可竞争性,从而损害不受"守门人"控制的企业用户。

(52)在这种情况下,"守门人"不得通过法律、商业或技术手段或通过它控制的企业用户,在核心平台服务的排名、相关索引和爬取等方面采取任何形式的差异化或优惠待遇,以支持其提供的产品或服务。为确保此义务有效,适用于此类排名的条件应普遍公平和透明。在这种背景下，排名应涵盖相对优先的所有形式，包括显示、评级、链接或语音结果，还应包括核心平台服务仅向终端用户呈现或传达一个结果的形式。为确保该义务有效且无法规避，该义务也应适用于任何与等级差别或优惠待遇具有同等效果的措施。根据欧盟第 2019/1150 号条例第 5 条通过的指南也应促进该义务的实施和执行。

(53)“守门人”不应通过技术上或其他方式阻止切换或订阅不同的软件应用程序和服务，来限制或阻止终端用户的自由选择。这将使更多企业能够提供服务，从而最终为终端用户提供更多选择。“守门人”应确保自由选择，无论它们是否是访问此类软件应用程序或服务的硬件制造商，并且不应人为地设置技术或其他障碍，使切换变得不可能或无效。仅向消费者提供给定产品或服务，包括通过预安装的方式，以及面向终端用户的促销，如降价或提高质量，不应被解释为构成禁止性的转换壁垒。

(54)“守门人”可能会妨碍终端用户访问在线内容和服务(包括软件应用程序)的能力。因此，应制定规则以确保终端用户访问开放互联网的权利，不会因“守门人”的行为而受到损害。“守门人”还具有在技术上限制终端用户在提供互联网访问服务的不同企业之间有效切换的能力，特别是通过它们对硬件或操作系统的控制。这会扭曲互联网接入服务的公平竞争环境，最终损害终端用户的利益。因此，应确保“守门人”不会过度限制终端用户选择提供互联网访问服务的企业。

(55)“守门人”可以提供(通过操作系统或虚拟助手访问或控制的设备的硬件或软件功能的)服务或硬件，如可穿戴设备，以便为终端用户提供特定功能。在这种情况下，竞争性的服务或硬件供应商(如可穿戴设备供应商)需要与相同的硬件或软件功能具有同等有效的互操作性和访问权限，以便能够为终端用户提供有竞争力的产品。

(56)“守门人”还可以具有操作系统和设备制造商的开发者双重角色，包括此类设备可能具有的任何技术功能。例如，作为设备制造商的“守门人”可以限制对该设备中某些功能的访问，如近场通信技术、安全元件和处理器、身份验证机制以及用于操作这些技术的软件，这些功能与核心平台服务一起提供或支持核心平台服务的有效提供，这些核心平台服务可能需要“守门人”以及提供此类服务的任何潜在第三方机构提供。

(57)“守门人”在提供自己的补充性或支持性服务或硬件时可用的硬件或

软件功能，“守门人”的双重角色可能会使其阻止替代服务和硬件提供商在同等条件下访问相同的操作系统，这可能会严重破坏此类替代提供商的创新以及终端用户的选择。因此，应要求“守门人”确保与相同的操作系统、硬件或软件功能可免费、有效地互操作，并为互操作目的访问相同的操作系统、硬件或软件功能，以提供其自己的补充性和支持性服务或硬件。为了有效地开发和提供与“守门人”实现互操作的功能，与提供或支持的核心平台服务相关的软件应用程序同样需要此类互操作访问权限。这些义务的目的是允许相互竞争的第三方通过接口或类似的解决方案对各自的功能进行互连，如“守门人”自己的服务或硬件一样有效。

(58)“守门人”向包括广告商和发行者在内的企业用户提供在线广告服务的条件通常是不透明的。这通常导致广告商和发行者缺乏关于给定广告效果的信息。为进一步提高指定决定所列在线广告服务的公平性、透明度和可竞争性，以及与同一企业的其他核心平台服务完全集成的在线广告服务，“守门人”应广告商和发行者以及授权的第三方广告商和发行者的要求，应免费提供访问“守门人”的绩效衡量工具和数据，包括广告商、授权第三方（如代表投放广告的公司行事的广告代理）所需的汇总和非汇总数据，以及发行者自行对相关在线广告服务的提供情况进行独立验证。

(59)“守门人”受益于在提供核心平台服务以及其他数字服务时获取和收集的大量数据。为了确保“守门人”不会通过限制切换或多归属，来削弱核心平台服务的可竞争性或动态数字领域的潜在创新活力，终端用户以及终端用户授权的第三方，应被授予有效且实时访问它们提供的数据或通过它们在相关核心平台服务上的活动生成的数据。“守门人”应以终端用户或数据所携带到的终端用户授权的相关第三方可以立即有效访问和使用的格式接收数据。“守门人”还应通过适当和高质量的技术措施，如应用程序编程接口（API），确保终端用户或终端用户授权的第三方可以连续、实时地自由携带数据。这也应适用于有效实现此类可携带性所需的不同聚合级别的任何其他数据。为免生疑问，“守门人”根据《数字市场法》确保数据有效可携带的义务补充了欧盟第2016/679号条例（GDPR）下的数据可携带权。反过来，促进切换或多归属应该会导致终端用户的选择增加，并激励“守门人”和企业用户进行创新。

(60)使用“守门人”核心平台服务的企业用户，以及此类企业用户的终端用户提供并生成了大量数据。为了确保企业用户能够访问由此生成的相关数据，

"守门人"应根据它们的要求,免费提供对此类数据的有效访问。此类访问权限也应授予与企业用户签约的第三方,它们充当企业用户的此类数据的处理者。在与相关请求密不可分时,访问权限应包括访问由同一企业用户和这些企业用户的同一终端用户在同一"守门人"提供的其他服务的情形下提供或生成的数据(包括与核心平台服务一起提供或支持核心平台服务的服务)。因此,"守门人"不应使用任何合同或其他限制来阻止企业用户访问相关数据,并且应使企业用户能够获得其终端用户的此类数据访问和检索的同意,这类同意按照欧盟第2016/679号条例(GDPR)和欧盟第2002/58/EC号指令的要求进行。"守门人"还应通过适当的技术措施确保对此类数据的持续和实时访问,如为小批量企业用户提供高质量的应用程序编程接口或集成工具。

(61)在线搜索引擎对企业用户和终端用户的价值随着用户总数的增加而增加。提供在线搜索引擎的企业收集和存储聚合数据集,其中包含有关用户搜索的内容、它们如何与提供的结果进行交互的信息。提供在线搜索引擎的企业从在它们自己的在线搜索引擎上进行的搜索,以及在适用的情况下在其下游商业合作伙伴的平台上进行的搜索中收集这些数据。"守门人"对此类排名、查询、点击和查看数据的访问构成了进入和扩张的重要障碍,从而破坏了在线搜索引擎的可竞争性。因此,应要求"守门人"以公平、合理和非歧视性的条件将消费者通过免费和付费的方式使用在线搜索引擎而生成的相关排名、查询、点击和浏览数据,提供给其他提供此类服务的经营者,以便第三方经营者优化其服务,与相关核心平台服务竞争。此类访问权限也应授予与在线搜索引擎供应商签约的第三方,第三方充当该在线搜索引擎的数据处理者。在提供搜索数据的访问权限时,"守门人"应确保通过适当方式(如对此类个人数据进行匿名化),在不会显著降低数据的质量或有用性的情况下,保护终端用户的个人数据,包括防止可能的重新识别风险。如果个人数据以与已识别或可识别的自然人无关的方式不可逆转地更改,或者以使数据主体无法识别或不再可识别的方式使个人数据匿名化,则相关数据就是匿名化的数据。

(62)对于指定决定中列出的软件应用商店、在线搜索引擎和在线社交网络服务,"守门人"应当公布和适用公平、合理、非歧视性的一般准入条件。这些一般条件应提供一种基于欧盟的替代性争议解决机制,该机制对于企业用户而言易于使用、公正、独立和免费,同时不影响企业用户防止滥用争议解决的成本和合比例的措施机制。争议解决机制不应损害企业用户根据欧盟和成员国法律向司法当局寻求补救的权利。特别是,提供对软件应用程序商店访问的“守门人”是寻求接触终端用户的企业用户的重要通道。鉴于这些“守门人”与其软件应用商店的企业用户之间的议价能力不平衡,不应允许这些“守门人”施加不公平或导致不合理差异化的一般条件(包括定价条件)。

如果定价或其他一般访问条件导致对企业用户施加的权利和义务不平衡,或赋予“守门人”的优势与“守门人”向企业用户提供的服务不成比例,或在企业用户提供与“守门人”相同或相似的服务时导致对企业用户的不利影响,则应将其视为不公平。以下基准可以作为衡量一般访问条件公平性的标准:其他软件应用商店提供商对相同或类似服务收取的价格或施加的条件;软件应用商店的提供者针对不同的相关或类似服务或对不同类型的终端用户收取的价格或施加的条件;软件应用商店的提供者在不同地理区域对相同服务收取的价格或施加的条件;为“守门人”自己提供相同服务时软件应用商店的提供者收取的价格或施加的条件。该义务并没有确立访问权,并且不应影响软件应用商店、在线搜索引擎和在线社交网络服务提供商在数字服务单一市场条例项下打击非法和有害内容责任的能力。

(63)“守门人”可能会阻碍企业用户和终端用户取消订阅它们之前订阅的核心平台服务的能力。因此,应建立规则,以避免出现“守门人”损害企业用户和终端用户自由选择使用哪个核心平台服务的权利的情况。为了保障企业用户和终端用户的自由选择,不应允许“守门人”使企业用户或终端用户退订核心平台服务变得不必要的困难或复杂。关闭账户或取消订阅不应比开设账户或订阅相同的服务更复杂。在终止与终端用户或企业用户的合同时,“守门人”不应要求额外费用。“守门人”应确保终止合同的条件始终是相称的,并且终端用户可以在没有过度困难的情况下行使。例如,关于终止的原因、通知期限或终止的形式。这不影响根据欧盟法律适用的成员国法律规定的终端用户终止提供核心平台服务的条件的权利和义务。

(64)缺乏互操作性使提供不占用号码资源的人际通信服务的“守门人”受益于强大的网络效应,从而削弱了可竞争性。此外,无论终端用户是否“多归属”,“守门人”通常会提供不占用号码资源的人际通信服务作为其平台生态系统的一部分,这进一步加剧了此类服务替代性提供商的进入壁垒,并增加了终端用户的转换成本。因此,在不影响欧洲议会和欧洲理事会第2018/1972号指令,特别是其中第61条规定的条件和程序的情况下,“守门人”应经请求确保其提供给自己的终端用户和此类服务的第三方提供商的不占用号码资源的人际通信服务的某些基本功能免费实现互操作。

“守门人”应确保向欧盟的终端用户和企业用户提供或打算提供其不占用号码资源的人际通信服务的第三方提供商的互操作性。为了促进互操作的实际实施,应要求相关“守门人”发布一份参考报价,规定与其不占用号码资源的人际通信服务互操作的技术细节、一般条款和条件。如果合适,委员会应该可以咨询欧洲电子通信监管机构,以确定“守门人”打算实施或已经实施的参考报价中公布的技术细节、一般条款和条件与这一义务相一致。在所有情况下,“守门人”和提出请求的提供商应确保互操作不会破坏高水平的安全性和数据保护,这一安全性和数据保护义务是符合《数字市场法》和适用的欧盟法律规定的,特别是欧盟第 2016/679 号条例(GDPR)和欧盟第 2002/58/EC 号指令。互操作相关义务不应影响“守门人”和请求提供者的不占用号码资源的人际通信服务的终端用户根据《数字市场法》和其他欧盟法律,特别是欧盟第 2016/679 号条例所可及的信息和选择。

(65)为了确保《数字市场法》规定的义务的有效性,同时将这些义务限定在确保可竞争性和解决“守门人”不公平做法带来的有害影响所必要的范围内,明确定义和限制这些义务以便让“守门人”完全遵守,同时完全遵守可适用的法律非常重要,特别是欧盟第 2016/679 号条例(GDPR)和欧盟第 2002/58/EC 号指令以及关于消费者保护、网络安全、产品安全和可访问性要求的立法,包括欧洲议会和欧洲理事会第 2019/882、2016/210218 号指令。“守门人”应在设计层面确保遵守《数字市场法》。因此,应尽可能将必要措施融入“守门人”的技术设计中。

委员会如下举措在某些情况下可能是适合的,在与相关“守门人”对话并允许第三方发表意见后,进一步明确相关“守门人”应采取的一些措施,以有效履行可能需要进一步明确规定的义务,或在“守门人”存在规避的情况下有效承担所有义务。特别是,在可进一步明确的义务实施可能受到单一核心平台服务类别中服务变化的影响时,应当考虑进一步的明确。为此,“守门人”应当可以要求委员会参与程序,使委员会可进一步明确有关“守门人”应采取的措施,以有效履行这些义务。

在尊重平等待遇、合比例和良好管理原则的同时,委员会应自行决定是否以及何时提供此类进一步的细化措施。在这方面,委员会应提供其评估的主要理由，包括任何执法的优先考虑。这一过程不应用于削弱《数字市场法》的有效性。此外，这一过程不影响委员会作出认定"守门人"没有遵守《数字市场法》规定义务的决定的权力，包括处以罚款或定期惩罚性罚款（periodic penalty payments）的可能性。在特定措施被证明无效的情况下，委员会应能够重新启动程序。委员会在出于特定措施无效的原因重新开放程序的情况下，能前瞻性地修改规范。如果规定的措施被证明无效，委员会应能够设定一个合理期间，重新启动程序。

（66）作为确保相称性的一个附加要素，在"守门人"无法控制的特殊情况下（如暂时消除终端用户对相关核心平台服务重要部分的需求带来的不可预见的外部冲击），"守门人"表明遵守特定义务可能会危及相关"守门人"在欧盟运营的经济可行性，应给予"守门人"在必要范围内中止特定义务的机会。委员会应确定有正当化中止特定义务的特殊情况，并定期对其进行审查，以评估授予中止义务的条件是否仍然可行。

（67）在特定情况下，根据欧盟法律规定和由法院解释的公共健康或公共安全的有限理由，委员会应能够决定特定义务不适用于特定核心平台服务。如果对此类公共利益造成损害，这可能表明，在特定的例外情况下，执行某项义务对整个社会的成本过高，因此不成比例。在适当的情况下，委员会应能够通过评估有限且正当合理的中止或豁免是否合理来促进合规。这应确保《数字市场法》中义务的相称性，而不会损害对公平性和可竞争性的预期事前规制的影响。在授予此类豁免的情况下，委员会应每年审查其决定。

（68）在《数字市场法》规定义务的合规期间内，"守门人"应通过强制性报告的方式向委员会告知它们为确保有效遵守这些义务而打算实施或已经实施的措施，包括那些与遵守欧盟第 2016/679 号条例（GDPR）有关的措施。此外，应以清晰易懂的方式公开此类信息的非机密摘要，同时应考虑到"守门人"在保护商业秘密和其他机密信息方面的合法利益。公布的非机密摘要应使第三方能够评估"守门人"是否遵守《数字市场法》规定的义务。此类报告不应影响委员会在报告后的任何时间采取的任何执法行动。委员会应在线发布指向报告的非机密摘要的链接，以及基于《数字市场法》规定的信息义务的所有其他公共信息，确保以可用和全面的方式访问这些信息，特别是对于中小型企业。

（69）只有在对具体做法的性质和影响进行彻底调查后，才能更新"守门人"的义务。在深入调查后，这些做法可能被确定为新的不公平或限制竞争做法，其方式与《数字市场法》规定的不公平做法相同，但有可能未被当前义务范围涵盖。委员会应能主动或在至少三个成员国提出合理要求后启动调查，以确定是否需要更新现有义务。成员国在提出这种合理要求时，应说明新推出的产品、服务、软件或功能的信息，这些产品、服务、软件或功能引起了竞争性或公平性方面的担忧，以及其是否在现有核心平台服务的实施范围内。如果在市场调查之后，委员会认为有必要修改《数字市场法》的基本内容，如在《数字市场法》所处理的相同的可竞争性或公平性问题之外增加新的义务，委员会应提出修订《数字市场法》的建议。

（70）鉴于"守门人"的巨大经济实力，确保上述义务能够得到有效适用、不被规避非常重要。为此，所有有关规则都应适用于"守门人"的任何行为，无论其形式如何，也无论该行为属于合同、商业、技术或任何其他性质，只要该行为符合《数字市场法》规定的某项义务所对应的行为类型。"守门人"不应从事会破坏《数字市场法》规定的禁止性行为和义务有效性的行为。上述行为包括"守门人"使用的设计、以非中立的方式展示终端用户的选择，或利用用户界面的全部或部分结构、功能或操作方式颠覆或损害用户的自主性、决策或选择。此外，不应允许"守门人"从事任何破坏《数字市场法》所要求的互操作的行为，如使用不合理的技术保护措施、歧视性服务条款、对应用程序编程接口非法主张版权或提供误导性信息。不应允许"守门人"通过人为地分割、分化、再分化、分裂或拆分其核心平台服务来规避《数字市场法》规定的定量标准，从而规避其指定义务。

（71）为确保"守门人"地位审查的有效性，以及调整"守门人"提供的核心平台服务清单的可能性，"守门人"应在实施收购之前向委员会报备其所有打算收购的其他企业，如果这些企业提供核心平台服务、提供数字领域内的任何其他服务，或提供能够收集数据的其他服务。报备信息不仅有助于对个别"守门人"状况的审查，而且将为数字领域更广泛的可竞争性趋势监测提供关键信息，因此可以为《数字市场法》规定的市场调查提供有益参考。此外，鉴于有可能将这些信息用于成员国国家合并控制的目的，并且在某些情况下，国家主管机构有可能为合并控制的目的将这些收购提交给委员会，因此委员会应将这些信息告知成员国。委员会每年还应公布"守门人"向其报备的收购清单。为确保上述信息对《数字市场法》规定的不同目的提供必要的透明度和实用性，"守门人"应至少提供有关合并行为所涉及的企业联盟和全球年营业额，包括与集中行为直接相关的活动、交易额或估值的活动，合并行为概述（包括其性质和理由），以及该行为所涉及的成员国名单。

(72)对所观察到的“守门人”收集和积累大量终端用户数据做法的潜在负面影响的任何评估,关乎终端用户的数据保护和隐私利益。确保“守门人”采用的用户画像分析做法[包括但不限于欧盟第 2016/679 号条例第 4(4)条意义上的用户画像分析]有足够的透明度,能够促进核心平台服务间的竞争。鉴于潜在进入者或初创企业无法以同样的程度和深度以及类似的规模获取数据,透明度给“守门人”带来了外部压力,使其无法将消费者深度用户画像分析上升为行业标准。提高透明度应使提供核心平台服务的其他企业能够通过使用卓越的隐私保障使其区别于其他企业。

为确保这一透明度义务的最低水平的有效性,“守门人”至少应提供独立审计的描述,说明进行用户画像分析的依据包括是否依赖个人数据和符合欧盟第 2016/679 号条例的用户活动所衍生的数据,说明应用的处理方式、用户画像分析整理和最终使用目的、用户画像分析的持续时间、用户画像分析对“守门人”服务的影响、为使终端用户有效了解这种用户画像分析的相关使用而采取的步骤,以及为征求他们的同意或为他们提供拒绝或撤回同意的可能性而采取的步骤。委员会应将经审计的描述移交给欧洲数据保护委员会,以便为欧盟数据保护规则的执行提供参考。在与欧洲数据保护监察专员(European Data Protection Supervisor)、欧洲数据保护委员会、民间社会组织和专家协商后,并与欧洲议会和欧洲理事会第 182/2011 号条例和第 2018/17252 号条例保持一致的情况下,欧盟委员会应被授权制定审计说明的方法和程序。

(73)为确保《数字市场法》的目标能够长期得到充分实现,委员会应能够评估:提供核心平台服务的企业是否应被指定为“守门人”,而无须满足《数字市场法》规定的定量标准;“守门人”的系统性违规行为是否需要施加额外的补救措施;是否应将数字领域内的更多服务纳入核心平台服务清单;是否需要调查类似的不公平和限制数字市场竞争性的其他做法。这种评估应以市场调查为基础,并使用明确的程序和期限,在适当的时间框架内进行,以支持《数字市场法》对数字领域的可竞争性和公平性的事前影响,并提供必要程度的法律确定性。

(74)在进行市场调查后,委员会应当能够认定,提供核心平台服务的企业符合被认定为“守门人”的所有首要的定性标准。然后,该企业原则上应遵守《数字市场法》规定的所有相关义务。然而,对于那些因为可以预见它们将在不久的将来享有稳固持久地位而被委员会指定的“守门人”,委员会只应施加防止其在业务上取得稳固持久地位的必要和适当的义务。对于这种新出现的“守门人”，委员会应考虑到这种地位原则上是临时性的，因此应在某一特定时刻确定提供核心平台服务的该企业是否因取得稳固持久地位而受到全套“守门人”义务的约束，或是因最终没有达到指定条件，而无须履行先前规定的所有义务。

（75）委员会应调查和评估是否有理由采取额外的行为或适当的结构性补救措施，以确保“守门人”不能通过系统地不遵守《数字市场法》规定的一项或几项义务来阻挠《数字市场法》的目标实现。上述情况是指委员会在 8 年内对“守门人”作出了至少三项违规决定，而这些决定可能涉及不同的核心平台服务和《数字市场法》规定的不同义务，且是否“守门人”保持、扩大或进一步加强其在内部市场的影响，以及其企业用户和终端用户对“守门人”的核心平台服务的经济依赖性或其地位的巩固。如果委员会采取了执法行动后，“守门人”充当企业用户触达终端用户过程中的“守门人”的重要地位仍然保持不变或得到进一步巩固或加强，则应视为“守门人”保持、扩大或加强了其“守门人”地位。

在这种情况下，委员会应有权在适当考虑比例原则的情况下，采取任何补救措施，无论是行为性的还是结构性的。在这种情况下，委员会应有权在这种补救措施是合比例的和必要的情况下，禁止“守门人”在限定时间内，就核心平台服务或在数字领域提供的其他服务或能够收集数据的服务（这些服务受到系统性违规行为的影响）进行经营者集中。为了使第三方有效参与，并有可能在其适用前测试补救措施，委员会应公布案件的详细非保密摘要和将采取的措施。委员会可重新启动程序，包括在特定的补救措施被证明无效的情况下。因采取的补救措施无效而决定重新启动程序的，委员会应能够对补救措施进行前瞻性的修正。如果补救措施被证明无效，委员会可确定一个合理的时间段，重新启动程序。

（76）在调查系统性违规行为的过程中，如果“守门人”向委员会作出承诺，且委员会认为这些承诺能确保“守门人”有效遵守《数字市场法》规定的义务，则委员会可通过一项决定，确定这些承诺对“守门人”产生约束力。该决定还应意味着委员会不再有理由对正在调查的系统性违规行为采取行动。在评估“守门人”提供的承诺是否足以确保有效遵守《数字市场法》规定的义务时，应允许委员会考虑“守门人”为证明其提供的承诺具有实际效果进行的测试。委员会应核实承诺决定是否得到充分遵守并达到其目标，如果发现承诺无效，应有权重新作出决定。

(77)数字领域的服务以及与这些服务有关的实践类型可能会迅速变化,达到产生质变的程度。为确保《数字市场法》与时俱进,并对“守门人”引发的问题提供有效和全面的监管回应,必须规定对核心平台服务清单以及《数字市场法》中规定的义务进行定期审查。这对于确保发现可能限制核心平台服务的可竞争性或不公平的做法尤为重要。虽然定期审查很重要,但鉴于数字领域动态变化的性质,为了确保与监管条件相关的法律确定性,任何审查都应在合理和适当的时间框架内进行。市场调查也应确保委员会有坚实的证据基础,以评估是否应提议修订《数字市场法》,以对核心平台服务清单进行审查、扩大或提供进一步详细说明。同样,市场调查应确保委员会有坚实的证据基础,以评估是否应提议修改《数字市场法》规定的义务,或是否应制定授权法案更新这些义务。

(78)关于《数字市场法》规定的义务尚未涵盖的“守门人”行为,委员会应该有机会对新的服务和新的做法进行市场调查,以确定《数字市场法》规定的义务是否应得到补充,包括通过在《数字市场法》规定的授权范围内制定授权法案,或通过提出修订《数字市场法》的提案来补充。这并不影响委员会在适当情况下根据《欧盟运行条约》第 101 条或第 102 条启动程序的可能性。上述程序应根据欧盟理事会第 1/20031 号条例进行。如对竞争造成严重和不可挽回的损害而引发紧急情况,委员会应考虑根据欧盟理事会第 1/2003 号条例第 8 条采取临时措施。

(79)如果“守门人”采取不公平的做法,或限制《数字市场法》已指定的核心平台服务的可竞争性,但《数字市场法》规定的义务没有明确涵盖这种做法,委员会应能通过授权法案更新《数字市场法》。这种通过委托行为进行的更新应受制于相同的调查标准,因此应先进行市场调查。委员会还应该采用预先确定的标准来确定这类做法的类型。这一法律标准应确保“守门人”根据《数字市场法》在任何时候面临的义务类型具有充分的可预见性。

(80)为确保《数字市场法》的有效实施和遵守,委员会应具有强大的调查权和执法权,能调查、执行和监督《数字市场法》项下的规则,同时确保尊重对方基本的陈述案情的权利(right to be heard)和在执行程序中查阅档案的访问权限。委员会应该为进行市场调查目的(包括为更新和审查《数字市场法》的目的)行使调查的权力。

(81)委员会应有权为《数字市场法》的目的要求提供必要的信息。尤其是,委员会应能获得为开展和进行调查所需的相关文件、数据、数据库、算法和信息,并监测《数字市场法》所规定义务的遵守情况，不论上述信息的所有者是谁，也不论其形式或格式、储存媒介或其储存地点。

（82）委员会应能直接要求企业或企业协会提供任何相关证据、数据和信息。此外，委员会应能要求成员国的主管机构或任何自然人或法人为《数字市场法》的目的提供任何相关信息。在遵守委员会的决定时，企业有义务回答事实性问题并提供文件。

（83）委员会还应有权对任何企业或企业协会进行检查，并与任何可能拥有信息的人进行访谈，并记录对方所做的陈述。

（84）为确保被调查的侵权行为在调查过程中不会导致"守门人"的企业用户或终端用户遭受严重和不可挽回的损失，可使用临时措施这一重要工具。这一工具对于委员会在调查结束时所作的决定被逆转非常重要。因此，在可能作出违规决定而发起调查程序的情况下，委员会应有权命令采取临时措施。委员会在初步认定"守门人"违反义务且对"守门人"的企业用户或终端用户造成严重和不可弥补的损害时可使用上述权力。临时措施应只在某一特定时间段适用，要么随着委员会的程序结束而结束，要么限于一个固定时间段，该固定时间段可在必要且适当的情形下被延长。

（85）委员会应能采取必要行动，以监测《数字市场法》项下义务的有效实施和遵守情况。这些行动应包括任命独立的外部专家和审计师，如成员国的主管机构如数据或消费者保护机构（如适用），协助委员会开展工作。在任命审计师时，委员会应确保配备充分的轮换机制。

（86）为确保《数字市场法》项下的义务得到遵守，应通过罚款和定期惩罚性罚款的方式强制执行。为此，还应根据比例原则和"一罪不二审"的原则，对不履行义务和违反程序规则的行为规定适当的罚款和定期惩罚性罚款数额。委员会和有关国家机构应协调执法工作，以确保这些原则得到遵守。特别是，委员会作出违反欧盟或成员国规则的最终处罚决定时，应考虑到对同一法人就相同事实所施加的任何罚款和处罚，以确保所施加的总体罚款和处罚与所实施的侵权行为的严重性相一致。

（87）为确保能够有效收缴企业协会所犯违法行为的罚款，有必要规定在企业协会无偿付能力时，委员会可要求由其成员支付罚款及条件。

（88）根据《数字市场法》提起的法律程序，有关企业应被赋予向委员会陈述意见的权利，所作决定应向社会公众公布。在确保管理权、档案查阅权和陈述案情的权利的同时,必须保护好保密信息。此外,在尊重信息保密性的同时,委员会应确保披露决定所依据的信息,能让决定对象了解决定所依据的事实和相关考虑。还有必要确保委员会仅基于《数字市场法》目的使用依据《数字市场法》收集的信息,另有规定的除外。最后,在某些情形下,如果满足相关条件,某些业务记录(如律师与客户之间的沟通)应被视为保密信息。

(89)为便于利益相关第三方提供评论而编写和公布非保密摘要时,委员会应适当考虑到企业在保护其商业秘密和其他保密信息方面的合法利益。

(90)为了使适用于"守门人"的现有法律规定在实施上一致、有效和互补,需要委员会和成员国机构在其权限范围内进行合作和协调。委员会和成员国机构应合作并协调行动,以实施《数字市场法》项下适用于"守门人"的现有法律规定,并尊重《欧盟运行条约》第 4 条规定的真诚合作原则。成员国机构对委员会的支持应包括向委员会提供其掌握的所有必要信息,或应委员会的要求协助其行使权力,以便委员会能够更好地履行《数字市场法》规定的职责。

(91)委员会是唯一被授权执行《数字市场法》的机构。为支持委员会的工作,成员国应授权其执行竞争规则的国家主管机构在"守门人"可能不遵守《数字市场法》项下义务时进行调查。这尤其适用于无法从一开始就确定"守门人"的行为是否违反《数字市场法》、成员国主管机构是否有权执行竞争规则或同时违反上述两者的情况。执行竞争规则的成员国主管机构应向委员会报告关于"守门人"可能不遵守《数字市场法》项下某些义务的调查结果,以便委员会启动程序。作为《数字市场法》规定的唯一执行者,委员会统一对不遵守条例的行为进行处罚。

委员会应拥有充分的自由裁量权来决定是否启动上述程序。为避免重复调查,相关成员国主管机构应在对"守门人"可能不遵守《数字市场法》项下某些义务采取初次调查措施之前通知委员会。成员国主管机构在对"守门人"执行成员国竞争规则时,包括在确定罚款时,也应与委员会密切合作和协调。为此,在根据成员国竞争规则对"守门人"启动程序时,以及对"守门人"施加义务之前,成员国主管机构应告知委员会。为避免重复,根据欧盟理事会第 1/2003 号条例第 11 条作出的决定草案的信息,可作为《数字市场法》规定的通知(如适用)。

(92)为保障《数字市场法》的统一适用和执行,必须确保包括成员国法院在内的成员国机构拥有所有必要的信息,以确保它们的决定不会与委员会根据《数字市场法》通过的决定相悖。应允许成员国法院要求委员会向其发送有关

《数字市场法》适用问题的信息或意见。同时,委员会应能向成员国法院提交口头或书面意见。这并不影响成员国法院根据《欧盟运行条约》第 267 条的要求作出初步裁决的能力。

(93)为确保《数字市场法》和适用于“守门人”的其他部门条例在执行上保持一致和有效互补,委员会应获得专门的高级别小组在专业知识方面的帮助。该高级别小组还应通过提供咨询、专门知识和建议,在与《数字市场法》的实施或执行有关的一般事项上协助委员会。高级别小组应由相关的欧洲机构和组织组成,应确保其成员具备高水平的专业知识,在成员构成上保持地域平衡。高级别小组成员应定期向其所代表的机构和组织报告其在小组内执行的任务,并展开协商。

(94)由于委员会根据《数字市场法》作出的决定须由欧洲法院根据《欧盟运行条约》进行审查,根据《欧盟运行条约》第 261 条,法院在确定罚款和惩罚性罚款方面应享有不受限制的管辖权。

(95)委员会应就《数字市场法》的不同方面制定指导方针来提供进一步指导,或协助提供核心平台服务的企业履行《数字市场法》的义务。这种指导应特别基于委员会通过监测《数字市场法》的遵守情况所获得的经验。委员会根据《数字市场法》发布任何指导方针是其享有的特权和独有的自由裁量权,不应视为确保有关企业或企业协会遵守《数字市场法》规定的义务的构成要素。

(96)一些“守门人”义务的实施(如与数据访问、数据可携带或互操作有关的义务)可以通过技术标准来促进。在这方面,委员会应在适当和必要时要求欧洲标准化机构制定标准。

(97)为了确保欧盟范围内存在“守门人”的数字领域具有自由竞争和公平的市场环境,应根据《欧洲联盟运行条约》第 290 条授予委员会对下列事项制定法案的权力:修正用于确定“守门人”身份的活跃终端用户和企业用户标准的定量方法(该方法载于《数字市场法》的附录);进一步细化未落入该附录,但决定指定“守门人”的定量标准是否满足的其他要件;在委员会已确定需要更新义务来解决会限制核心平台服务竞争性或不公平的做法时,根据市场调查补充《数字市场法》规定的现有义务;拟定的更新属于《数字市场法》中为此类授权法案规定的范围。

(98)在根据《数字市场法》制定授权法案时,特别重要的是,委员会在其准备工作中进行适当的磋商,包括在专家层面,这些磋商应按照 2016 年 4 月 13 日

《关于更好地制定法律的机构间协议》规定的原则进行。特别是,为确保平等参与制定授权法案的准备工作,欧洲议会和理事会应与成员国的专家同时收到所有文件,并且其专家应系统地参加委员会关于制定授权法案准备工作的专家小组会议。

(99)为确保《数字市场法》统一的实施条件,应赋予委员会执行权,以便于具体规定"守门人"为有效遵守《数字市场法》规定的义务而应实施的措施;全部或部分中止对"守门人"施加的具体义务;全部或部分免除"守门人"的具体义务;具体规定"守门人"在规避《数字市场法》规定的义务时应采取的措施;完成用于确定"守门人"身份的市场调查;在系统性违规的情况下采取补救措施;下达对"守门人"采取临时措施的指令;作出对"守门人"有约束力的承诺;列出对违规行为的调查结果;确定定期惩罚性罚款的明确数额;确定"守门人"提交的通知、提交的信息、合理要求和监管报告的形式、内容和其他细节;规定操作和技术安排,以实现互操作性以及用于分析消费者的技术的审计说明所需的方法和程序;规定法律程序的实际安排,截止期限的延长,在法律程序期间行使权利,披露条款,以及委员会和成员国机构之间的合作和协调。这些权力应根据欧盟第182/2011号条例行使。

(100)委员会与成员国之间就合作与协调的实际安排而制定实施法案应使用审查程序。《数字市场法》规定的其他实施法案应使用咨询程序。这是因为其他实施法案涉及《数字市场法》规定的程序方面的实施,如各种程序步骤的形式、内容和其他细节,涉及不同程序步骤的实际安排,如延长程序期限或听证权,以及涉及针对"守门人"的个别执行决定。

(101)根据欧盟第182/2011号条例,每个成员国都应在咨询委员会中有代表,并决定其代表团的组成。这种代表团可以包括来自成员国内主管机关的专家,他们对提交给咨询委员会的具体问题拥有相关专业知识。

(102)举报人可以向主管机构提供新的信息,这些信息可以帮助主管机构发现违反《数字市场法》的行为,并进行处罚。应确保作出适当的安排,使举报人能够提醒主管机构注意实际或潜在的违反《数字市场法》的行为,保护举报人免遭报复。为此,应在《数字市场法》中规定,欧洲议会和欧洲理事会第2019/1937号指令适用于对违反《数字市场法》行为的举报及对举报人的保护。

(103)为了提高与《数字市场法》相关法律的确定性和可适用性,应当在下述指令中反映对违反欧盟第2019/1937号指令的《数字市场法》行为的举报和举报人的保护。因此,应当对第 2019/1937 号指令的附录进行修订。尽管成员国制定过渡措施并不是第 2019/1937 号指令适用于举报违反《数字市场法》行为的条件,但为了自《数字市场法》适用之日起保护举报人,成员国应确保该修改反映在根据第 2019/1937 号指令采取的过渡措施。

(104)消费者应有权根据欧洲议会和欧洲理事会第 2020/1828 号指令,通过代表诉讼行使其与《数字市场法》规定的"守门人"义务有关的权利。为此,《数字市场法》应规定,第 2020/1828 号指令适用于针对"守门人"因违反《数字市场法》规定而损害或可能损害消费者集体利益所提起的代表诉讼。因此,该指令的附录应作相应修改。成员国应确保该修正案反映在其根据第 2020/1828 号指令通过的国内过渡措施中,尽管成员国在这方面制定的过渡措施并不是该指令适用于这些代表诉讼的条件。第 2020/1828 号指令对针对"守门人"违反《数字市场法》中损害或可能损害消费者集体利益的规定而提起的代表诉讼的适用性,应从成员国适用过渡该指令所需的法律、法规和行政规定之日或《数字市场法》适用之日开始,以较晚者为准。

(105)委员会应定期评估《数字市场法》,并密切监测其对在线平台经济中商业关系的可竞争性和公平性的影响,特别是为了确定是否需要根据相关技术或商业发展进行修正。该评估应包括定期审查核心平台服务清单和对"守门人"施加的义务,以及其执行情况,以确保整个欧盟的数字市场是可竞争和公平的。在这种情况下,委员会还应评估有关无须号码的电子通信服务的互操作义务范围。为了获得对数字领域发展的广阔视角,评估应考虑成员国和利益相关方的经验。在这方面,委员会还应考虑在线平台经济观察站[根据 2018 年 4 月 26 日委员会 C(2018)2393 号决定首次设立]向其提交的意见和报告。评估之后,委员会应采取适当措施。委员会在对《数字市场法》规定的做法和义务进行评估和审查时,应保持对共同权利和价值观的高度保护和尊重,并将其作为目标之一,特别是平等和不歧视。

(106)在不影响预算程序的情况下,通过现有财政手段,应向委员会分配足够的人力、财力和技术资源,以确保委员会能够有效地履行职责,行使执行《数字市场法》的权力。

(107)由于通过成员国无法充分实现《数字市场法》的目标(确保一个可竞争和公平的数字领域,特别核心平台服务,以促进创新,促进高质量的数字产品和服务、公平和有竞争力的价格,以及在数字领域为终端用户提供高质量和选择),但通过“守门人”的商业模式和业务及其业务的规模和影响,依据《欧盟运行条约》第 5 条规定的辅助性原则采取措施,可以在欧盟层面更好地实现目标。根据该条规定的相称性原则,《数字市场法》仅调整不超出为实现该目标所需的范围内的事项。

(108)已根据欧盟第 2018/1725 号条例第 42 条咨询了欧洲数据保护监察专员,并于 2021 年 2 月 10 日发表了意见。

(109)《数字市场法》尊重基本权利并遵守《欧盟基本权利宪章》所承认的原则,特别是其中的第 16 条、第 47 条和第 50 条。因此,《数字市场法》的解释和适用应尊重这些权利和原则。

予以通过《数字市场法》:

第一章 主题、范围和定义(subject matter, scope and definitions)

第 1 条 主题和范围(subject matter and scope)

1.《数字市场法》的目的是通过制定统一的规则,确保存在“守门人”的欧盟数字市场的可竞争性和公平性,促进内部市场的正常运作,使企业用户和终端用户受益。

2.《数字市场法》适用于“守门人”为欧盟内设立的企业用户或欧盟内设立或位于欧盟的终端用户提供的核心平台服务,不论“守门人”的设立地或经营住所,也不论服务的提供是否适用其他法律。

3.《数字市场法》不适用于以下有关市场:

(a)欧盟第 2018/1972 号指令 * 第 2(1)条界定的电子通信网络(electronic communications networks);

(b)欧盟第 2018/1972 号指令第 2(4)条界定的电子通信网络,除有关不占用号码资源的人际通信服务之外的服务。

4. 关于欧盟第 2018/1972 号指令第 2(5)条界定的不占用号码资源的人际通信服务,《数字市场法》不影响根据上述指令第 61 条授予国家监管机构和其他主管部门的权力和职责。

5. 为了避免欧盟内部市场的碎片化,成员国不得以确保市场的可竞争性和公平性为目的,通过法律、法规或行政措施向“守门人”施加进一步的义务。《数

* 《欧洲电子通信指令》。——译者注

字市场法》中的任何规定均不妨碍成员国就《数字市场法》适用范围之外的事项向企业(包括提供核心平台服务的企业)施加义务,前提是这些义务符合欧盟法律,且并非因为相关企业具有《数字市场法》项下的“守门人”地位。

6.《数字市场法》不影响《欧盟运行条约》第 101 条和第 102 条的适用。《数字市场法》也不影响以下规则的适用:

(a)禁止反竞争协议、行业协会的决定、协同行为和滥用市场支配地位的成员国竞争规则;

(b)禁止其他形式的单方面行为的成员国竞争规则,只要这些规则适用于“守门人”之外的企业,或相当于向“守门人”施加进一步的义务;和

(c)理事会第 139/2004 号条例 * 和关于合并控制的成员国规则。

7. 成员国当局不得作出与委员会根据《数字市场法》作出的决定相抵触的决定。委员会和成员国应根据第 37 条和第 38 条规定的原则展开密切合作,并协调相互的执法行动。

第 2 条 定义(definitions)

为了《数字市场法》的目的,适用以下定义:

(1)“守门人”(gatekeeper)是指根据第 3 条指定的提供核心平台服务的企业。

(2)“核心平台服务”(core platform service)是指以下任何一项:

(a)在线中介服务(online intermediation services);

(b)在线搜索引擎(online search engines);

(c)在线社交网络服务(online social networking services);

(d)视频分享平台服务(video - sharing platform services);

(e)不占用号码资源的人际通信服务(number - independent interpersonal communications services);

(f)操作系统(operating systems);

(g)网络浏览器(web browsers);

(h)虚拟助手(virtual assistants);

(i)云计算服务(cloud computing services);

(j)由提供(a)至(i)所列任一核心平台服务的企业提供的在线广告服务

* 《欧盟合并条例》。——译者注

(online advertising services),包括任何广告网络、广告交易和任何其他广告中介服务。

(3)"信息社会服务"(information society service)是指欧盟第2015/1535号指令第1(1)(b)条定义的任何服务。

(4)"数字领域"(digital sector)是指以信息社会服务的方式提供,或通过信息社会服务提供的产品和服务的行业。

(5)"在线中介服务"是指欧盟第2019/1150号条例第2(2)条定义的在线中介服务。

(6)"在线搜索引擎"是指欧盟第2019/1150号条例第2(5)条定义的在线搜索引擎。

(7)"在线社交网络服务"是指使终端用户能通过多种设备,尤其是通过聊天、帖子、视频和推荐,相互联系和交流、分享内容、发现其他用户和内容的平台。

(8)"视频分享平台服务"是指第2010/13/EU号指令第1(1)(aa)条定义的视频分享平台服务。

(9)"不占用号码资源的人际通信服务"是指欧盟第2018/1972号指令第2(7)条定义的不占用号码资源的人际通信服务。

(10)"操作系统"是指控制硬件或软件的基本功能,并使软件应用程序在其上运行的系统软件。

(11)"网络浏览器"是指使终端用户能访问连接至互联网等网络的服务器上的网络内容,并与之进行交互的软件应用程序,包括独立的网络浏览器以及集成或嵌入软件或软件类似物中的网络浏览器。

(12)"虚拟助手"是指能够处理需求、任务或问题的软件,包括基于音频、视频、书面输入、手势或动作的需求、任务或问题,并基于这些需求、任务或问题为其他服务提供访问权限或控制相连的物理设备。

(13)"云计算服务"是指欧洲议会和欧盟理事会第2016/1148号指令第4(19)条定义的云计算服务。

(14)"软件应用商店"(software application stores)是指将软件应用程序作为中介产品或服务的一种在线中介服务。

(15)"软件应用程序"(software application)是指在操作系统上运行的任何数字产品或服务。

(16)"支付服务"(payment service)是指欧盟第2015/2366号指令第4(3)

条定义的支付服务。

(17)"支持支付服务的技术服务"(technical service supporting payment service)是指欧盟第2015/2366号指令第3(j)条项下的服务。

(18)"应用内购买支付系统"(payment system for in – app purchases)是指一种软件应用程序、服务或用户界面,可促进软件应用程序内的数字内容或数字服务的购买(包括内容、订阅、特性或功能)以及此类购买的付款。

(19)"认证服务"(identification service)是指与核心平台服务一同提供或支持核心平台服务的一种服务类型,能够对终端用户或企业用户的身份进行任一类型的验证,无论使用何种技术。

(20)"终端用户"(end user)是指除企业用户外,使用核心平台服务的任何自然人或法人。

(21)"企业用户"(business user)是指为终端用户提供商品或服务,或在为终端用户提供商品或服务的过程中,以商业或专业身份使用核心平台服务的任何自然人或法人。

(22)"排名"(ranking)是指通过在线中介服务、在线社交网络服务、视频分享平台服务或虚拟助手向商品或服务赋予相对的显著性,或者通过在线搜索引擎向搜索结果赋予相关性,上述显著性或相对性由提供在线中介服务、在线社交网络服务、视频分享平台服务、虚拟助手或在线搜索引擎的企业呈现、组织或传输(communicate),不论用于此类呈现、组织或传输的技术手段,也不论是否只呈现或传输了一个结果。

(23)"搜索结果"(search results)是指返回搜索查询或与搜索查询相关的任何格式的信息,包括文本、图像、声音或其他输出形式,无论返回的信息是付费结果还是非付费结果,是直接结果还是与自然搜索结果相关的任何产品、服务或信息,或与自然搜索结果一同显示或部分或全部嵌入自然搜索结果的产品、服务或信息。

(24)"数据"(data)是指行为、事实或信息的数字表示,以及此类行为、事实或信息的任何汇编,包括声音、视频或视听记录的形式。

(25)"个人数据"(personal data)是指欧盟第2016/679号条例第4(1)条定义的个人数据。

(26)"非个人数据"(non – personal data)是指个人数据以外的数据。

(27)"企业"(undertaking)是指从事经济活动的实体,无论其法律地位和融资方式，包括全部相连的企业，或由一个企业通过直接或间接控制、形成集团的关联企业。

(28)“控制”(control)是指欧盟理事会第139/2004条条例第3(2)条所指的对一企业施加决定性影响的可能性。

(29)“互操作性”(interoperability)是指通过接口或其他方案交换信息并相互使用交换信息的能力，从而使硬件或软件的所有元素能以被设计的方式与其他硬件和软件以及用户协同工作。

(30)“营业额”(turnover)是指欧盟理事会第139/2004条条例第5(1)条所指的企业取得的金额。

(31)“用户画像”(profiling)是指欧盟第2016/679号条例第4(4)条定义的画像。

(32)“同意”(consent)是指欧盟第2016/679号条例第4(11)条定义的同意。

(33)“成员国法院”(national court)是指《欧盟运行条约》第267条所指的成员国法院或仲裁庭。

第二章　“守门人”(gatekeepers)

第3条　“守门人”的指定(designation of gatekeepers)

1. 同时满足下列条件，企业应被指定为“守门人”：

(a)对内部市场具有重大影响；

(b)其提供的核心平台服务是企业用户触及终端用户的重要通道；且

(c)在其运营中享有稳固持久地位，或者可以预见在不久的未来将享有这样的地位。

2. 一企业应被推定为满足第1款中的相应要求：

(a)第1款第(a)项是指企业在过去三个财年中每一财年的欧盟营业额等于或超过75亿欧元，或者上一财年平均市值或同等公允市场价值达到至少750亿欧元，并在至少三个成员国提供相同的核心平台服务；

(b)第1款第(b)项是指企业提供的核心平台服务在上一个财年至少拥有4500万在欧盟设立或位于欧盟的月活跃终端用户，并且至少拥有1万在欧盟设立的年活跃企业用户，相关识别与计算需依据附件中规定的方法和指标；

(c)第1款第(c)项是指在过去三个财年中的每一财年都达到了本款第(b)

项的标准。

3. 如果提供核心平台服务的企业达到了第 2 款中的所有标准，企业应在达到标准后 2 个月内通知委员会，不得拖延，并提供第 2 款规定的相关信息。该通知应包含第 2 款要求的相关信息，即企业提供的每一项核心平台服务满足第 2 款第(b)项标准的信息。当曾被指定为“守门人”的企业进一步提供的核心平台服务达到第 2 款第(b)和(c)项规定的标准时，该企业应在达到标准后 2 个月内通知委员会。

在委员会根据第 21 条要求企业提供指定“守门人”所需的信息，且这些信息是委员会根据本条第 4 款指定“守门人”所必需的情况下，若提供核心平台服务的企业未按照本款第 1 段的规定通知委员会，并且未在委员会设置的期限内提供委员会要求的全部相关信息，委员会仍有权根据委员会获得的已有信息将该企业指定为“守门人”。

如果提供核心平台服务的企业根据本款第 2 段的规定遵守了委员会提出的信息请求，或者在本款第 2 段所设置的期限届满后才提供信息，委员会应适用第 4 款规定的程序。

4. 委员会应在收到第 3 款所提到的完整信息后 45 个工作日内，将提供核心平台服务且达到第 2 款规定的所有标准的企业指定为“守门人”，不得无故拖延。

5. 提供核心平台服务的企业可以在其通知中提出理据充分的观点，以证明在例外情况下，尽管其达到了第 2 款中的所有标准，但因为相关核心平台服务运营的情况，其并不满足第 1 款列明的要求。

如果委员会认为提供核心平台服务的企业根据本款第 1 段提出的观点缺乏充分证据，未明显地对本条第 2 款的推定提出质疑，那么委员会可以在第 4 款规定的时限内驳回上述观点，而无须适用第 17(3)条规定的程序。

如果提供核心平台服务的企业确实提出了理据充分、足以质疑本条第 2 款推定的观点，尽管有本款第 1 段的规定，委员会可以在本条第 4 款规定的期限内启动第 17(3)条规定的程序。

如果委员会得出结论，认为提供核心平台服务的企业未能证明其提供的相关核心平台服务不满足本条第 1 款的要求，委员会应按照第 17(3)条规定的程序将该企业指定为“守门人”。

6. 委员会有权根据第 49 条制定授权法案来补充《数字市场法》，明确判断是否达到本条第 2 款规定的定量标准的方法,并在必要时结合市场和技术发展定期对上述方法进行调整。

7. 委员会有权根据第 49 条制定授权法案,通过更新附件中列明的方法和指标清单的方式来修订《数字市场法》。

8. 对于达到本条第 1 款每个要求,但不满足本条第 2 款每个标准的提供核心平台服务的企业,委员会应根据第 17 条规定的程序将该企业指定为“守门人”。

为了上述目的,委员会应考虑以下部分或全部因素,只要这些因素与提供核心平台服务的企业有关:

(a)该企业的规模(包括营业额和市值)、运营和地位;

(b)使用核心平台服务触及终端用户的企业用户数量和终端用户数量;

(c)网络效应和数据驱动优势,尤其是关于该企业对个人数据和非个人数据的访问和收集或分析能力;

(d)对企业有益的规模和范围效应,包括数据方面以及在欧盟外相关活动(如相关)的影响;

(e)锁定企业用户或终端用户,包括降低企业用户和终端用户切换或多归属的能力的切换成本和行为偏差;

(f)该企业的集团公司结构或垂直整合,如使该企业能够交叉补贴、合并不同来源的数据或将其地位作为杠杆;或者

(g)其他结构性业务或服务特征。

在根据本款进行评估时,委员会应考虑与本款第 2 段所列要素相关的可预见的发展情况,包括涉及提供核心平台服务、在数字领域提供其他服务或收集数据的另一企业的集中计划。

如果提供核心平台服务的企业在不满足第 2 款定量标准的情况下,未能大幅遵守委员会命令采取的调查措施,并且在被要求在合理时间内遵守并提交观察意见后,该企业仍然未能遵守,委员会可以根据委员会掌握的已有事实将该企业指定为“守门人”。

9. 对于根据第 4 款或第 8 款指定为“守门人”的每个企业,委员会应在指定决定中列出该企业范围内提供的相关核心平台服务,以及哪一个服务属于第 1 款第(b)项项下企业用户触及终端用户的重要通道。

10. 在根据本条第 9 款作出的指定决定列出核心平台服务后 6 个月内,“守

门人”应履行第 5 条、第 6 条和第 7 条项下的义务。

第 4 条 “守门人”地位的审查(review of the status of gatekeeper)

1. 出于下列原因之一,委员会可随时经请求或自主决定,重新考虑、修改或废除根据第 3 条作出的指定决定:

(a)指定决定所依据的事实发生重大变化;

(b)指定决定基于不完整、不正确或误导性的信息。

2. 委员会应定期和至少每 3 年,审查“守门人”是否仍然满足第 3(1)条规定的要求。对于单独构成企业用户触及终端用户的重要通道的“守门人”,该审查还应检查第 3(1)(b)条所述的“守门人”核心平台服务清单是否需要修改。这些审查并不中止“守门人”的义务。

委员会还应至少每年检查一次提供核心平台服务的新企业是否满足这些要求。

如果委员会根据第 1 段进行审查后,发现指定提供核心平台服务的企业为“守门人”的基础事实已发生变化的,应作出决定,确认、修改或废除指定决定。

3. 委员会应持续发布和更新列明“守门人”及其核心平台服务的名单,以及列明它们需持续遵守第三章项下的义务。

第三章 限制可竞争性或不公平的“守门人”做法(practices of gatekeepers that limit contestability or are unfair)

第 5 条 “守门人”的义务(obligations for gatekeepers)

1. “守门人”应根据第 3(9)条的指定决定列出的每一项核心平台服务,遵守本条规定的所有义务。

2. 除非终端用户已获得了具体选择,并已根据欧盟第 2016/679 号条例第 4(11)条和第 7 条表示同意,“守门人”不得从事下列任何行为:

(a)为了提供在线广告服务的目的,处理使用第三方服务提供者的终端用户的个人数据,这些第三方服务提供者使用“守门人”的核心平台服务;

(b)把来自相关核心平台服务的个人数据,与来自“守门人”提供的其他核心平台服务或其他服务的个人数据融合,或与第三方服务的个人数据融合;

(c)在“守门人”单独提供的其他服务(包括其他核心平台服务)中,交叉使用来自相关核心平台服务的个人数据,反之亦然;

(d)为了融合个人数据的目的,把终端用户登录到“守门人”的其他服务。

在终端用户为上述条款的目的拒绝同意或撤回同意的情况下，“守门人”在1年内不得为同一目的再次请求获得终端用户同意。

本条款不影响“守门人”根据欧盟第2016/679号条例第6(1)条第(c)(d)(e)项的规定采取的上述行为(如适用)。

3.“守门人”不得阻止企业用户通过第三方在线中介服务或通过其自己的直接在线销售渠道，以不同于通过“守门人”在线中介服务提供的价格或条件，向终端用户提供相同的产品或服务。

4.“守门人”应当免费允许企业用户传递和促进(包括以不同的交易条件)与其通过核心平台服务或其他渠道获取的终端用户之间的交易，并应当免费允许企业用户与这些终端用户达成合同，而不论终端用户是否以达成合同为目的使用“守门人”的核心平台服务。

5.“守门人”应当允许终端用户通过其核心平台服务访问和使用由企业用户App提供的内容、订阅、功能或其他项目，包括终端用户在不使用“守门人”核心平台服务的相关企业用户处获取这些项目的情况。

6.“守门人”不得直接或间接地阻止或限制企业用户或终端用户提出任何关于“守门人”不遵守相关欧盟法或欧盟成员国法、与相关公共机构(包括成员国法院)不符的行为。这不影响企业用户和“守门人”有权在其协议中制定合法投诉处理机制的条款。

7.在使用“守门人”核心平台服务的企业用户提供服务的情况下，“守门人”不得要求终端用户或企业用户使用、提供或互操作，“守门人”提供的认证服务、网络浏览器引擎或支付服务，或支持支付服务条款的技术服务，如应用内购买的支付系统。

8.“守门人”不得要求企业用户或终端用户订阅、注册第3(9)条指定决定列出的核心平台服务，或满足第3(2)(b)条标准的核心平台服务，作为使用、访问、注册“守门人”核心平台服务的前提条件。

9.经广告主要求，“守门人”应向其提供在线广告服务的每一个广告主或广告主授权的第三方，每天免费提供关于广告主投放的每一条广告的如下信息：

(a)就“守门人”提供的每一项相关在线广告服务，广告主为使用而支付的价格和费用，包括抵扣和额外费用；

(b)在发布者同意的情况下，发布者收到的报酬，包括抵扣和额外费用；

(c)每一项价格、费用和报酬的计算指标。

在发布者不同意共享关于其收到的报酬信息的情况下,“守门人”应就相关广告,向每一个广告主免费提供关于发布者收到的日均报酬的信息,包括任何抵扣和额外费用。

10. 经发布者要求,“守门人”应向其提供在线广告服务的每一个发布者或发布者授权的第三方,每天免费提供关于展示在发布者目录中的每一条广告的如下信息:

(a)就“守门人”提供的每一项相关在线广告服务,发布者收到的报酬和支付的费用,包括抵扣和额外费用;

(b)在广告主同意的情况下,广告主支付的价格,包括抵扣和额外费用;

(c)每一项价格和报酬的计算指标。

在广告主不同意共享信息的情况下,“守门人”应就相关广告,向每一个发布者免费提供关于广告主支付的日均价格的信息,包括任何抵扣和额外费用。

第 6 条 可在第 8 条下进一步明确规定的“守门人”义务(obligations for gatekeepers susceptible of being further specified under Article 8)

1. “守门人”应遵守本条规定的所有义务,这一义务与根据第 3(9)条的指定决定列出的每项核心平台服务有关。

2. 在企业用户使用相关核心平台服务,或与相关核心平台服务一同提供或支持相关核心平台服务的服务的背景下,“守门人”在与企业用户竞争时,不应使用企业用户生成或提供的非公开可获得的数据,包括企业用户的客户生成或提供的数据。

为了上一段的目的,在企业用户使用相关核心平台服务,或与相关核心平台服务一同提供或支持相关核心平台服务的服务上,非公开可获得的数据应包括企业用户生成、能从企业用户或它们客户的商业活动中推断或收集到的任何集合或非集合数据,包括点击、搜索、浏览和语音数据。

3. “守门人”应允许并在技术上使终端用户能够轻易地卸载“守门人”操作系统上的任何软件应用程序,这不影响“守门人”限制卸载那些为操作系统或设备运行所必需,且在技术上不能单独由第三方提供的软件应用程序。

“守门人”应允许并在技术上使终端用户能够轻易地更改“守门人”的操作系统、虚拟助手、网络浏览器的默认设置,这些默认设置引导终端用户使用“守门人”提供的产品或服务。这包括促进终端用户在首次使用第 3(9)条指定决定所列出的“守门人”提供的在线搜索引擎、虚拟助手或网络浏览器时,能够从主要可获得的服务提供商清单中,选择“守门人”操作系统引导用户默认使用的在线搜索引擎、虚拟助手或网络浏览器,以及“守门人”虚拟助手和网络浏览器引导用户默认使用的在线搜索引擎。

4. 对于使用“守门人”操作系统或与“守门人”操作系统互操作的第三方软件应用程序或软件应用商店,“守门人”应允许并在技术上使它们能被安装和有效使用,并允许它们能够通过除“守门人”相关核心平台服务之外的其他渠道被访问。对于已下载的第三方软件应用程序或软件应用商城,“守门人”不应当阻止终端用户决定将这些已下载的软件应用程序或软件应用商城作为默认设置(如适用)。对于决定将已下载的软件应用程序或软件应用商店作为默认设置的终端用户,“守门人”应在技术上使终端用户能够轻易地更改默认设置。

为了确保第三方软件应用程序或软件应用商店不危及“守门人”硬件或操作系统的完整性,在“守门人”采取的措施存在正当理由的情况下,在严格必需且符合比例原则的范围内,不应阻止“守门人”采取措施。

为了在第三方软件应用程序或软件应用商城方面使终端用户能有效保障安全,在“守门人”采取的措施及除默认设置之外的设置存在正当理由的情况下,在严格必需且符合比例原则的范围内,不应阻止“守门人”采取措施及除默认设置之外的设置。

5. 在“守门人”提供的排序(以及排序前的索引和抓取)相关的服务和产品中,与类似的第三方服务或产品相比,“守门人”不应当优待“守门人”自己。对于上述排序,“守门人”应当采用透明、公平和无歧视的条件。

6. “守门人”不得在技术上或通过其他方式限制终端用户切换、订阅通过“守门人”核心平台服务访问的不同软件应用程序和服务的能力,包括不得限制终端用户的互联网接入服务选项。

7. “守门人”应允许服务提供商、硬件提供商与“守门人”操作系统或虚拟助手访问或控制的相同硬件和软件功能之间,实现和“守门人”提供的服务或硬件可获取的同等水平且免费有效的互操作或以互操作为目的的接入。而且,“守门人”应允许企业用户和(与核心平台服务一同提供或支持核心平台服务的)任一服务提供商与上述操作系统、硬件或软件功能之间,实现与“守门人”提供的服务或硬件可获取的同等水平且免费有效的互操作或以互操作为目的的接入,而不论上述功能是否属于操作系统的一部分。

为了确保互操作不减损“守门人”提供的操作系统、虚拟助手、硬件或软件功能的完整性,在“守门人”采取的措施存在正当理由的情况下,不应阻止“守门人”采取严格必需且符合比例原则的措施。

8.“守门人”应经请求,向广告主和发布者及其授权的第三方,免费提供“守门人”效果测量工具的访问权限,以及广告主和发布者实施它们自己独立广告目录认证所必要的数据,包括聚合和非聚合数据。“守门人”提供这些数据的方式应当使广告主和发布者能够使用它们自己的认证和测量工具来评估“守门人”核心平台服务的效果。

9.经请求,“守门人”应为终端用户及其授权的第三方,免费提供有效、可携带的数据,这些数据由终端用户提供或在用户使用相关核心平台服务的过程中生成,包括免费提供可有效行使数据可携带的工具,以及包括提供持续、实时访问这些数据的权限。

10.经请求,“守门人”应向企业用户及其授权的第三方,免费提供有效、高质量、持续、可实时接入和使用的聚集和非聚集数据,包括个人数据。这些数据由企业用户和与其提供的产品或服务互动的终端用户,在使用相关核心平台服务,或与相关核心平台服务一同提供或支持相关核心平台服务的服务的过程中提供或生成。终端用户通过相关核心平台服务使用相关企业提供的产品或服务时,个人数据限定为与其使用直接相关的个人数据,且终端用户以“选择进入”方式同意共享的,“守门人”应提供对该个人数据的访问和使用。

11.经第三方企业请求,“守门人”应当基于公平、合理、无歧视原则,为提供在线搜索引擎的第三方企业,提供排序、查询、点击和浏览数据的访问接口。这些数据是终端用户在其在线搜索引擎上进行免费和付费搜索时生成的。对于构成个人数据的查询、点击和浏览数据,应当进行匿名化处理。

12.“守门人”应当基于公平、合理、无歧视原则,为企业用户提供访问“守门人”软件应用商店、在线搜索引擎和在线网络社交服务的接口,这些服务由依据第3(9)条作出的指定决定列明。

为了上述目的,“守门人”应当公布接入的一般条款,包括替代性争议解决机制。

欧盟委员会应评估“守门人”公布的接入一般条款是否符合本条款。

13.对于终止核心平台服务,“守门人”制定的一般条款不应违反比例原则。“守门人”应确保终止条款的行使不存在不合理困难。

第7条 不占用号码资源的人际通信服务类“守门人”的互操作义务(obligation for gatekeepers on interoperability of number – independent interpersonal communications services)

1. 当“守门人”提供根据第3(9)条指定决定列明的不占用号码资源的人际通信服务时,经请求,“守门人”应通过提供必要的技术接口或类似解决方案的方式,免费为欧盟内提供或有意提供此类服务的其他人际通信服务提供商,提供实现互操作的基本功能。

2. 当“守门人”为其终端用户提供下述功能时,“守门人”应当至少提供第1款列明的基本互操作功能:

(a)根据第3(9)条指定决定,被指定为“守门人”后:

(i)两个个人终端用户之间端到端的短信;

(ii)两个个人终端用户之间端到端沟通的分享图片、语音信息、视频和附件。

(b)被指定为“守门人”2年后:

(i)个人终端用户群内端到端的短信;

(ii)群聊和个人终端用户之间端到端沟通的分享图片、语音信息、视频和附件。

(c)被指定为“守门人”4年后:

(i)两个个人终端用户之间端到端的语音通话;

(ii)两个个人终端用户之间端到端的视频通话;

(iii)群聊和个人终端用户之间端到端的语音通话;

(iv)群聊和个人终端用户之间端到端的视频通话。

3. “守门人”在提供互操作服务时,应当确保为其终端用户提供的安全水平,包括端到端的加密(如有)。

4. “守门人”应发布参考文件(reference offer),载明关于其提供不占用号码资源的人际通信服务的技术细节和互操作通用条款,包括安全水平和端到端加密的必要细节。“守门人”应当在第3(10)条规定的期限内发布上述参考文件,并在必要时进行更新。

5. 在根据第4款发布参考文件后,任何在欧盟内提供不占用号码资源的人际通信服务或有意在欧盟内提供不占用号码资源的人际通信服务的提供商,可以向提供不占用号码资源的人际通信服务的“守门人”提出互操作请求。上述请求可以包含第2款列明的一些或全部基本功能。“守门人”应在收到上述请求之日起3个月内，遵守合理的互操作请求，使经请求的基本功能具有可操作性。

6. 在“守门人”提出合理请求，并证明有必要保障有效的互操作性、维持必要安全水平的例外情况下，欧盟委员会可延长第2款或第5款项下的合规期限。

7. 提供不占用号码资源的人际通信服务的“守门人”的用户，以及提出互操作请求的不占用号码资源的人际通信服务的提供商的用户，可自行决定是否使用“守门人”根据第1款提供的互操作基本功能。

8. 对于提出互操作请求的不占用号码资源的人际通信服务的提供商，“守门人”应仅收集和交换其提供有效互操作所严格必需的终端用户个人数据。上述终端用户个人数据的收集和交换应完全遵守欧盟第2016/679号条例和第2002/58/EC号指令。

9. 对于提出互操作请求的、提供不占用号码资源的人际通信服务的第三方提供商，为了确保它们不危及“守门人”服务的完整性、安全和隐私，在“守门人”采取的措施严格必需、符合比例原则且存在正当理由的情况下，不应阻止“守门人”采取措施。

第8条 “守门人”义务的遵守(compliance with obligations for gatekeepers)

1. “守门人”应确保并证明遵守《数字市场法》第5条、第6条和第7条规定的义务。“守门人”为确保遵守这些条款而采取的措施应当有效地实现《数字市场法》和相关义务的目标。“守门人”应确保这些措施的实施符合可适用的法律，尤其是欧盟第2016/679号条例、欧盟第2002/58/EC号指令、网络安全、消费者保护、产品安全立法以及可访问性要求。

2. 委员会可以根据本条第3款主动或应“守门人”的请求，根据第20条启动程序。

委员会可以制定实施法案，明确相关“守门人”为有效履行第6条和第7条规定的义务而应采取的措施。根据第50(2)条所述的咨询程序，该实施法案应在第20条规定的启动程序后6个月内通过。

当委员会根据第13条主动启动程序以处理规避的情形时，此类措施可能涉及第5条、第6条和第7条规定的义务。

3. “守门人”在确定其为遵守第6条和第7条而打算实施或已经实施的措施在特定情况下是否有效地实现相关义务的目标时，可以要求委员会参与相关程序。在尊重平等待遇、合比例和良好管理的原则下，委员会应有自由裁量权，来决定是否参与上述程序。

“守门人”在其请求中，应提供理由充分的意见材料，以解释其打算实施或已经实施的措施。“守门人”还应根据第 6 款进一步提供理由充分的意见材料的非机密版本，供与第三方共享。

4. 本条第 2 款和第 3 款不影响委员会在第 29 条、第 30 条和第 31 条项下所享有的权力。

5. 为了通过第 2 款项下的决定，委员会应在第 20 条规定的程序启动后 3 个月内，将初步结论告知“守门人”。为了有效地回应初步结论，委员会应在初步结论中解释委员会正在考虑采取的措施或它认为有关“守门人”应采取的措施。

6. 为了有效地使感兴趣的第三方能够提供评论，委员会应在根据第 5 款将初步结论告知“守门人”时（或在此后尽快）公布案件的非机密摘要，以及委员会正在考虑采取的措施或它认为有关“守门人”应采取的措施。对于上述评论的提交，委员会应明确一个合理的时间范围。

7. 在明确第 2 款项下的措施时，委员会应确保这些措施能有效地实现《数字市场法》和相关义务的目标，并与“守门人”和相关服务的具体情况相称。

8. 为了明确第 6(11) 条和第 6(12) 条规定的义务的目的，委员会还应评估打算实施或已实施的措施是否确保企业用户的权利和义务不存在失衡，并评估这些措施本身是否赋予“守门人”不成比例的优势，这种优势与“守门人”为企业用户提供的服务不相称。

9. 对于根据第 2 款进行的程序，委员会可根据请求或主动决定在以下情况下重新启动程序：

(a) 决定所依据的任何事实发生实质性变化；或

(b) 决定是基于不完整、不正确或具有误导性的信息；或

(c) 决定所明确的措施是无效的。

第 9 条 中止（suspension）

1. 如果“守门人”在合理请求中证明，对于根据第 3(9) 条的指定决定所列出的核心平台服务，由于存在超出“守门人”控制之外的特殊情况，“守门人”因遵守第 5 条、第 6 条或第 7 条规定的特定义务而危及“守门人”在欧盟内运营的经济可行性，委员会可以制定实施法案，规定委员会在例外情况下决定全部或部分中止该合理请求中所提到的特定义务（“中止决定”）。在这一实施法案中，委员会应当识别其中止决定所基于的例外情况，为中止决定提供实质性理据。该实

施法案应以解决对“守门人”经济可行性的威胁所必需的程度和期间为限。委员会应以不得延误且最迟在收到完整的合理请求后3个月内通过该实施法案作为目标。该实施法案应根据第50(2)条所述的咨询程序予以通过。

2. 如果根据第1款批准了中止,委员会应每年审查其中止决定,除非该决定中明确提出了更短的时间间隔。在审查后,委员会应全部或部分解除中止,或就是否继续满足第1款中的条件作出决定。

3. 在紧急情况下,委员会可以根据“守门人”提出的合理请求,在根据第1款作出决定之前,暂时中止第1款所提到的特定义务适用于一项或多项单独的核心平台服务。在等待委员会根据第1款进行评估的过程中,请求可以随时提出,随时得到批准。

4. 在评估第1款和第3款中提到的请求时,委员会应特别考虑“守门人”遵守特定义务对其在欧盟内运营的经济可行性以及对第三方的影响,尤其是中小企业和消费者。为了确保这些利益与《数字市场法》的目标之间实现公平的平衡,委员会可以对中止决定附加条件和义务。

第10条 以公共健康和公共安全为由的豁免(exemption for grounds of public health and public security)

1. 在存在本条第3款规定的正当理由的情况下,委员会可根据“守门人”提出的合理请求或主动制定实施法案,决定就根据第3(9)条在指定决定中列出的核心平台服务,全部或部分免除“守门人”在第5条、第6条、第7条项下所负有的特定义务(“豁免决定”)。委员会应在收到完整的合理请求后3个月内作出豁免决定,并应提供解释豁免理由的合理声明。该实施法案应根据第50(2)条所述的咨询程序通过。

2. 在根据第1款授予豁免时,如果豁免理由不复存在,委员会应至少每年审查其豁免决定。在审查后,委员会应全部或部分取消豁免,或就继续满足第1款规定的条件作出决定。

3. 第1款项下的豁免只能以公共健康或公共安全为由授予。

4. 在紧急情况下,委员会可根据“守门人”提出的合理请求或主动采取行动,在根据第1款作出决定之前,暂时中止第1款所提到的特定义务适用于一项或多项单独的核心平台服务。在等待委员会根据第1款进行评估的过程中,“守门人”可以随时提出请求,这些请求可以随时得到批准。

5. 在评估第1款和第4款中所述的请求时,委员会应特别考虑遵守特定义务对第 3 款中的理由的影响,以及对有关“守门人”和第三方的影响。为了确保第 3 款中的理由所追求的目标与《数字市场法》的目标之间实现公平的平衡,委员会可以对中止决定附加条件和义务。

第 11 条 报告(reporting)

1. 在根据第 3 条指定后的 6 个月内,“守门人”应根据第 3(10)条向委员会提供一份报告,以详细和透明的方式描述其为确保遵守第 5 条、第 6 条和第 7 条规定的义务已采取的措施。

2. 在第 1 款提到的截止期限内,“守门人”应公布并向委员会提供该报告的非保密版摘要。

“守门人”应至少每年更新上述报告及非保密版摘要。

委员会应在其网站上提供上述非保密版摘要的链接。

第 12 条 “守门人”义务的更新(updating obligations for gatekeepers)

1. 委员会有权根据第 49 条制定授权法案,以补充《数字市场法》关于第 5 条和第 6 条规定的义务。这些授权法案应以根据第 19 条进行的市场调查为基础,市场调查会识别出及时更新这些义务的需要,以解决那些限制核心平台服务的可竞争性或不公平的做法,正如第 5 条和第 6 条规定的义务所针对的做法一样。

2. 根据第 1 款制定的授权法案的范围应限于:

(a)将仅适用于某些核心平台服务的义务扩大到第 2(2)条所列的其他核心平台服务;

(b)扩大有利于某些企业用户或终端用户的义务,使其有利于其他企业用户或终端用户;

(c)明确“守门人”履行第 5 条和第 6 条项下义务的方式,以确保有效遵守这些义务;

(d)将仅适用于与核心平台服务一同提供或支持核心平台服务而提供的某些服务的义务,扩大到与核心平台服务一同提供或支持核心平台服务而提供的其他服务;

(e)将仅适用于某些类型数据的义务扩大到其他类型的数据;

(f)在一项义务对“守门人”的行为施加某些条件的情况下,进一步增加条件;或者

(g)将规制“守门人”几项核心平台服务之间关系的义务适用于“守门人”一项核心平台服务和其他服务之间的关系。

3. 委员会有权根据第 49 条制定授权法案，通过添加或删除不占用号码资源的人际通信服务的功能，以修改《数字市场法》第 7(2) 条中确定的基本功能列表。

这些授权法案应以根据第 19 条进行的市场调查为基础，市场调查会识别出及时更新这些义务的需要，以解决那些限制核心平台服务的可竞争性或不公平的做法，正如第 7 条规定的义务所针对的做法一样。

4. 委员会有权根据第 49 条制定授权法案，通过明确履行义务的方式，来补充《数字市场法》第 7 条中的义务，以确保有效遵守这些义务。这些授权法案应以根据第 19 条进行的市场调查为基础，市场调查会识别出及时更新这些义务的需要，以解决那些限制核心平台服务的可竞争性或不公平的做法，正如第 7 条规定的义务所针对的做法一样。

5. 在以下情形下，第 1 款、第 3 款和第 4 款所述的做法应被视为限制核心平台服务的可竞争性或不公平：

(a) 这种做法由“守门人”实施，能阻碍创新，限制企业用户和终端用户的选择，因为这种做法：

(i) 由于在数字领域建立或强化其他企业进入市场的壁垒，或作为核心平台服务或其他服务的提供商进行扩张，而持续影响数字领域核心平台服务或其他服务的可竞争性，或持续存在影响可竞争性的风险；或者

(ii) 防止其他经营者享有与“守门人”相同的访问关键投入的权限；或者

(b) 企业用户的权利和义务之间存在失衡，并且“守门人”从企业用户那里获得的优势与该“守门人”为这些企业用户提供的服务不成比例。

第 13 条　反规避(anti - circumvention)

1. 提供核心平台服务的企业不得通过合同、商业、技术或任何其他方式，对这些服务进行划分、分隔、细分、分割或拆分，以规避第 3(2) 条规定的定量标准。企业的此类行为不妨碍委员会根据第 3(4) 条的规定将其指定为“守门人”。

2. 委员会如果怀疑提供核心平台服务的企业实施了第 1 款规定的行为，可要求该企业提供委员会认为所必要的任何信息，以判断该企业是否实施了此类行为。

3. “守门人”应确保其完全且有效地履行了第 5 条、第 6 条和第 7 条规定的义务。

4. “守门人”不得从事任何削弱有效遵守第 5 条、第 6 条和第 7 条项下义务

的行为,无论该行为是否属于合同、商业、技术或任何其他性质,或是否涉及行为技术或界面设计的使用。

5. 如果《数字市场法》要求个人数据的收集、处理、交叉使用和共享需要征求同意,“守门人”应采取必要步骤,要么在欧盟第 2016/679 号条例或第 2002/58/EC 号指令要求取得同意的情况下,使企业用户能够直接获得其处理所需的同意;要么以其他方式遵守欧盟数据保护和隐私规则和原则,包括在适当情况下向企业用户提供适当匿名化的数据。“守门人”不应使企业用户获得同意所承受的负担,超过“守门人”自身服务获得同意所承受的负担。

6. 对于企业用户或终端用户行使第 5 条、第 6 条和第 7 条项下的权利,“守门人”不得降低其提供的任何核心平台服务的条件或质量,或给它们行使相关权利或选择造成不合理困难,包括以非中立的方式向终端用户提供选择,或通过结构、设计、功能或用户界面或部分的运营方式,破坏终端用户或企业用户的自主权、决策权或自由选择权。

7. 如果“守门人”以本条第 4 款、第 5 款和第 6 款所述的方式规避或试图规避第 5 条、第 6 条或第 7 条中的任何义务,委员会可以根据第 20 条启动程序,并通过第 8(2)条制定实施法案,以明确“守门人”需实施的措施。

8. 本条第 6 款不影响委员会在第 29 条、第 30 条和第 31 条项下所享有的权力。

第 14 条 经营者集中的告知义务(obligation to inform about concentrations)

1. 在合并实体或经营者集中标的在数字领域提供核心平台服务或任何其他服务,或能够收集数据的情况下,“守门人”应将符合欧盟理事会第 139/2004 号条例的经营者集中告知委员会,而不论根据上述条例规定需要通知委员会,也不论根据成员国合并规则需要通知成员国竞争执法部门。

“守门人”应在实施经营者集中之前,在达成协议、宣布公开招标或取得控股权益之后,将经营者集中告知委员会。

2. “守门人”根据第 1 款提供的信息至少应描述与经营者集中相关的企业、相关企业在欧盟和世界范围内的年营业额、活动领域(包括与经营者集中直接相关的活动)、协议的交易价值或估值,以及经营者集中的摘要(包括其性质、理由和与经营者集中相关的成员国名单)。

“守门人”提供的信息还应分别描述任何相关核心平台服务的欧盟年营业额、年活跃企业用户数量和月活跃终端用户数量。

3. 在实施本条第 1 款所述的任何经营者集中后，如果额外的核心平台服务单独达到了第 3(2)(b)条的标准，有关“守门人”应在实施集中后 2 个月内告知委员会，并向委员会提供第 3(2)条中提到的信息。

4. 委员会应将根据第 1 款收到的任何信息告知成员国主管当局，并每年公布“守门人”根据该款告知的收购名单。

委员会应考虑企业在保护其商业秘密方面的合法利益。

5. 成员国主管当局可以使用根据本条第 1 款收到的信息，请求委员会根据欧盟理事会第 139/2004 号条例第 22 条对经营者集中进行审查。

第 15 条 审计义务(obligation of an audit)

1. 在根据第 3 条被指定后 6 个月内，“守门人”应向委员会提交一份经过独立审计的描述，说明“守门人”在根据第 3(9)条指定决定中列出的核心平台服务上所使用的任何消费者画像技术。委员会应将这一审计过的描述传送给欧洲数据保护委员会。

2. 委员会可以制定第 46(1)(g)条所述的实施法案，确定审计的方法和程序。

3. “守门人”应公开第 1 款所述的经审计的描述概述。在公布时，“守门人”应有权考虑保护其商业秘密的需要。“守门人”应至少每年更新以上描述和概述。

第四章　市场调查(market investigation)

第 16 条 市场调查的开始(opening of a market investigation)

1. 当委员会打算进行市场调查，并可能根据第 17 条、第 18 条和第 19 条作出通过决定时，它应作出启动市场调查的决定。

2. 尽管有第 1 款的规定，委员会可以在根据该款开展市场调查之前行使《数字市场法》规定的调查权。

3. 第 1 款所述决定应具体说明：

(a)市场调查的开始日期；

(b)市场调查所涉及问题的描述；

(c)市场调查的目的。

4. 在以下情况下，委员会可能会重新启动已结束的市场调查：

(a)依据第 17 条、第 18 条或第 19 条作出的决定所依据的任何事实发生重

大变化;或者

(b)根据第17条、第18条或第19条作出的决定是基于不完整、不正确或具有误导性的信息。

5. 委员会可以要求一个或多个成员国主管部门协助其进行市场调查。

第17条 指定“守门人”的市场调查(market investigation for designating gatekeepers)

1. 委员会审查提供核心平台服务的企业是否应根据第3(8)条被指定为“守门人”,或根据第3条第9款指定决定中列出的核心平台服务,可以进行市场调查。委员会应努力在第16(3)(a)条所述之日起12个月内完成其市场调查,为完成市场调查,委员会应通过实施法案阐明其决定。该实施法案应根据第50(2)条制定。

2. 在根据本条第1款进行市场调查的过程中,委员会应努力在第16(3)(a)条提及的日期起6个月内将其初步调查结果告知给提供相关核心平台服务的企业。在初步调查结果中,委员会应解释在目前临时的基础上,是否适合依据第3(8)条将该企业指定为“守门人”,以及是否适合依据第3(9)条将相关核心平台服务列入。

3. 如果提供核心平台服务的企业满足第3(2)条规定的定量门槛,但根据第3(5)条提出了充分证实的论据,明显质疑第3(2)条的推定,则委员会应努力在第16(3)(a)条所述日期起5个月内完成市场调查。在这种情况下,委员会应努力在第16(3)(a)条所述日期后的3个月内将其根据本条第2款的初步调查结果告知相关企业。

4. 当委员会根据第3(8)条将提供核心平台服务的企业指定为“守门人”时,该企业尚未在其运营中享有稳固和持久的地位,但可以预见在不久的将来会享有这样的地位,它可以在指定决定中指定宣布仅适用于该“守门人”在第5(3)条至第5(6)条和第6(4)、(7)、(9)、(10)、(13)条中规定的一项或多项义务。委员会只应宣布适用那些适当和必要的义务,以防止有关的“守门人”以不公平的方式在其业务中取得稳固和持久的地位。委员会应根据第4条规定的程序审查此类指定。

第18条 系统性违规的市场调查(market investigation into systematic non-compliance)

1. 委员会可能会进行市场调查,以检查“守门人”是否存在系统性违规行为。委员会应在第16(3)(a)条所述日期起12个月内结束市场调查。当市场调查显示"守门人"系统性地违反了第5条、第6条或第7条规定的一项或多项义务,并根据第3(1)条规定的要求维持、加强或扩大了"守门人"地位,委员会可以通过一项实施法案,对此类"守门人"施加任何适当且必要的行为性或结构性救济措施,以确保有效遵守本法规。该实施法案应根据第50(2)条所述的咨询程序通过。

2. 根据本条第1款实施的救济措施可以包括,如果这种救济措施在维持或恢复受系统性违规行为影响的公平性和可争议性是相称和必要的,则在有限期间内可以禁止"守门人"进入欧盟理事会第139/2004号条例第3条所指的,涉及核心平台服务或数字部门提供的其他服务,或能够受系统性违法影响的数据收集行为的集中。

3. 如果委员会根据第29条,在鉴于可能会根据本条作出开启市场调查的决定之前的8年内,任何核心平台服务作出了至少三项违反第29条的决定,那么这一"守门人"可能被认为参与了第5条、第6条和第7条义务规定的系统性违规行为。

4. 委员会应在第16(3)(a)条提及的日期起6个月内将其初步调查结果传达给相关的"守门人"。委员会应在其初步调查结果中说明其是否满足本条第1款条件的初步考虑,以及初步认为必要和相称的救济措施。

5. 为使感兴趣的第三方能够有效地提供评论,委员会应在根据本条第4款将其初步调查结果传达给"守门人"的同时或在此后,尽快公布案件的非机密摘要和它正在考虑施加的救济措施。委员会应指定提供此类评论的合理时间范围。

6. 如果委员会打算根据本条第1款作出决定,使"守门人"根据第25条作出的承诺具有约束力,则应公布案件的非机密摘要和承诺的主要内容。感兴趣的第三方可以在委员会设定的合理时间范围内提交它们的意见。

7. 在市场调查过程中,委员会可以延长其期限,前提是这种延长有客观理由和适当的理由。延期可能适用于委员会必须发布其初步调查结果的截止日期,或适用于通过最终决定的截止日期。根据本款进行的任何延期或延期的总持续时间不得超过6个月。

8. 为确保"守门人"有效遵守第5条、第6条和第7条规定的义务,委员会应定期审查其根据本条第1款和第2款实施的救济措施。如果在新的市场调查后发现这些救济措施无效,委员会有权修改这些救济措施。

第 19 条 对新服务和新做法的市场调查(market investigation into new services and new practices)

1. 为了检查是否应将数字领域内的一项或多项服务添加到第 2(2)条规定的核心平台服务清单中,或为了发现本法规未有效解决的、限制核心平台服务的可竞争性做法或不公平做法,委员会可能会进行一项市场调查。在评估中,委员会应考虑根据《欧盟运行条约》第 101 条和第 102 条有关数字市场的程序的任何相关结果以及任何其他相关发展。

2. 委员会在根据本条第 1 款进行市场调查时,可以咨询第三方,包括被调查的数字领域内的企业用户和服务的终端用户,以及被调查的企业用户和终端用户。

3. 委员会应在第 16(3)(a)条所述日期起 18 个月内以报告的形式公布其调查结果。该报告应提交给欧洲议会和理事会,并在适当时附上:

(a)修订《数字市场法》的立法提案,以便将数字领域内的额外服务纳入第 2 条第 2 款规定的核心平台服务清单,或在第三章中纳入新义务;或者

(b)就第 5 条和第 6 条规定的义务补充《数字市场法》的授权法案草案,或根据第 12 条的规定,就第 7 条规定的义务修改或补充《数字市场法》的授权法案草案。

在适当的情况下,根据本款第二段第(a)项修改《数字市场法》的立法提案也可以提议从第 2 条第 2 款规定的核心平台服务清单中删除现有服务,或从第 5 条、第 6 条或第 7 条中删除现有义务。

第五章 调查、执法和监督的权力(investigative, enforcement and monitoring powers)

第 20 条 程序启动(opening of proceedings)

1. 如果委员会计划启动程序,以审查依据第 8 条、第 29 条和第 30 条规定的决定的适用,则应通过一项启动程序的决定。

2. 尽管有本条第 1 款的规定,委员会仍然可以在该款启动程序之前,行使《数字市场法》规定的调查权。

第 21 条 信息索取(requests for information)

1. 为履行《数字市场法》规定的职责,委员会可直接请求或作出决定,要求

企业和企业协会提供所有必要的信息。委员会还可以直接请求或作出决定，要求访问企业的数据和算法以及有关测试的信息，并要求对其进行解释。

2. 在向企业或企业协会发送简易信息请求时，委员会应说明请求的法律依据和目的，说明需要哪些信息并确定提供信息的时限，以及提供不完整、不正确或误导性信息或解释后可能适用的第 30 条规定的罚款。

3. 当委员会决定要求企业和企业协会提供信息时，应说明请求的法律依据和目的，明确需要哪些信息，并确定提供信息的时限。如果委员会要求企业提供有关测试的任何数据、算法和信息的访问权限，请求应说明请求的目的，并确定提供请求的时限。请求还应明示第 30 条规定的罚款，并明示或施加第 31 条所规定的定期惩罚性罚款。请求应进一步明示对方享有提请欧盟法院审查决定的权利。

4. 企业或企业协会或其代表，应代表有关企业或企业协会提供所要求的信息。获得正式授权的律师可以代表其客户提供信息。如果提供的信息不完整、不正确或具有误导性，后者应承担全部责任。

5. 应委员会的要求，成员国的主管机构应向委员会提供其掌握的所有必要信息，以履行《数字市场法》赋予委员会的职责。

第 22 条　进行访谈和记录陈述的权力（power to carry out interviews and take statements）

1. 为了履行《数字市场法》规定的职责，委员会可以与任何表示同意的自然人或法人访谈，以收集与调查主题有关的信息。委员会应有权通过任何技术手段记录此类访谈。

2. 如果根据本条第 1 款在企业场所进行访谈，委员会应通知正在执行第 1（6）条所述规则的成员国主管机构，将在其境内举行访谈。如果该机构提出请求，其官员可以协助委员会授权的官员和其他随行人员进行访谈。

第 23 条　进行检查的权力（powers to conduct inspections）

1. 为了履行《数字市场法》规定的职责，委员会可以对企业或企业协会进行所有必要的检查。

2. 委员会授权进行检查的官员和其他随行人员有权：

（a）进入企业和企业协会的任何处所、土地和运输工具；

（b）检查与业务相关的账簿和其他记录，无论它们存储在何种介质上；

（c）带走或获得此类账簿或记录任何形式的副本或摘录；

(d)要求企业或企业协会提供对其组织、运作、IT 系统、算法、数据处理和业务做法的访问权限及解释,并通过任何技术手段对其给出的解释进行记录或存档;

(e)在检查期间,在检查所必需的范围内,封存任何营业场所和账簿或记录;

(f)要求企业或企业协会的任何代表或工作人员就检查主题和目的相关的事实或文件进行解释,并通过任何技术手段来记录答复。

3. 为了进行检查,委员会可以请求委员会根据第 26(2)条任命的审计员或专家的协助,以及成员国国家主管机构的协助,以在进行检查的领土内执行第 1(6)条中所述规则。

4. 在检查期间,委员会及其指定的审计员或专家以及在其领土范围内执行第 1(6)条所述规则的成员国国家主管机构,可要求企业或企业协会提供对其组织、运作、IT 系统、算法、数据处理和业务行为的访问权限和解释。委员会及其任命的审计员或专家以及在其领土范围内执行第 1(6)条所述规则的成员国国家主管机构,可以向任何代表或工作人员提出问题。

5. 委员会授权进行检查的官员和其他随行人员应在出示书面授权后行使权力,该书面授权需明确检查主题和目的,以及在提供的业务相关账簿或记录不完整或对本条第 2 款和第 4 款项下提出的问题存在回答不正确或具有误导性的情况下适用的第 30 条项下的罚款。在检查前的适当时间,委员会应通知在其领土范围内执行第 1(6)条所述规则的成员国国家主管机构。

6. 企业或企业协会需要接受委员会作出的决定所命令的检查。该决定应明确检查的主题和目的,设置检查的开始日期,并说明第 30 条和第 31 条所分别规定的罚款和定期惩罚性罚款,以及可提请欧盟法院审查委员会决定的权利。

7. 将在其领土内进行检查、执行第 1(6)条所述规则的成员国国家主管机构的官员及其授权或任命的人员,经成员国国家主管机构或委员会的请求,应积极协助委员会授权的官员和其他随行人员。为此,他们应行使本条第 2 款和第 4 款规定的权力。

8. 如果委员会授权的官员和其他随行人员发现企业或企业协会反对根据本条款的命令所进行的检查,有关成员国应为他们提供必要协助,在适当情况下请求警方或同等执法机构的协助,以使他们能够开展检查。

9. 如果本条第 8 款规定的协助根据成员国规则需要取得司法机构授权,委员会或执行第1(6)条所述规则的成员国国家主管机构或这些机构授权的官员应提出申请。这一授权同样适用于预防措施的申请。

10. 在申请本条第9款规定的授权的情况下,成员国司法机构应核实委员会决定的真实性;拟采取的强制措施相较于检查主题和目的而言,既不任意,也不过度。在控制强制措施合乎比例原理时,成员国司法机构可以直接要求或通过成员国国家主管机构[指执行第1(6)条所述的规则的成员国机构]要求委员会提供详细解释,尤其是委员会认为存在涉嫌违反《数字市场法》的理由,以及涉嫌侵权行为的严重程度和有关企业参与的性质。但是,成员国司法机构不得质疑检查的必要性,也不得要求向其提供委员会档案中的信息。委员会决定的合法性仅接受欧盟法院的审查。

第24条 临时措施(interim measures)

在紧急情况下,由于可能对"守门人"的企业用户或终端用户造成严重和不可挽回的损害的风险,委员会可以在初步认定违反第5条、第6条和第7条的基础上制定实施法案,命令对"守门人"采取临时措施。同时,只有在根据第29(1)条认定可能存在违规且启动程序的情况下,才应制定实施法案。这一法案仅适用于明确的时间期限,在必要且适当情况下可进行更新。上述实施法案应按照第50(2)条所述的咨询程序予以制定。

第25条 承诺(commitments)

1. 如果在第18条规定的程序中,有关"守门人"对相关核心平台服务作出承诺,以确保会遵守第5条、第6条和第7条项下的义务,则委员会可以制定实施法案,使这些承诺对该"守门人"产生约束力,并宣布没有进一步采取行动的理由。这一实施法案应按照第50(2)条所述的咨询程序予以制定。

2. 在下列情况下,委员会可经请求或自行决定重新启动相关程序:

(a)决定所依据的事实发生重大变化;

(b)有关"守门人"的行为违背其承诺;

(c)该决定是基于当事人提供的不完整、不正确或误导性信息;

(d)承诺是无效的。

3. 如果委员会认为相关"守门人"提交的承诺不能确保其有效遵守第5条、第6条和第7条规定的义务,则应在相关程序的终止决定中解释这些承诺不产生约束力的原因。

第26条 义务和措施的监督(monitoring of obligations and measures)

1. 委员会应采取必要行动来监督第5条、第6条和第7条规定的义务以及根据第8条、第18条、第24条、第25条和第29条作出的决定的有效实施和遵守情况。这些行动可包括向"守门人"施加保留与评估这些义务和决定的实施和遵守情况相关的所有文件的义务。

2. 根据第1款采取的行动可包括任命独立的外部专家和审计员,以及任命成员国国家主管机构的官员,以协助委员会监督义务和措施的实施,并为委员会提供具体专业技能或知识。

第27条 第三方提供的信息(information by third parties)

1. 任何第三方[包括根据第3(9)条作出的"守门人"指定决定中所列核心平台服务的企业用户、竞争对手或终端用户及其代表]都可以将"守门人"落入《数字市场法》适用范围内的任何做法或行为,告知执行第1(6)条所述规则的成员国国家主管机构,或直接告知委员会。

2. 执行第1(6)条所述规则的成员国国家主管机构和委员会对适当措施享有完全的自由裁量权,没有义务对收到的信息进行后续跟踪。

3. 如果执行第1(6)条所述规则的成员国国家主管机构根据本条第1款收到的信息,确定可能存在不遵守《数字市场法》的问题,成员国国家主管机构应将该信息移交给委员会。

第28条 合规职能(compliance function)

1. "守门人"应引入合规职能,该职能独立于"守门人"的业务职能,由一名或多名合规人员组成,包括合规职能负责人。

2. "守门人"应确保第1款所述的合规职能部门有足够的授权、地位和资源,以及触达"守门人"管理机构的通道,以监督"守门人"遵守《数字市场法》的情况。

3. "守门人"的管理机构应确保根据第1款任命的合规人员具有完成第5款所述任务所需的专业资格、知识、经验和能力。

"守门人"的管理机构也应确保合规职能负责人是独立的高级管理人员,专门负责合规职能。

4. 合规职能负责人应直接向"守门人"的管理机构汇报,在出现不遵守《数字市场法》的风险时,可向管理机构提出担忧并警示,这不影响管理机构承担其监督和管理职能的责任。

未经“守门人”管理机构事先批准,不得免除合规职能负责人。

5.“守门人”根据第1款任命的合规人员应承担以下任务:

(a)组织、监督和指导“守门人”为遵守《数字市场法》所采取的措施和活动;

(b)向“守门人”的管理层和员工告知对《数字市场法》的遵守情况,并提出建议;

(c)如适用,监督根据第25条作出的具有约束力的承诺的遵守情况,这不妨碍委员会根据第26(2)条任命独立的外部专家;

(d)为《数字市场法》的目的与委员会合作。

6.“守门人”应向委员会传递其合规职能负责人的姓名和联系方式。

7.“守门人”的管理机构应界定、监督和负责执行“守门人”为确保合规职能独立性而制定的治理安排,包括“守门人”组织架构中的责任划分、防止利益冲突。

8.管理机构应批准和定期审查(至少每年一次)为遵守、管理和监督《数字市场法》的合规而制定的战略和政策。

9.管理机构应投入足够的时间来管理和监督《数字市场法》的遵守情况。管理机构应积极参与与《数字市场法》的管理和执行有关的决策,确保足够的资源配置。

第29条 违规(non-compliance)

1.在委员会认定“守门人”没有遵守以下一项或多项规定时,应制定实施方案,说明其认定违规的结果(“违规决定”):

(a)第5条、第6条和第7条项下的任何义务;

(b)委员会根据第8(2)条作出的决定中明确的措施;

(c)根据第18(1)条施加的救济措施;

(d)根据第24条命令采取的临时措施;或

(e)根据第25条作出的具有法律约束力的承诺。

该实施法案应依据第50(2)条所述咨询程序予以通过。

2.委员会应努力在根据第20条启动的程序后12个月内作出违规决定。

3.在作出违规决定之前,委员会应将其初步调查结果传达给有关“守门人”。在这些初步调查结果中,委员会应解释其正考虑采取的措施,或其认为“守门人”为有效回应初步调查结果所应采取的措施。

4.在打算作出一项违规决定时,委员会可咨询第三方。

5.在违规决定中,委员会应命令“守门人”在适当期限内停止(cease)和终止

(desist)违规行为，并就其计划如何遵守决定作出解释。

6. “守门人”应向委员会提供其为确保遵守违规决定所采取的措施说明。

7. 如果委员会决定不通过违规决定，它应作出决定，终止程序。

第 30 条 罚款(fines)

1. 在违规决定中，如果委员会发现“守门人”故意不遵守或疏于遵守下述规定，可对其处以不超过上一财政年度全球总营业额 10% 的罚款：

(a)第 5 条、第 6 条和第 7 条规定的任何义务；

(b)委员会根据第 8(2)条通过的决定中规定的措施；

(c)根据第 18(1)条规定的补救措施；

(d)根据第 24 条命令采取的临时措施；或

(e)根据第 25 条作出的具有法律约束力的承诺。

2. 尽管有本条第 1 款的规定，如果近 8 年内“守门人”提供的核心平台服务曾被认定不合规，且委员会认定“守门人”就同一核心平台服务存在再次违反《数字市场法》第 5 条、第 6 条和第 7 条的情况，欧盟委员会可在违规决定中对“守门人”处以不超过“守门人”上一个财年全球总营业额 20% 的罚款。

3. 委员会可以通过一项决定，对故意不遵守或疏于遵守下述规定的企业(包括“守门人”，如适用)以及企业协会，处以不超过其上一财政年度全球总营业额 1% 的罚款：

(a)未能在规定时限内提供根据第 3 条评估其被指定为“守门人”所需的信息，或提供不正确、不完整或误导性的信息；

(b)未履行第 3(3)条规定的通知委员会的义务；

(c)未能根据第 14 条的要求提供信息或提供不正确、不完整或误导性的信息；

(d)未能根据第 15 条的要求提交说明或提供不正确、不完整或误导性的信息；

(e)未能根据第 21(3)条提出的要求提供有关测试的数据、算法或信息；

(f)未能按照第 21(3)条规定时限内提供所要求的信息，或在根据第 21 条作出解释或第 22 条接受面谈时提供不正确、不完整或误导性的信息；

(g)未能按照第 23 条，在委员会规定时限内纠正代表或工作人员提供的不正确、不完整或误导性的信息，或未能或拒绝提供与检查主题和目的有关的完整信息；

(h)拒绝接受根据第23条进行的检查;

(i)未能遵守委员会根据第26条规定的义务;

(j)未按照第28条的规定引入合规职能;或

(k)未能遵守第34(4)条规定的查阅委员会档案的要求。

4. 在确定罚款数额时,委员会应考虑其严重性、持续时间、重复性,对于根据第3款规定的罚款,还应考虑对执法程序造成的延误。

5. 如果基于企业协会的全球营业额而对其处以罚款,并且该协会没有偿付能力,它将有义务要求其成员众筹以支付罚款金额。

如果企业在委员会规定期限内没有向企业协会支付,委员会可以要求其代表是该协会有关决策机构成员的任何企业直接支付罚款。

在根据本款第2段要求付款后,委员会可在必要时要求企业协会的任何成员支付余额,以确保全额支付罚款。但是,如果企业表明没有执行违反《数字市场法》的企业协会的决定,并且在委员会根据第20条启动程序之前不知道该协会的存在,或者已经积极地与之保持距离,则委员会不得要求该企业按照本款第2段或第3段付款。

每个企业在支付罚款方面的财务责任不应超过其上一个财政年度全球总营业额的20%。

第31条 定期惩罚性罚款(periodic penalty payments)

1. 委员会可以通过一项决定,向企业(包括"守门人",如适用)和企业协会施加不超过上一财政年度每日平均全球营业额5%的定期惩罚性罚款,从该决定规定的日期开始计算,以强制它们:

(a)遵守委员会根据第8(2)条通过的决定中规定的措施;

(b)根据第18(1)条遵守该决定;

(c)在根据第21条决定提出的信息请求所要求的时限内,提供正确和完整的信息;

(d)确保根据第21(3)条提出的要求获得有关测试的数据、算法和信息,并根据第21条的决定要求提供有关解释;

(e)接受根据第23条作出的决定所命令的检查;

(f)遵守根据第24条作出的命令采取临时措施的决定;

(g)遵守根据第25(1)条作出的决定所具有的法律约束力的承诺;

(h)遵守第29(1)条规定的决定。

2. 如果企业或企业协会已经履行了执行定期惩罚性罚款所对应的义务，委员会可以通过一项执行文书，将定期惩罚性罚款的最终数额确定为低于原决定的数额。该执行文书应根据第50(2)条所述的咨询程序通过。

第32条 施加罚款的时效期(limitation periods for the imposition of penalties)

1. 第30条和第31条赋予委员会的权力应受5年时效期的限制。

2. 时间应从侵权行为发生之日起开始计算。但是，如果是持续或重复的侵权行为，时间应从侵权行为停止的那一日开始计算。

3. 委员会为市场调查的目的或为侵权行为执法所采取的任何行动，都应中断判处罚款或定期惩罚性罚款的时效期限。时效期的中断应从该行动被通知到至少一个参与侵权的企业或企业协会之日起生效。中断时效的行动应特别包括以下内容：

(a)委员会要求提供的信息；

(b)委员会向其高管发出的进行检查的书面授权；

(c)委员会根据第20条的规定启动程序。

4. 每次中断都应重新开始计时。但是，时效期最迟应在相当于时效期两倍的时间过后，委员会仍未对其处以罚款或定期惩罚性罚款之日结束。该期限应在根据第5款中止时效的时间内延长。

5. 只要委员会的决定正在法院审理中，就应暂停实施罚款或定期惩罚性罚款的时效期限。

第33条 执行罚款的时效期(limitation periods for the enforcement of penalties)

1. 委员会执行根据第30条和第31条作出的决定的权力，应受5年时效的限制。

2. 时间应从该决定成为最终决定之日开始计算。

3. 符合下列情形之一的，罚款执行的时效期应中断：

(a)以决定形式通知，改变原来的罚款或定期惩罚性罚款的数额，或拒绝变更申请；或

(b)由委员会或应委员会要求行事的成员国的任何行动，旨在强制支付罚款或定期惩罚性罚款。

4. 每次中断都应重新开始计时。

5. 在下列情况下,执行罚款的时效期应暂停:

(a)宽限支付时间;或

(b)根据法院的决定或国家法院的决定,暂停执行付款。

第 34 条 发表意见和查阅档案的权利(right to be heard and access to the file)

1. 在根据第 8 条、第 9(1)条、第 10(1)条、第 17 条、第 18 条、第 24 条、第 25 条、第 29 条和第 30 条以及第 31(2)条通过决定时,委员会应给予有关“守门人”或企业或企业协会就以下问题进行陈述的机会:

(a)委员会的初步调查结果,包括委员会提出异议的任何事项;以及

(b)委员会根据(a)的初步调查结果,可能打算采取的措施。

2.“守门人”、企业和有关企业的协会可以在委员会在其初步结论中规定的时限内,就委员会的初步结论向委员会提出意见,该时限不得少于 14 天。

3. 委员会的决定应仅以初步调查结果为基础,包括委员会提出反对意见的任何事项,有关的“守门人”、企业和企业协会能够对此提出意见。

4. 在任何法律程序中,有关的“守门人”、企业或企业协会的辩护权利应得到充分尊重。“守门人”、企业或有关企业协会应有权根据披露条件查阅委员会的档案,但须符合企业保护其商业秘密的合法利益。在双方有分歧的情况下,委员会可以通过决定规定这些披露条件。查阅委员会档案的权利不应扩展到委员会或成员国主管机构的机密信息和内部文件。特别是,查阅权不应扩展到委员会与成员国主管机构之间的通信。本款规定不应妨碍委员会披露和使用证明侵权行为的必要信息。

第 35 条 年度报告(annual reporting)

1. 委员会应向欧洲议会和理事会提交一份年度报告,说明《数字市场法》的执行情况以及在实现其目标方面取得的进展。

2. 第 1 款所指的报告应包括:

(a)委员会的活动摘要,包括任何已通过的措施或决定以及正在进行的与《数字市场法》有关的市场调查;

(b)对“守门人”履行《数字市场法》规定的义务进行监测的结果;

(c)对第 15 条中提到的经审计的说明进行的评估;

(d)概述委员会与成员国机构在《数字市场法》方面的合作情况;

(e)概述数字监管机构高级别小组的活动和任务,包括如何实施其关于执

行《数字市场法》的建议。

3. 委员会应在其网站上公布该报告。

第 36 条 职业保密(professional secrecy)

1. 根据《数字市场法》收集的信息应服务于《数字市场法》的目的。

2. 根据第 14 条收集的信息应服务于《数字市场法》、欧盟理事会第 139/2004 号条例和成员国合并规则的目的。

3. 根据第 15 条收集的信息应服务于《数字市场法》和欧盟理事会第 2016/679 号条例的目的。

4. 在不影响根据第 38 条、第 39 条、第 41 条和第 43 条提供的信息交流和使用的情况下,委员会、成员国主管机构及其高官和公务员,包括在其监督下工作的其他人员以及任何自然人或法人,包括根据第 26(2)条任命的审计员和专家,不得披露它们根据《数字市场法》获得或交流的、属于职业保密义务的信息。

第 37 条 与成员国机构的合作(cooperation with national authorities)

1. 委员会和成员国应密切合作,协调其执法行动,以确保适用于《数字市场法》意义上的"守门人"的现有法律文书得到一致、有效和互补的执行。

2. 委员会可酌情就与《数字市场法》的适用有关的任何事项,咨询成员国机构。

第 38 条 与执行竞争规则的(成员国)国家主管机构的合作和协调(cooperation and coordination with national competent authorities enforcing competition rules)

1. 委员会和执行第 1(6)条所述规则的成员国国家主管机构应相互合作,并通过欧洲竞争网络(ECN)相互通报各自的执法行动。它们应有权相互提供有关事实或法律问题的任何信息,包括机密信息。如果主管机构不是 ECN 的成员,委员会应作出必要的安排,就有关《数字市场法》的执行和成员国机构关于第 1(6)条中提到的案件的执行进行合作和信息交流。委员会可在第 46(1)(l)条所述的执行文书中规定这种安排。

2. 如果执行第 1(6)条所述规则的成员国国家主管机构打算根据第 1(6)条所述的成员国法律对"守门人"展开调查,它应在开始采取第一次正式调查措施之前或之后立即书面通知委员会。这一信息也可提供给其他执行第 1(6)条所述规则的成员国主管机构。

3. 如果执行第 1(6)条所述规则的成员国国家主管机构打算根据第 1(6)条

所述的成员国法律对“守门人”施加义务，它应在不晚于采取措施前 30 天向委员会通报措施草案，说明采取该措施的理由。在临时措施的情况下，执行第 1(6)条所述规则的成员国国家主管机构应尽快向委员会通报所设想的措施草案，最迟应在此类措施通过后立即通报。这一信息也可提供给其他执行第 1(6)条所述规则的成员国主管机构。

4. 本条第 2 款和第 3 款规定的信息机制不应适用于根据成员国合并规则拟作出的决定。

5. 根据本条第 1 ~ 3 款交换的信息，只能为协调《数字市场法》和执行第 1(6)条所述规则而交换和使用。

6. 委员会可要求执行第 1(6)条所述规则的成员国国家主管机构，支持其根据《数字市场法》进行的任何市场调查。

7. 执行第 1(6)条所述规则的成员国国家主管机构，如果根据其成员国法律取得有关权限和调查权的，可主动对其境内可能不遵守《数字市场法》第 5 条、第 6 条和第 7 条的案件进行调查。在采取第一次正式调查措施之前，该当局应以书面形式通知委员会。

委员会根据第 20 条启动程序后，执行第 1(6)条所述规则的成员国国家主管机构可以不开展调查或结束已经进行的调查。成员国主管机构应向委员会报告调查结果，以支持委员会执行《数字市场法》，委员会是《数字市场法》的唯一执行者。

第 39 条　与成员国法院的合作（cooperation with national courts）

1. 在适用《数字市场法》的诉讼中，成员国法院可要求委员会向其转交其掌握的信息或其对《数字市场法》适用问题的意见。

2. 成员国应向委员会转交成员国法院就《数字市场法》的适用问题作出的任何书面判决的副本。这种副本应在书面判决全文通知各方当事人后立即转交。

3. 为了《数字市场法》适用的一致性，委员会可主动向成员国法院提交书面意见。经有关法院同意，也可以提交口头意见。

4. 为准备其意见，委员会可要求有关成员国法院向委员会转交或确保转交评估案件所需的任何文件。

5. 成员国法院不得作出与委员会根据《数字市场法》通过的决定相抵触的裁决，也应避免作出与委员会在其根据《数字市场法》启动的程序中所考虑的决定相冲突的裁决。为此,成员国法院可以评估是否有必要中止其程序。这并不影响成员国法院根据《欧盟运行条约》第267条要求作出初步裁决的可能性。

第40条 高级别小组(the high – level group)

1. 委员会应建立一个《数字市场法》的高级别小组("高级别小组")。

2. 高级别小组应由以下欧洲机构和网络组成:

(a)欧洲电子通信监管机构的机构;

(b)欧洲数据保护监督员和欧洲数据保护委员会;

(c)欧洲竞争网络;

(d)消费者保护合作网络;以及

(e)欧洲视听媒体监管机构的监管小组。

3. 第2款中提到的欧洲机构和网络在高级别小组中应有相同人数的代表。高级别小组成员的人数最多不得超过30人。

4. 欧盟委员会应向高级别小组提供秘书处服务,以促进其工作。高级别小组由委员会主持,委员会应参加其会议。高级别小组应根据委员会的要求,每个日历年至少举行一次会议。委员会也应在组成小组的大多数成员提出要求时召开小组会议,以解决某一具体问题。

5. 高级别小组可向委员会提供属于其成员权限范围内的咨询意见和专门知识,包括:

(a)在其专长范围内,就任何与实施或执行《数字市场法》有关的一般事项提出意见和建议;或

(b)对不同的监管文书提供能够促进监管手段的一致性的建议和专门知识。

6. 高级别小组尤其可以确定和评估《数字市场法》与构成第2款所述欧洲机构和网络的成员国所适用的具体部门规则之间现存和潜在的相互作用,并向委员会提交一份年度报告,陈述这种评估并确定潜在的跨监管问题。该报告可附带一些建议,目的是使《数字市场法》的实施与其他部门的条例之间达成一致的跨学科路径和协同效果。该报告应传达给欧洲议会和理事会。

7. 在对新的服务和实践进行市场调查时,高级别小组可向委员会提供有关修改、增加或删除《数字市场法》规则的专门知识,以确保欧盟的数字市场是可竞争和公平的。

第 41 条 请求进行市场调查（request for a market investigation）

1. 三个及以上的成员国可以请求委员会根据第 17 条进行市场调查，如果其有合理的理由怀疑一个企业应该被认定为“守门人”。

2. 一个及以上的成员国可以请求委员会根据第 18 条进行市场调查，如果其有合理的理由怀疑一个“守门人”系统性地违反了第 5 条、第 6 条和第 7 条规定的一项或多项义务，并维持、加强或扩大了其在第 3(1) 条要求下的“守门人”地位。

3. 三个及以上的成员国可以请求委员会根据第 19 条进行市场调查，如果其有合理的理由怀疑：

(a) 数字领域的一项或多项服务应被列入第 2(2) 条规定的核心平台服务清单；或

(b) 一种或多种行为未能在《数字市场法》下得到有效处理，并可能限制核心平台服务的可竞争性或导致不公平。

4. 成员国应提交证据以支持其根据第 1 款、第 2 款和第 3 款提出的请求。对于根据第 3 款提出的请求，这些证据可包括有关新推出的产品、服务、软件或功能的信息，而这些产品、服务、软件或功能会对竞争性或公平性产生威胁，无论是否在现有核心平台服务范围内实施。

5. 在收到根据本条提出的请求的 4 个月内，委员会应审查是否有合理的理由根据第 1 款、第 2 款或第 3 款展开市场调查。委员会应公布其评估结果。

第 42 条 代表诉讼（representative actions）

欧盟第 2020/1828 号指令应适用于针对“守门人”违反《数字市场法》中损害或可能损害消费者集体利益的规定而提起的代表诉讼。

第 43 条 违规行为的举报以及对举报人的保护（reporting of breaches and protection of reporting persons）

欧盟第 2019/1937 号指令应适用于举报所有违反《数字市场法》的行为，并保护举报此类违反行为的人。

第六章 最终条款(final provisions)

第 44 条 决定的公布（publication of decisions）

1. 委员会应公布其根据第 3 条、第 4 条、第 8(2) 条、第 9 条、第 10 条、第16～20 条、第 24 条、第 25(1) 条、第 29～31 条作出的决定。公布应说明各方的名称和决定的主要内容,包括所施加的任何惩罚。

2. 公布应考虑到“守门人”或第三方在保护其机密信息方面的合法利益。

第 45 条 法院的审查(review by the court of justice)

根据《欧盟运行条约》第 261 条,欧盟法院在审查委员会施加的罚款或定期惩罚性罚款决定方面享有不受限制的管辖权。它可以取消、减少或增加其施加的罚款或定期惩罚性罚款。

第 46 条 条款的实施(implementing provisions)

1. 委员会可制定实施法案,对下列事项的适用作出详细安排:

(a)根据第 3 条发出的通知和提交材料的形式、内容和其他细节;

(b)为确保遵守第 5 条、第 6 条或第 7 条,“守门人”应实施的技术措施的形式、内容和其他细节;

(c)根据第 7 条,为实现不占用号码资源的人际通信服务的互操作性而作出的操作和技术安排;

(d)根据第 8(3)条提出的合理要求的形式、内容和其他细节;

(e)根据第 9 条和第 10 条提出的合理要求的形式、内容和其他细节;

(f)根据第 11 条提交的监管报告的形式、内容和其他细节;

(g)对第 15(1)条规定的消费者用户画像分析所使用的技术进行审计的方法和程序,在为此目的制定实施细则法案草案时,委员会应咨询欧洲数据保护监督专员,并可咨询欧洲数据保护委员会、民间团体和其他相关专家;

(h)根据第 14 条和第 15 条提交的通知和材料的形式、内容和其他细节;

(i)根据第 17 条、第 18 条和第 19 条进行的市场调查的程序以及根据第 24 条、第 25 条和第 29 条进行的程序的实际安排;

(j)行使第 34 条所规定的陈述案情的权利的实际安排;

(k)第 34 条规定的关于披露条款的实际安排;

(l)第 37 条和第 38 条规定的委员会与成员国机构之间合作与协调的实际安排;和

(m)计算和延长最后期限的实际安排。

2. 本条第 1(a)~(k)、(m)款中提到的实施细则法案应按照第 50(2)条中的咨询程序通过。本条第 1(l)款提及的实施细则法案应根据第 50(3)条提及的审查程序通过。

3. 在根据第 1 款通过任何实施细则法案之前,委员会应公布草案,并邀请所有利益相关方在一定期限内提交意见，该期限不得少于1个月。

第47条 准则（guidelines）

委员会可就《数字市场法》的任何方面制定准则，以促进其有效实施和执行。

第48条 标准化（standardisation）

在适当和必要的情况下，委员会可以授权欧洲标准化机构通过制定适当的标准来促进《数字市场法》所规定的义务的实施。

第49条 授权的行使（exercise of the delegation）

1. 通过授权行为的权力被授予委员会，但须满足本条规定的条件。

2. 第3(6)条和第3(7)条以及第12(1)条、第12(3)条和第12(4)条中规定的制定授权法案的权力应授予委员会，期限为2022年11月1日起5年。委员会应在5年期结束前的9个月内起草一份关于授权的报告。授权应默认延长相同的期限，除非欧洲议会或理事会在每5年期结束前3个月内反对延长。

3. 第3(6)条和第3(7)条以及第12(1)条、第12(3)条和第12(4)条中规定的授权可在任何时候由欧洲议会或理事会撤销。撤销的决定应终止该决定中规定的授权。该决定在《欧洲联盟官方公报》上公布的次日或其中规定的稍后日期生效，不应影响任何已经生效的授权法案的有效性。

4. 在制定授权法案之前，委员会应根据2016年4月13日《关于更好地制定法律的机构间协议》中规定的原则，咨询每个成员国指定的专家。

5. 一旦通过授权法案，委员会应同时向欧洲议会和理事会通报。

6. 根据第3(6)条和第3(7)条以及第12(1)条、第12(3)条和第12(4)条通过的授权法案，只有在欧洲议会或理事会收到该法案通知后的两个月内没有表示反对，或者在该期限届满前欧洲议会和理事会都通知委员会不予反对的情况下才能生效。该期限应根据欧洲议会或理事会的倡议延长两个月。

第50条 专门委员会程序（committee procedure）

1. 委员会应得到一个专门委员会（“数字市场咨询委员会”）的协助。该专门委员会应是欧盟第182/2011号条例意义上的委员会。

2. 凡提及本款，应适用欧盟第182/2011号条例第4条。如果专门委员会的意见是通过书面程序获得的，那么在提出意见的时限内，如果专门委员会的主席决定或简单多数成员有要求，则该程序应终止而无结果。

3. 在提及本款时，应适用欧盟第182/2011号条例第5条。

4. 委员会应将专门委员会的意见与个案决定一起传达给该决定的收件人。在考虑到保护职业秘密的合法利益的情况下,委员会应将该意见与个案决定一起公布。

第 51 条 对欧盟第 2019/1937 号指令的修正［amendment to directive (EU) 2019/1937］

在欧盟第 2019/1937 号指令附件第一部分(J),增加以下内容:

“(iv)《2022 年 9 月 14 日欧洲议会和欧盟理事会在数字领域建立可竞争和公平的市场并修订欧盟第 2019/1937 号和第 2020/1828 号指令的第 2022/1925 号条例》(《数字市场法》)(OJ L 265, 21.9.2022, p.1)。”

第 52 条 对欧盟第 2020/1828 号指令的修正［amendment to directive (EU) 2020/1828］

在欧盟第 2020/1828 号指令的附件一中,增加以下内容:

“(67)《2022 年 9 月 14 日欧洲议会和欧盟理事会在数字领域建立可竞争和公平的市场并修订欧盟第 2019/1937 号和第 2020/1828 号指令的第 2022/1925 号条例》(《数字市场法》)(OJ L 265, 21.9.2022, p.1)。”

第 53 条 审查(review)

1. 在 2026 年 5 月 3 日之前,随后每 3 年,委员会应评估《数字市场法》并向欧洲议会、欧盟理事会和欧洲经济和社会委员会报告。

2. 评估应考核《数字市场法》确保可竞争和公平市场的目标是否已经实现,并考核《数字市场法》对企业用户,特别是中小企业和终端用户的影响。此外,委员会应评估第 7 条的范围是否可以扩大到在线社交网络服务。

3. 评估应确定规则是否需要修改,包括第 2(2)条规定的核心平台服务清单、第 5 条、第 6 条和第 7 条规定的义务及其执行,以确保欧盟的数字市场是可竞争的和公平的。在评估之后,委员会应采取适当的措施,其中可能包括立法建议。

4. 成员国的主管机构在其掌握范围内,应提供委员会为起草第 1 款所规定的报告而可能需要的任何相关信息。

第 54 条 生效和适用(entry into force and application)

《数字市场法》应于其在《欧洲联盟官方公报》上公布后的第 20 天生效。

《数字市场法》应从 2023 年 5 月 2 日开始适用。

然而,第 3(6)条和第 3(7)条以及第 40 条、第 46 ~ 50 条应从 2022 年 11 月 1

日开始适用，第 42 条和第 43 条应从 2023 年 6 月 25 日开始适用。

然而，如果 2023 年 6 月 25 日的日期早于本条第 2 款所述的适用日期，则第 42 条和第 43 条的适用应推迟到本条第 2 款所述的适用日期。

《数字市场法》的全部内容具有约束力，并直接适用于所有成员国。

完成于斯特拉斯堡，2022 年 9 月 14 日

欧洲议会主席　　　　欧盟理事会主席

R. METSOLA　　　　M. BEK

附录（Annex）

A. “一般”（General）

1. 本附录旨在规定用于确定和计算第 2(2) 条所列各项核心平台服务的“活跃终端用户”和“活跃企业用户”的方法。它提供了一个参考，使企业能够评估其核心平台服务是否符合第 3(2)(b) 条规定的定量标准，从而被推定为符合第 3(1)(b) 条的要求。因此，这种参考将同样与第 3(8) 条规定的任何更广泛的评估有关。企业有责任根据本附录规定的共同原则和具体方法得出尽可能好的近似值。本附录不排除委员会在《数字市场法》相关条款规定的时限内，要求提供核心平台服务的企业提供任何必要的信息，以确定和计算“活跃终端用户”和“活跃企业用户”。本附录中的任何内容都不应构成追踪用户的法律依据。本附录所载的方法也不影响《数字市场法》规定的任何义务，特别是第 3(3) 条和第 3(8) 条以及第 13(3) 条。特别是，遵守第 13(3) 条的要求也意味着根据提供核心平台服务的企业在相关时间点所拥有的实际识别和计算能力，以精确的测量值或最佳的近似值来识别和计算“活跃终端用户”和“活跃企业用户”。这些测量值或现有的最佳近似值应与第 15 条下报告的测量值一致，并包括这些测量值。

2. 第 2(20) 条和第 2(21) 条规定了“终端用户”和“企业用户”的定义，这是适用于所有核心平台服务的共同定义。

3. 为了确定和计算“活跃终端用户”和“活跃企业用户”的数量，本附录使用了“独特用户”的概念。“独特用户”的概念包括“活跃终端用户”和“活跃企业用户”，在相关核心平台服务过程中，在特定时间段内（“活跃终端用户”对应一月，“活跃企业用户”对应一年），无论它们与相关核心平台服务有多少次接触，都只计算一次。这并不妨碍同一自然人或法人可以同时构成不同核心平台服务

的“活跃终端用户”或“活跃企业用户”。

B.“活跃终端用户”(Active end users)

1. 关于“活跃终端用户”的“独特用户”数量,应根据提供任何核心平台服务的企业所报告的最准确的衡量标准来确定,具体而言:

a. 一般认为,从注册或登录环境中收集核心平台服务的使用数据,表面上看重复的风险最低,如与跨设备或平台的用户行为有关的数据。因此,如果存在此类数据,企业应提交分别基于注册或登录环境的每项核心平台服务的独特终端用户数量的汇总匿名数据。

b. 如果核心平台服务也被签到或登录环境之外的终端用户访问,则承诺方应额外提交关于各核心平台服务的独特终端用户数量的汇总匿名数据,该数据应基于一个替代指标,同时捕获签到或登录环境之外的终端用户,如互联网协议地址、cookie 标识符或其他标识符,如射频识别标签,前提是这些地址或标识符对于核心平台服务条款是客观上必要的。

2.“月活跃终端用户”的数量是基于整个财政年度的最大部分的月活跃终端用户的平均数量。“财政年度的最大部分”这一概念旨在允许提供核心平台服务的企业在某一特定年度扣除异常数字。异常数字本质上是指明显超出正常和可预见范围的数字。在财政年度的某一个月内发生的用户参与度的意外峰值或下降,就可能构成这种异常数字。与每年重复发生的事件有关的数字,如年度促销活动,则不属于异常数字。

C.“活跃企业用户”(Active business users)

与“活跃企业用户”有关的“独特用户”的数量将在可适用情况下在账户层面确定,与使用企业提供的某个核心平台服务有关的每个独特企业账户构成该核心平台服务的一个独特企业用户。如果“企业账户”的概念不适用于特定的核心平台服务,提供核心平台服务的相关企业应参照其他相关企业确定独特企业用户的数量。

D.“资料的提交”(Submission of information)

1. 企业根据第3(3)条向委员会提交有关每项核心平台服务的活跃终端用户和活跃企业用户数量的信息的,应确保该信息的完整性和准确性。在此方面:

a. 企业应提交各核心平台服务的数据,以避免少算或多算活跃终端用户和活跃企业用户的数量(例如,用户通过不同平台或设备访问核心平台服务)。

b. 企业应提供准确和简洁的解释,说明得出信息所使用的方法,并说明各核心平台服务的活跃终端用户和活跃企业用户数量存在的任何少计或多计风险,以及为解决该风险所采取的解决方案。

c. 当委员会对提供核心平台服务的企业所提供的数据的准确性有疑虑时,企业应提供基于替代指标的数据。

2. 为了计算"活跃终端用户"和"活跃企业用户"的数量:

a. 提供核心平台服务的企业不得以域名不同为主要根据,将与第2(2)条属于同一类别的核心平台服务确定为不同的核心平台服务,无论是国家和地区代码顶级域名(ccTLD)还是通用顶级域名(gTLD),或任何地理属性域名的不同。

b. 提供核心平台服务的企业应将那些被其终端用户或其企业用户或两者用于不同目的的核心平台服务视为不同的核心平台服务,即使这些终端用户或企业用户可能是相同的,或这些服务与第2(2)条属于同一类别的核心平台服务。

c. 提供核心平台服务的企业应将相关企业以综合方式提供的服务视为不同的核心平台服务,但这些服务应:

(i) 根据第2(2)条不属于同一类别的核心平台服务;或

(ii) 被其终端用户或企业用户或两者用于不同的目的,即使这些终端用户或企业用户可能是相同的,或这些服务与第2(2)条属于同一类别的核心平台服务。

E. "具体定义"(Specific definitions)

下表列出了每个核心平台服务的"活跃终端用户"和"活跃企业用户"的具体定义。

核心平台服务	活跃终端用户	活跃企业用户
在线中介服务	当月至少参与一次在线中介服务的独特终端用户的数量,如通过主动登录、查询、点击或滚动或在当月至少通过在线中介服务达成交易	在整年内至少有一个项目在在线中介服务中列出或在该年内通过在线中介服务完成交易的独特企业用户的数量
在线搜索引擎	当月至少有一次使用在线搜索引擎的独特终端用户的数量,如进行查询	一年内拥有企业网站(以企业或专业身份使用的网站)并被在线搜索引擎索引或部分索引的独特企业用户的数量

续表

核心平台服务	活跃终端用户	活跃企业用户
在线社交网络服务	当月至少参与一次在线社交网络服务的独特终端用户的数量，如主动登录、打开页面、滚动、点击、点赞、进行查询、发帖或评论	在在线社交网络服务中拥有企业列表或企业账户，并在一年内以任何方式参与该服务至少一次的独特企业用户的数量，如通过主动登录、打开页面、滚动、点击、点赞、查询、发帖、评论或使用其企业工具
视频分享平台服务	当月至少参与一次视频分享平台服务的独特终端用户数量，如播放一段视听内容、进行查询或上传一段视听内容，特别是包括用户制作的视频	在该年内提供至少一段在视频分享平台服务上传或播放的视听内容的独特企业用户的数目
不占用号码资源的人际通信服务	当月至少一次通过不占用号码资源的人际通信服务发起或以任何方式参与交流的独特终端用户数量	年内至少一次使用企业账户或以其他方式通过不占用号码资源的人际通信服务发起或参与与终端用户直接交流的独特企业用户数量
操作系统	利用带有操作系统的设备的独特终端用户的数量，该设备在该月至少被激活、更新或使用一次	在该年内发布、更新或提供至少一个使用该操作系统的编程语言或任何软件开发工具，或以任何方式在该操作系统上运行的软件应用程序或软件程序的独特开发者的数量
虚拟助手	当月以任何方式与虚拟助理接触至少一次的独特终端用户的数量，如激活它、提出问题、通过命令访问服务或控制智能家居设备	一年中提供至少一个虚拟助理软件应用或使现有软件应用可通过虚拟助理访问的功能的独特开发者数量
网络浏览器	当月至少使用一次网络浏览器的独特终端用户的数量，如在网络浏览器的 URL 行中插入问题或网站地址	一年中其企业网站（以企业或专业身份使用的网站）至少通过网络浏览器访问过一次，或在这一年中提供在网络浏览器上使用的插件、扩展或附加组件的独特企业用户的数量
云计算服务	在当月至少一次从相关云计算服务提供商处获得任何云计算服务以换取任何类型报酬的独特终端用户的数量，无论这种报酬是否发生在同一个月	一年内提供任何由相关云计算服务供应商的云基础设施托管的云计算服务的独特企业用户的数量

续表

核心平台服务	活跃终端用户	活跃企业用户
在线广告服务	对于广告空间的专有销售： 当月至少接触过一次广告的独特终端用户的数量。 对于广告中介服务（包括广告网络、广告交易所和任何其他广告中介服务）： 当月至少一次接触到触发了广告中介服务的广告的独特终端用户数量	对于广告空间的专有销售： 一年内至少有一个广告展示的独特广告商的数量。 对于广告中介服务（包括广告网络、广告交易所和任何其他广告中介服务）： 一年内通过广告中介服务进行互动或接受广告中介服务的独特企业用户（包括广告商、发行者或其他中介机构）的数量

附件二

《数字市场法》解释性备忘录

译者：于　露*
校对：谢南希**

一、提案背景

提案的理由和目标

数字服务为用户带来了重要的创新效益，并通过开辟新的商业机会和促进跨境贸易为国内市场作出了贡献。如今，这些数字服务涵盖了广泛的日常活动，包括在线中介服务（如在线市场）、在线社交网络服务、在线搜索引擎、操作系统或软件应用商店。数字服务增加了消费者的选择，提高了工业的效率和竞争力，并可加强公民对社会的参与度。然而，尽管欧洲数字经济中有超过1万个在线平台，但其中大多数是中小企业，少数大型在线平台获得了所产生的总价值的最大份额。

大型平台的出现得益于强大的网络效应（通常嵌入其自身的平台生态系统中）这一行业特征，这些平台代表了当今数字经济的关键结构要素，在终端用户和企业用户之间的大部分交

* 于露，北京大学法学院硕士研究生。

** 谢南希，中国政法大学竞争法研究中心研究员。

易中起到了中介作用。其中许多企业还全面跟踪终端用户,构建终端用户画像。一些大型平台越来越多地充当企业用户和终端用户之间的通道或“守门人”,且因为这些平台围绕其核心平台服务创建了集团生态系统,强化了已有市场进入壁垒,它们享有稳固持久的地位。

因此,这些“守门人”对数字市场具有重大影响,实质性地控制了进入数字市场的通道,并在数字市场中享有稳固地位,导致许多企业用户严重依赖这些“守门人”,在某些情况下,还对这些企业用户实施不公平行为。这也会对有关核心平台服务的可竞争性产生负面影响。成员国的监管举措无法完全解决这些影响;如果不在欧盟层面采取行动,这些影响可能导致欧盟内部市场分裂。

不公平行为和可竞争性的缺乏导致数字市场出现了低效结果,如不利于欧盟消费者的价格上涨、质量下降以及选择和创新减少。考虑到数字经济的规模(据估计,2019 年数字经济占全球 GDP 的 4.5% ~15.5%,并呈增长趋势)以及在线平台在数字市场中的重要作用及其社会和经济影响,解决上述问题至关重要。

尽管在其他领域和市场中在一定程度上也观察到了数字领域与核心平台服务所特有的一些现象,但此提案的范围仅限于数字领域,因为从内部市场的角度来看,数字领域出现的这些问题最为紧迫。

数字领域的弱竞争性和不公平行为在某些数字服务中比在其他数字服务中更为频繁明显。对广泛且常用的数字服务和基础设施尤其如此,这些服务和基础设施大多直接介于企业用户和终端用户之间。欧盟竞争规则下的执法经验、许多专家报告和研究以及公开公共咨询(Open Public Consultation,OPC)结果表明,许多数字服务具有以下特点:(i)高度集中的多边平台服务,通常一个或极少量大型数字平台基于相当大的自主性设定商业条件;(ii)一些大型数字平台充当企业用户触达顾客以及顾客触达企业用户的通道;(iii)这些大型数字平台的“守门人”权力经常被滥用,对在经济上依赖它们的企业用户和顾客实施不公平行为。因此,该提案进一步局限于一些“核心平台服务”,在这些服务中问题最为明显突出,并且个别大型在线平台(作为企业用户和终端用户的通道)的存在导致或可能导致这些服务和服务所在市场的竞争力较弱。这些核心平台服务包括:(i)在线中介服务,包括如在线市场、应用商店以及运输、交通或能源等其他部门的在线中介服务等;(ii)在线搜索引擎;(iii)社交网络;(iv)视频分享平台服务;(v)不占用号码资源的人际通信服务(number - independent interpersonal communication services);(vi)操作系统;(vii)云服务;(viii)广告服务,包括广告网络、广告交易所和任何其他广告中介服务,这些广告服务与上述一个或多个其他核心平台服务相关。

一项数字服务构成核心平台服务这一事实并不意味着这些核心平台服务的每个提供商都会出现可竞争性和不公平行为的问题。相反,当核心平台服务由“守门人”运营时,这些担忧似乎特别强烈。如果核心平台提供商的提供商满足下述条件,那么可以被视为“守门人”:(i)对内部市场有重大影响;(ii)运营一个或多个面向顾客的重要通道;以及(iii)在其运营中享有或预计将享有稳固持久的地位。

这种“守门人”地位的认定可以使用明确限定且适当的量化指标(量化指标作为将特定提供商认定为“守门人”的可反驳的推定),也可以通过市场调查的方式根据个案定性评估加以确定。

目前,已有的欧盟立法或成员国国内法没有(或没有有效地)解决与“守门人”相关的上述问题。虽然一些成员国已经采取或正在考虑立法举措,但这些举措不足以解决问题。此类举措仅适用于一国领土范围内,但“守门人”通常在全球范围内跨国经营,也在全球部署其商业模式。如果不在欧盟层面采取行动,现有和未决的国内立法可能导致平台空间监管更加碎片化。

因此,该提案旨在通过在欧盟层面解决最突出的不公平行为和可竞争性弱的问题,让平台充分发挥其潜力,从而让终端用户和企业用户在可竞争的、公平的环境中,从平台经济和整个数字经济中获得全部效益。

委员会在《塑造欧洲数字未来》中强调了在数字经济中解决这些问题的必要性,委员会认为,“根据单一市场逻辑,可能需要额外规则,以确保可竞争性、公平性和创新以及市场进入的可能性,以及超越竞争或经济考量的公共利益”。委员会还宣布,欧盟委员会“将进一步探索……事前规则,确保具有‘存在重大网络效应的大型平台’特征的市场对于创新者、企业和新市场进入者而言是公平的、可竞争的”。

与政策区域内的已有政策条款保持一致

本提案建立在已有 P2B 条例(The EU Regulation on platform - to - business relations)的基础上,而不与之冲突。本提案中使用的定义与该条例一致,尤其是“在线中介服务”和“在线搜索引擎”的定义。除了 P2B 条例中适用于所有在线平台(无论其规模或地位如何)的透明度和公平性规则基线,本提案规定了对个别跨境核心平台服务提供商的明确义务,这些提供商构成了企业用户触达终端用户的重要通道。最后,当"守门人"从事了义务清单项下所列明的违法行为时,委员会在执法时可以受益于在线中介服务和在线搜索引擎必须根据 P2B 条例提供的透明度。

该提案也与《数字服务法》(Digital Service Acts, DSA)提案保持完全一致。DSA 是一项横向方案,聚焦于在线中介机构对第三方内容的责任、用户的线上安全或不同信息社会服务提供商的不对称尽职调查义务等问题,这取决于这些服务所代表的社会风险的性质。相比之下,DMA 提案关注的是经济失衡、"守门人"的不公平商业行为及其负面结果,如平台市场的可竞争性减弱。

与其他欧盟政策保持一致

该提案与欧盟委员会的数字战略一致,有助于确保公平和竞争的数字经济,这是《塑造欧洲数字未来》中宣布的政策方向和目标的三大支柱之一。该提案将构成一个连贯、有效和相称的框架,以解决目前无法解决或无法有效解决的数字经济中的问题。

该提案补充了现有的欧盟和成员国国内竞争规则。提案解决了不符合现有欧盟竞争规则或这些规则无法有效解决的"守门人"的不公平行为,鉴于反垄断执法仅针对特定市场的情况,不可避免地在限制性或滥用行为发生后才加以干预,而且为了认定侵权而展开的调查程序需要时间。目前的提案最大限度地在事前减少了不公平行为所带来的负面结构性影响,同时不限制根据欧盟和成员国国内竞争规则进行事后干预的能力。

该提案与其他欧盟文书保持一致,包括《欧盟基本权利宪章》、《欧洲人权公约》、《通用数据保护条例》以及欧盟消费者法律法规。

该提案补充了数据保护法。对深度消费者画像的透明度义务将有助于为《通用数据保护条例》(GDPR)的执行提供信息,而跨核心平台服务的数据组合的强制性"选择退出"(opt – out)补充了 GDPR 项下的已有保护水平。本提案明确,应由"守门人"确保其对条例中规定义务的合规完全符合其他欧盟法律,如个人数据保护和隐私或消费者保护。

该提案还与特定领域的针对性和量身定制的事前监管相协调,包括适用于电子通信服务或卖空的规则,以及针对线下世界有害交易行为的已有措施。

二、法律依据、辅助性及合比例性

法律依据

成员国适用或正考虑适用不同的国内规则以解决企业用户高度依赖“守门人”提供的核心平台服务所产生的问题，以及因“守门人”对企业用户实施的不公平行为而产生的问题。这种情况造成监管的碎片化，因为这些意在解决与“守门人”的依赖关系中的不公平性，以及服务的可竞争性的规则存在分歧（特别是在干预的先决条件和干预的力度方面），并且增加了在内部市场运营的公司的合规成本。如果不在欧盟层面采取行动，随着一些成员国正在采取新的举措，这一情况将进一步恶化，而在其他成员国，“守门人”核心平台服务的不公平性和可竞争性降低的问题仍然没有得到解决。鉴于“守门人”提供的核心平台服务的内在跨境属性，监管碎片化将严重损害数字服务单一市场以及整个数字市场的运行。因此，欧盟层面的协调是有必要的，《欧盟运行条约》（TFEU）第114条为本提议的相关法律依据。

辅助性

提案的目标无法通过成员国单独采取行动实现，因为上述问题具有跨国属性，不限于单个成员国或某几个成员国。数字领域本身，特别是由“守门人”提供的核心平台服务，具有跨境性质，跨境贸易量和未来增长仍然具有开发潜力，数字平台中介的跨境贸易模式和数量证明了这一点。欧洲线上贸易总额的近24%是跨境的。

数字市场的主体通常在几个成员国经营，即使不是在整个欧盟范围内经营，今天，在线广告、在线社交网络服务、在线市场、云计算服务、在线搜索服务、视频分享平台服务、不占用号码资源的人际通信服务或操作系统等服务尤其如此。因此，已识别出的上述问题与欧盟有关，这些问题跨越国界，影响到几个成员国，因此不限于一个成员国的领土。“守门人”提供的核心平台服务尤其如此。

即使是那些尚未通过立法解决“守门人”核心平台服务的不公平和可竞争性降低问题的成员国，也越来越多地考虑为此在国内层面采取措施。欧盟内部不同的成员国国内立法不仅不够有效，还可能导致大型市场参与者和依赖它们的企业用户的分裂和合规成本增加。与此同时，初创企业和小型企业也受到了这种情况的负面影响，因为这阻碍了它们扩大规模和跨境扩张，以进入新市场、以更具竞争力的价格提供更好和多样化的产品，并（视情况而定）成长为数字领域在先企业的挑战者。因此，在欧盟层面解决“守门人”核心平台服务的不公平行为问题，通过指定清晰的行为规则以为所有利益相关者提供法律确定性，并通过欧盟范围内的干预框架使其能够及时有效地处理有害行为，内部市场的运作将得到改善。“守门人”的指定条件之一为核心平台服务提供者对内部市场具有重大影响。

合比例性

该提案旨在通过确保欧盟内存在“守门人”的市场具有可竞争性和公平性，促进数字服务单一市场的正常运作。这将促进创新、带来高质量的数字产品和服务以及公平和有竞争力的价格，有助于数字领域中用户的自由选择。

在这一背景下，本提案仅聚焦企业用户和终端用户最广泛使用的数字服务（“核心平台服务”），以及从内部市场的角度来看，基于当前情况，对“守门人”的弱竞争性和不公平行为的担忧更为明显和紧迫的情形。覆盖的核心平台服务仅限于有强力证据证明的以下情况：（i）高度集中，通常由一个或个别大型在线平台设定商业条件，相对于（潜在）挑战者、顾客或消费者，有相当大的自主权；（ii）依赖于一些大型在线平台作为企业用户触达顾客并进行互动的通道；（iii）核心平台服务提供商常对在经济方面依赖它的企业用户和顾客实施不公平行为，滥用权力。

因此，该提案仅适用于符合上述明确规定的“守门人”标准的提供商。使用定量标准作为可反驳推定的基础，同时补充使用提案中列明的定性标准。这使得委员会能够将那些对市场的公平性和可竞争性带来相同或类似风险的核心平台服务提供商指定为“守门人”，同时保证这些义务仅适用于有关核心平台服务提供商。

本提案所预见的义务清单仅限于以下行为：（i）特别不公平或有害的；（ii）可以以明确和无歧义的方式确定（以为“守门人”和其他相关方提供必要的法律确定性）；（iii）有足够的实践累积。本提案规定了通过委员会与有关“守门人”对话的方式针对性地适用某些义务的可能性。此外，在对行为的影响进行彻底的市场调查后，如果某些行为有类似的不公平性或使公平性或可竞争性面临同等风险，本提案允许以灵活的方式涵盖其他类似的不公平行为。这一机制确保不存在过度监管，同时避免对同一“守门人”的类似行为缺乏干预，鉴于“守门人”行为可能随着时间的推移而演变。

本提案提出的措施是适当的，因为它们以针对性的方式向数字领域的企业施加负担以实现目标。本提案要求接受调查的公司进行合作，但行政成本将是成比例的，并且考虑到现有监管结构，由于其他欧盟立法的适用（如《欧盟合并条例》《消费者保护合作条例》），不太可能需要大量额外成本。至于“守门人”的合规成本，这将是合理的，因为它们将在很大程度上替代核心平台服务的大型提供商因遵守不同成员国逐渐实施或可能实施的不同监管措施而产生的高成本。这些费用将意味着需要一些额外的法律合规人员来对照新规则检查公司政策，并需要一些员工与委员会对接，回应信息请求。

文书选择

只有立法文书才能有效解决以上列出的问题。而且一部条例是必要的，因为条例直接适用于成员国，为私人主体规定相同水平的权利和义务，并使在线平台经济背景下产生的跨境属性的在线中介贸易中的规则得以连贯有效地适用。这最适合解决已识别出的公平性和可竞争性问题，并防止由“守门人”核心平台服务所处的单一市场的碎片化。

三、利益相关方咨询及影响评估的结果

利益相关方咨询

委员会就大量在线平台相关问题进行了广泛咨询，包括具有“守门人”角色的大型在线平台的经济实力。第一，在2020年6月2日至9月8日，欧盟委员会进行了两次单独的公开咨询，涉及两项独立的初始影响评估：（i）数字服务法案：在欧盟内部市场中扮演“守门人”且具有强大网络效应的大型在线平台的事前监管工具；（ii）新的竞争工具。第二，为支持当前提议，委员会就在线平台经济观察组（Observatory for the Online Platform Economy）的临时报告进行了利益相关方咨询。第三，联合研究中心发起的研讨会、会议和研究为问题的识别提供了信息，并有助于确定初步的政策选择。除了所使用的咨询手段，委员会的服务部门还与利益相关方在公开咨询和初始影响评估反馈期内进行了会谈。第四，委员会与成员国进行了分阶段对话，电子商务专家组以及双边和多边交流和会议推动设计并形成了政策选择方案。

总体来说，公开咨询结果强烈支持采取干预措施，以解决“守门人”的不公平行为。事实上，在公开咨询和向国家竞争主管机构发出的单独调查表中，绝大多数答复者认为，存在现有竞争规则无法解决的结构性问题。多数人认为，欧盟委员会应干预存在“守门人”的市场。绝大多数企业和商业协会、所有民间社会组织（包括非政府组织和工会）以及所有公共当局都表达了这一观点。像欧洲

消费者联盟这样的消费者组织也旗帜鲜明地表现出对在线平台和数字市场的特别关注。这些受访者认为，解决这些问题的干预措施将既创造正确的创新激励，又有助于增加消费者的选择，将为新平台的出现和创新以及隐私友好服务的提供铺平道路。

在线平台在这个问题上存在分歧。一方面，大多数大型在线平台及其代表性协会质疑是否需要一种新的"守门人"监管工具；另一方面，许多中小型平台，特别是大型在线平台的企业用户，表示支持出台新的"守门人"监管工具。

持不同意见的人认为，"守门人"的概念过于宽泛，应当在个案基础上进行评估，委员会已经可以干预"守门人"违反 TFEU 第 102 条的行为。然而，欧盟委员会认为，TFEU 第 102 条不足以解决与"守门人"相关的所有问题，因为"守门人"不一定是具有市场支配地位的主体，如果在明确界定的相关市场内没有明显地影响竞争，其行为可能没有落入 TFEU 第 102 条所涵盖的范围。此外，TFEU 第 102 条并不总是能以必要的速度进行干预，以最及时有效的方式解决这些紧迫的行为。

绝大多数受访者还认为，针对平台的规则应包括对"守门人"平台的禁止性规定和义务。他们还建议，救济措施可以偏程序性，而不是规定特定的行为准则。绝大多数利益相关方认为，拟议的问题行为清单或"黑名单"应针对"守门人"那些明显不公平和有害的行为。

关于对"守门人"地位的定义，利益相关方的观点存在分歧。一些平台认为，将不同的服务整合到单一平台公司中并不能说明平台的实力，将一个领域的资产作为杠杆调动另一个领域的资产的能力亦是如此。有人建议，"守门人"的指定不应与商业模式有关，"守门人"的评估应定期审查，"守门人"的指定应适用于特定活动，而某些规则应在全行业范围内适用。

总体而言，所有类别的利益相关方都指出，需要确保高度的一致性和法律确定性，需要确保用于识别"守门人"的标准是透明、客观且易于衡量的。用户大多认为应当将定量和定性标准相结合。

成员国当局表示支持出台新的"守门人"监管工具，并肯定需要欧盟层面的方案来避免监管碎片化，同时强调提前让负责的各国政府代表参与立法项目的重要性。

社会和媒体出版商也大力支持出台新的"守门人"监管工具。这两方都呼吁希望市场有足够的透明度，并确保一定程度的媒体多样性，尊重消费者的自主性和选择权。

专业意见的收集和使用

本提议得到了一项影响评估研究和若干外部支持研究的支撑。此外，2018～2020年，委员会或外部承包商进行了几次公开咨询及多项研究和报告。由15名学术专家组成的专家组支持的在线平台经济观察组和一项大型支撑研究提供了一些报告和分析文件，为问题的界定工作提供了资料。内部经济研究以及联合研究中心提供的政策设计支持进一步为该提议的影响评估提供了信息。此外，还通过在线咨询与成员国进行了磋商，并将其纳入专门讨论这一举措的电子商务专家组会议。最后，委员会组织了一些会议、研讨会和学术专家会议，他们的意见有助于制定问题框架和证据收集战略。一些成员国关于"守门人"的立场文件，以及欧盟外的国家的许多报告和研究，都有助于本文书的形成。

影响评估

委员会监管审查委员会审议了该提案的影响评估，并于2020年12月10日发表了积极意见。委员会的意见、建议以及如何考虑这些建议的解释载于本提案所附工作人员工作文件的附件一。附件三概述了谁将受到本提案的影响以及如何受到影响。

委员会审查了实现本提议总目标的不同政策选择，即通过促进数字市场的有效竞争（特别是可竞争和公平的在线平台环境）确保内部市场的正常运作。

为了解决由有问题的"守门人"行为引发的问题，比较了三种主要政策选项：选项1——预先界定的"守门人"和自我执行义务清单；选项2——"守门人"指定和义务更新的半灵活框架，包括为实施而进行的监管对话；选项3——完全基于定性范围标准的灵活选项。这些选项中的每一个都留下了更详细的、向政治考量开放的设计选择。例如，在被指定的"守门人"存在系统性违规的情况下，利用定量范围标准的精确组合和水平，来确定可用救济措施的确切范围。

所有选项都设定由欧盟委员会作为主监管机构负责欧盟层面的实施、监督和执行。考虑到目标公司的泛欧洲性，分散执法模式似乎不是一个可行的替代方案，包括考虑到该提议旨在解决的监管分散风险，也不符合比例原则，因为拟议框架范围内的"守门人"数量有限。然而，为了整合平台经济领域的国内专家，该提议设想委员会在作出某些决定（如违规、罚款）之前，咨询由成员国代表组成的委员会——数字市场咨询委员会。

优先选项（选项2）由以下部分组成：（a）核心平台服务的封闭式清单；

(b)定量和定性相结合的标准,用以将核心平台服务的提供商指定为“守门人”;(c)直接适用的义务,包括监管对话可能促进其有效实施的某些义务;(d)委员会有可能在市场调查后,通过授权法案更新“守门人”义务,只要新行为已被确定为同样不公平且可能损害可竞争性,或在其他情况下通过修改提案。市场调查还可能表明需要修改核心平台服务清单。

这一选项被认为能以最有效的方式实现这一提议的目标。该选项为所有已确定的问题行为提供及时干预,同时允许指定的“守门人”就其实施的措施中的一些行为与监管进行对话。该选项还可解决新的不公平行为,从而能够解决动态变化的数字环境中的市场失灵问题。同时,对于那些预计在不久的将来在其运营中享有稳固持久地位但尚未享有这种地位的“守门人”,该提案确定了一套符合比例原则的义务,特别是与保障和增强可竞争性相关的义务。

优先选项将提高核心平台服务和更广泛的数字领域的可竞争性,并将帮助企业克服市场失灵或“守门人”不公平商业行为造成的障碍。这将有助于促进替代平台的出现,这些平台可以以负担得起的价格提供高质量的创新产品和服务。为数字领域的所有参与者提供更公正和更公平的条件,将使它们能够更好地利用平台经济的增长潜力。

预计这些好处将为小型企业带来更大的创新潜力,提高服务质量,同时增加消费者福利。在优先选项下,核心平台服务的可竞争性提高可能产生约 130 亿欧元的消费者盈余,如与基线情景相比增长约 6%。

新规则的主要成本是“守门人”的合规成本。除“守门人”之外的企业在遵守信息请求时可能会产生一定的管理成本。然而,后一种管理成本相较于企业在欧盟竞争法案件或不同成员国国家规则项下提出的信息请求而产生的合规成本不太可能有大幅增加。

政策选项对不同类别的利益相关方(“守门人”、竞争对手、企业用户、消费者、监管机构)的影响在支持该提议的附件三影响评估中予以详细说明。本附件还分别评估了每种类别利益相关方受到每项义务的影响。评估尽可能从定量和定性两方面展开。

关于本提议对中小企业的影响,由于它们不太可能具备“守门人”的资格,也不会成为义务清单的目标,因此该提议不会给它们带来额外负担。由于消除市场进入和扩张的重要障碍,新规则将通过提供一个公平竞争环境,使中小企业(包括企业用户和核心平台服务的其他提供商)在整个内部市场中实现增长。

预计设想的措施还将导致平台之间争夺企业用户的竞争加剧。预计这将促使出现以更具竞争力的价格提供的更高质量的服务，同时提高生产率。企业用户也将更有信心在线上销售，因为它们将受到保护，免受不公平行为的影响。

一个更全面的执法工具包将使企业能够凭借自身能力的优势蓬勃发展。这将促进经济增长，进而为成员国政府带来更高的税收收入。与经济效益相比，委员会实施这项提议的负担较低（主要是重新部署现有职位）。成员国当局将需要承担较少的行政费用。

数字领域的公平性和可竞争性增强将带来更高的生产率，这将转化为更高的经济增长。促进核心平台服务和数字市场的更强可竞争性对于增加贸易和投资流动也特别重要。

监管的适当性和精简性

该提案规定了适用于符合“守门人”指定标准的大型核心平台服务提供商的措施。核心平台服务和辅助服务的其他提供商、企业用户和终端用户将受益于其中明确规定的约束性义务。本提案还特别旨在促进核心平台服务和更广泛的平台经济的可持续增长，秉持完全技术中立的立场予以设计。

基本权利

该提案符合《欧盟基本权利宪章》、《欧洲人权公约》以及《世界人权宣言》。

引入不公平行为的动态更新将确保充分尊重对欧盟机构具有约束力的《欧洲人权公约》项下对于公平程序和良好管理的基本权利。

在新框架下采取行动时，委员会的调查权力将受到一系列公平程序权利的制约，如陈述案情的权利（right to be heard）、获得理据充分的决定的权利和获得司法审查的机会，包括对执法和制裁措施提出质疑的可能性。这些权利在行政程序中适用。

此外，本提案旨在构建的公平和可信的法律环境应有助于在核心平台服务提供商及其企业用户各自开展业务的自由之间取得适当的平衡（《欧盟基本权利宪章》第 16 条）。

四、预算影响

为了以最优方式实现该提议的目标，有必要在委员会一级（预计重新部署 80 名全职员工）和成员国一级（通过积极参与由成员国代表组成的数字市场咨询委员会）资助一系列行动。2021～2027 年，实施该提案所需的总财政资金将达到 810.9 亿欧元，包括 506.4 亿欧元的行政费用和由单一市场计划和数字欧洲计划的资金最高限额（financial envelopes）项下 2021～2027 年 MFF 预计拨款所覆盖的 304.5 亿欧元。融资将支持除此之外的活动，如认定核心平台服务提供商、开展市场调查以及开展任何其他调查行动、执法行动和监测活动。资金还将支持定期审查条例的具体内容和评估条例，持续评估所实施措施的有效性和效率，以及与维护、开发、托管、运营和支持中央信息系统相关的成本。与该计划相关的"财务报表"中提供了有关成本的详细概述。

五、其他事项

实施计划及监督、评价、报告安排

考虑到平台经济的动态性质，对本提议的监督和评估是本提案的重要组成部分。它还响应了包括成员国在内的利益相关方对专门监督职能的明确要求，并反映了在初始影响评估中考虑的单独的监督政策选项的重要性。因此，监督将分为两部分：（i）持续监督，每两年报告一次市场的最新发展（可能涉及欧盟在线平台经济观察组）；（ii）实施目标和具体衡量指标。

定期和持续监督将包括以下主要方面：（i）监督与范围有关的问题（例如，"守门人"的指定标准、"守门人"认定的演变、在认定过程中对定性评价的使用）；（ii）监督不公平行为（合规、执法模式、行为演变）；以及（iii）以监督作为启动市场调查的触发因素，以审查数字领域的新核心平台服务和行为。

监督还将适当考虑在线平台经济专家组在其计量和经济指标专项工作中留下的概念性成果。

此外，本提案的有效性和效率将使用预先界定的指标进行监督，以确定是否需要额外的规则，包括关于执行的规则，以确保整个欧盟的数字市场是可竞争和公平的。因此，将在评估工作中评估干预的影响，并在必要时启动审查条款，使委员会能够采取适当措施（包括提出立法提案）。

成员国还将提供委员会为评估目的可能需要的任何相关信息。

提案具体条款的详细说明

第一章规定了一般性条款，包括条例的主题、目的和适用范围，包括其与某些成员国国内法的协调（第 1 条），以及提案中使用的术语定义和提案的目标（第 2 条）。

第二章包含关于"守门人"指定的规则。具体而言，第二章规定了核心平台服务的提供商被指定为“守门人”的条件，要么根据定量标准（通过可推翻的推定）进行认定，要么在市场调查期间进行个案评估（第 3 条）。此外，第二章还规定了重新考虑指定“守门人”的条件以及定期对指定进行审查的义务（第 4 条）。

第三章规定了“守门人”限制可竞争性和不公平的行为。第三章特别规定了自我执行的义务（第 5 条）和可能需要进一步明确规定的义务（第 6 条），对于相关指定决定中列明的每个核心平台服务，“守门人”都需要遵守上述义务。此外，第三章还为“守门人”与委员会之间建立了对话机制，就“守门人”为履行第 6 条规定的义务而实施或打算实施的措施进行沟通（第 7 条）。第三章还规定了在特殊情况下可中止个别核心平台服务义务的条件（第 8 条），或基于公共利益可给予的豁免（第 9 条）。该章的其他规定建立了义务清单的更新机制（第 10 条）；澄清了无论“守门人”的相关行为是否具有合同、商业、技术或任何其他性质，《数字市场法》中规定的义务均适用（第 11 条）；对《欧盟合并条例》所指的任何打算实施的经营者集中的通知义务（第 12 条）；“守门人”向独立审计提交消费者画像分析技术，“守门人”将这种技术应用于核心平台服务（第 13 条）。

第四章规定了开展市场调查的规则，特别是开展市场调查的程序要求（第 14 条）和开展不同类型市场调查的规定：（i）认定“守门人”（第 15 条）；（ii）调查系统性违规行为（第 16 条）；和（iii）调查新的核心平台服务和新行为（第 17 条）。

第五章包含有关《数字市场法》实施和执行的规定。第五章规定了启动程序的程序性要求（第 18 条），建立了《数字市场法》项下市场调查或程序中可使用的不同工具的相关规则。其中包括委员会有能力要求提供信息（第 19 条）、进行访谈和陈述（第 20 条）、现场检查（第 21 条）、采取临时措施（第 22 条）和使自愿措施对“守门人”产生约束力（第 23 条），以及监督“守门人”遵守条例的情况（第 24 条）。

在存在违规的情况下，委员会可以发布违规决定（第 25 条），并对“守门人”违规以及在调查中提供不正确、不完整或误导性信息的行为处以罚款（第 26 条）和定期惩罚性罚款（第 27 条）。《数字市场法》还规定了处罚和执行的时效期限（第 28 条和第 29 条）。

本章几个条款规定了委员会的程序保障，特别是听取意见和查阅档案的权利（第 30 条）和专业秘密保护（第 31 条）。本章还规定，在通过针对“守门人”的特定决定之前，应咨询《数字市场法》设立的数字市场咨询委员会（第 32 条）。

最后,《数字市场法》规定,三个或三个以上成员国可请求委员会根据第 15 条开展市场调查(第 33 条)。

第六章包含进一步的一般性条款。例如,有义务公布根据条例通过的一系列特定决定(第 34 条),明确欧盟法院(Court of Justice of the European Union)对罚款和惩罚性罚款享有不受限制的管辖权(第 35 条),以及制定实施(第 36 条)和授权(第 37 条)法案的可能性。

最后,本章中的剩余条款为审查条款(第 38 条)和《数字市场法》生效和适用日期的说明(第 39 条)。

附件三

《数字市场法》影响评估报告摘要

译者:于　露*
校对:谢南希**

摘　要

《数字市场法》的影响评估:确保为数字服务提供具有竞争性的单一市场(尤其是公平和可竞争的平台市场)的立法行动。

A. 立法需求

1. 问题是什么? 为何构成欧盟层面的问题?

在数字市场中,一些在线平台(通常被嵌入自身的生态系统)已成为当今数字经济的关键结构要素,在消费者和企业之间的交易中居于主导地位。这些“守门人”平台具有重大影响,因为它们控制了对数字市场的访问,并在数字市场中获得了稳固的市场地位。

“守门人”平台出现后主要带来了三方面问题:(1)平台市场的竞争缺乏可竞争性;(2)平台对企业用户实施不公平行为;(3)对于在这些市场运营的市场主体的监管和监督处于碎片化状态。上述问题是市场失灵所导致的,无法进行自我修正。数

* 于露,北京大学法学院硕士研究生。
** 谢南希,中国政法大学竞争法研究中心研究员。

字市场的特点能强化“守门人”市场的进入壁垒，商业关系呈现出强依赖性、议价能力失衡的特征。此外，欧盟成员国正在制定国内法以部分地应对所发现的问题，导致监管和监督分裂。

这些问题破坏了竞争和市场可竞争性，产生了低效的市场结果，包括价格更高、质量更低、选择和创新更少，不利于欧洲消费者利益。考虑到数字经济的规模（预计 2019 年占全球 GDP 的 4.5% ~15.5%）以及平台在数字市场中的重要作用，解决这些问题至关重要。

2. 应达到什么目标？

通过促进数字市场的有效竞争，特别是公平和可竞争的在线平台环境，确保内部市场的正常运行。

3. 欧盟层面采取行动的附加值是多少（辅助性）？

成员国越来越多地考虑在国内采取措施来解决已指出的上述问题。这导致整个欧盟的监管要求不同。这种碎片化状态导致初创企业和小型企业的规模扩张及其在数字市场中的竞争能力面临风险。

B. 解决方案

1. 为了实现目标，有哪些不同选项？是否有优先选项？

考虑到 4 个参数（范围设计、不公平行为相关的系列义务、架构的速度和灵活性、执法框架），目前有 3 个政策选择：

选项 1：一种自我执行义务的非动态工具，用于解决提供核心平台服务的“守门人”的不公平行为。该选项分为两个子选项，子选项仅基于定量标准来限定范围。子选项 1. A 基于高标准，而子选项 1. B 基于低标准。

选项 2：一种半灵活的工具，将一系列自我执行义务和与监管对话的义务、行为更新的机制，以及识别新兴“守门人”公司的机制相结合。该选项分为两个子选项，子选项分别基于定量标准和定性认定来限定范围。子选项 2. A 基于高标准，而子选项 2. B 基于较低标准，两个子选项均与定性认定相结合。

选项 3：一种完全灵活的工具，提供动态更新机制，允许在市场调查后认为适当且合理的情况下纳入额外的核心平台服务、施加额外义务。该选项的范围仅基于定性标准。

选项 2 是优先的政策选择，因为该选项能及时干预最恶劣的行为，并为需要进一步量身定制和明确的措施提供一种渐进式的解决方案。而且对于那些预计将在未来享有稳固地位的“守门人”，该选项能进一步处理新的不公平行为，解决动态变化的数字环境中的市场失灵问题。

2. 不同利益相关方的观点是什么？谁支持哪种选项？

普遍支持为数字“守门人”制定事前规则，在确定“守门人”方面，大部分利益相关方支持定量和定性标准相结合。

C. 优先选项的影响

1. 优先选项的优势是什么？

优先选项将提升数字市场的可竞争性，帮助企业克服市场失灵或“守门人”不公平行为产生的市场壁垒。并且，优先选项将为目前存在的监管空白提供量身定制的监管方案，能促进替代性平台的出现，这些替代性平台能以可负担的价格提供高质量的创新产品和服务。优先选项预计每年将带来约 130 亿欧元的消费者剩余，减少内部市场的碎片化情况，进而释放数字单一市场增长潜力。

2. 优先选项的成本是什么（如有，存在哪些主要成本）？

成本主要为“守门人”因遵守新规则而产生的合规成本。在遵循优先选项下的信息请求时，“守门人”平台以外的企业可能产生一定的行政费用，但这些费用不太可能在当前的合规成本基础上有所增长。

3. 对中小企业及竞争力有哪些影响？

中小企业不具备“守门人”的资格，也不是成为义务清单的目标。由于消除了市场进入和扩张的主要障碍，新的公平竞争规则将使中小企业（包括与“守门人”竞争的企业用户）在整个内部市场中发展壮大。预计新规则所设想的措施还将导致平台之间争夺企业用户的竞争加剧，将出现以更具竞争力的价格提供的更高质量的服务，以及生产效率的提升。企业用户也将更有信心在线上销售，因为他们将受到保护，免受不公平行为的影响。

4. 是否将对成员国预算和行政带来显著影响？

一个更全面的执法工具包将使企业能够凭借自身能力的优势进行竞争。这将促进经济增长，进而为国家行政部门带来更高的税收收入。与经济效益相比，委员会执行这一举措的负担较低（主要是重新部署现有职位）。成员国当局将需要承担一些较少的行政费用。

5. 是否将产生其他显著影响？

数字领域市场竞争的改善将提升生产效率，并转化为更高的经济增长。促进数字市场更多的竞争对于增加贸易和投资流量也非常重要。

6. 是否符合比例原则?

考虑到已识别的问题规模(不公平行为的有害影响)和性质(快速变化的数字领域),优先选项是合比例的。优先选项将通过向在数字市场上运营的一系列特定企业施加有限负担,以有针对性的方式实现内部市场更好运作的总体目标及具体目标。

D. 持续追踪

何时将对政策进行审查?

在新规则开始进入实施3年后,委员会将审查为解决与"守门人"平台相关问题而采取的措施。

后　　记

当前，在全球范围内，数据要素正成为继劳动力、资本、土地、技术、管理之外最活跃的新生产要素，驱动实体经济在生产主体、生产对象、生产工具和生产方式上发生深刻变革。数据价值不断被挖掘和发展，平台型数字企业也越来越将商业模式和具体业务构建于数据之上，数据竞争也已成为数字企业商业博弈的焦点领域。传统上，个人信息保护和垄断行为规制属于不同的领域，互相不构成彼此的法律适用障碍。但是，随着消费者越来越重视数据隐私保护以及数字企业越来越重视数据驱动的商业模式的竞争，个人信息作为垄断行为实施工具的情形也日益多见，反垄断分析中逐渐出现对数据隐私保护的考量，反垄断执法执法重点也越来越关注到数据驱动型商业模式的发展，并将保护消费者数据隐私利益视为其内在需求，数据隐私保护与垄断行为规制日渐交织。

数据要素驱动商业模式、个人信息保护等产生竞争法效果评价，已引发全球范围多个国家和地区的关注。2022 年 9 月 20 日，欧盟法院（Court of Justice of the European Union，CJEU）或将 GDPR 纳入反垄断法考量范围，CJEU 一位有影响力的顾问发表了一份不具约束力的意见，其可能预示着数据保护和竞争监管交叉领域的重大发展。早在 2020 年 4 月，中共中央、国务院发布《关于构建更加完善的要素市场化配置体制机制的意见》，首次明确将“数据”与土地、劳动力、资本、技术等并列，将其列为生产要素，提出“加快培育数据要素市场”。2022 年 1 月 12 日，国务院发布《关于印发“十四五”数字经济发展规划的通知》提出，“数字经济发展速度之快、辐射范围之广、影响程度之深前所未有，正推动生产方式、生活方式和治理方式深刻变革，成为重组全球要素资源、重塑全球经济结构、改变全球竞争格局的关键力量”。2022 年 12 月 2 日，中共中央、国务院发布《关于构建数据基础制度更好发挥数据要素作用的意见》（“数据二十条”），将数据基础制度建设提升到“事关国家发展和安全大局”的高度，要求“强化反垄断和反不正当竞争,形成依法规范、共同参与、各取所需、共享红利的发展模式”,“企业应严格遵守反垄断法等相关法律规定,不得利用数据、算法等优势和技术手段排除、限制竞争,实施不正当竞争”,“打破‘数据垄断’,促进公平竞争”。

多年以来,欧盟意欲成为新一代数字技术的全球领导者,积极致力于在数字领域打造“欧洲标准”,提升在规则制定方面的影响力,在数字规则制定方面取得领先优势,创造出符合欧盟价值观的数字治理模式。欧盟个人信息和隐私保护经历了《1981 年个人数据保护公约》《1995 年个人数据保护指令》以及 2016 年《一般数据保护条例》(GDPR)等阶段。继 GDPR 之后,《数字市场法》(DMA)是欧盟数字领域的重大立法之一,提供了一套统一的欧盟数字规则。作为“欧洲数据战略”的一部分,DMA 旨在解决数字经济中“最突出的不公平做法和弱竞争事件”,回应对在欧洲运营的美国科技公司数据衍生主导地位的担忧。DMA 首次规定大型数字平台在欧盟市场的竞争规则,明确了守门人的认定标准,并规定了动态调整规则。DMA 是从竞争视角规制大型数字平台的专项立法,突破了传统反垄断事后规制的范式,采取了事前规制思路,促使反垄断法在数字经济领域不断发展。当然,也有一些批评的声音认为,DMA 破坏创新,阻碍产业发展,损害消费者,阻止非主导公司竞争、事先介入的预防式反垄断规制及结构性补救措施方法等都颠覆反垄断原则,“反垄断主体而不是反垄断行为”的本身违法规则有违反垄断法宗旨等。

面对欧美对数据隐私保护与垄断行为规制的不同态度,对欧盟 DMA 褒贬不一的评价,以及国内的数字经济产业发展现状,虽然不宜完全照搬移植 DMA 制度,但有必要评介 DMA 的相关制度背景、主要条款的内涵及适用情形及相关比较法分析。有鉴于此,笔者遂策划编写了本书,力邀多位业内志同道合、在此领域有专攻的学界老师和行业同仁,共同研究解析 DMA 的重点制度条款,希望本书能为我国互联网立法完善、行业监管和发展、司法裁判及相关理论研究与实务合规,提供一些粗浅的素材资料。本书的顺利出版,特别感谢为本书做序的黄勇老师和龙卫球老师,为本书增色良多。感谢本书各章节作者的大力支持,感谢法律出版社赵明霞编辑及其团队的帮助,还有很多需要感谢的老师和同仁,就不一一列明。因时间仓促和水平局限,书中不当之处,还请各位方家多指正。

丁道勤

2023 年 2 月